# 学易解易用易

朱桂奇　编著

山东大学出版社
SHANDONG UNIVERSITY PRESS
·济南·

**图书在版编目(CIP)数据**

学易解易用易 / 朱桂奇编著. —济南 : 山东大学出版社, 2023.8

ISBN 978-7-5607-7899-0

Ⅰ. ①学… Ⅱ. ①朱… Ⅲ. ①《周易》-研究 Ⅳ. ①B221.5

中国国家版本馆 CIP 数据核字(2023)第 155668 号

策划编辑 刘森文
责任编辑 楚洋洋
封面设计 王秋忆

**学易解易用易**
**XUEYI JIEYI YONGYI**

出版发行 山东大学出版社
社　　址 山东省济南市山大南路 20 号
邮政编码 250100
发行热线 (0531)88363008
经　　销 新华书店
印　　刷 济南新科印务有限公司
规　　格 720 毫米×1000 毫米 1/16
　　　　 19.75 印张 299 千字
版　　次 2023 年 8 月第 1 版
印　　次 2023 年 8 月第 1 次印刷
定　　价 69.00 元

# 前　言

孔子说:“假我数年,五十以学《易》,可以无大过矣。”(《论语·述而》)长沙马王堆出土汉帛书《周易》之《要》篇记载:“夫子老而好《易》,居则在席,行则在囊。”司马迁记孔子:“读《易》,韦编三绝。”(《史记·孔子世家》)

《周易》的作者,不是一个人而是几代人。在未有文字之前,就有了周易卦画。传说六千多年前伏羲氏仰观天文,俯察地理,观察鸟兽之纹理,始作八卦,以类万物之情状。此后,有人将八卦两两相重而作六十四卦。到商朝后期,周文王被囚羑里,在狱中精研易道而作卦辞。文王之子周公旦又作爻辞。到春秋时期孔子和他的弟子们因为卦辞爻辞古奥难懂,而作《易传》,又称“十翼”,用来解释易理和卦辞爻辞,将《易》发扬光大。

《周易》是中国最古老的一部卜筮之书,秦始皇焚书坑儒时,它是被保留的。从古到今有无数部著作失传,而《周易》却代代相传,延续至今,且被发扬光大。研究《周易》的论著浩如烟海,其对中国文化影响之深远有目共睹。

我们现在看到的《周易》是由《易经》和《易传》两部分组成的。《易经》包括卦名、卦画、卦辞、爻辞。《易传》(“十翼”)包括《彖传》上下、《象传》上下、《文言》、《系辞传》上下、《说卦传》、《序卦传》和《杂卦传》。

由于篇幅较长,信息量大,《周易》被分为上下两篇,前三十卦为上经，后三十四卦为下经。乾卦为上经之首，咸卦为下经之首。

《易传》是分散在《易经》中的。六十四卦中只有乾坤两卦有《文言》。卦辞附在卦画之后，是对卦画卦象的注解。彖辞附在卦辞之后，是对卦辞的注解。象辞（大象）附在彖辞之后，是对卦象的进一步解释。爻辞是对爻象的注解，象辞（小象）附在爻辞之后，是对爻辞的注解。

本书是按卦名、卦画和卦辞、彖辞及其解释，象辞（大象）及其解释，爻辞和象辞（小象）及其解释的顺序展开的。书中黑体字为《周易》中的原文。

由于水平所限，本人在认知和理解上的偏差或错误难以避免，在此请读者给予批评指正。

朱桂奇

2022年2月

# 目　录

# 第一章 基础知识

## 第一节 《周易》的由来

易是讲日月天地阴阳变化的学问,最终于周朝成书,故曰《周易》。

易有三种解释:变易,不易,简易。

日月运行无一刻停息,白天黑夜相互交替,春夏秋冬四季更换,一切事物都在发展变化,没有一成不变的事物,故曰“变易”。

一切事物的发展都是有规律的,这个规律又是相对固定的。日往则月来,月往则日来,冬去春来,春生、夏长、秋收、冬藏,亘古不变,故曰“不易”。

易就是由人们最易见到的事物,如日月运行、风雨雷电、山川湖泊的变化,以及春夏秋冬的循环往复等自然现象,推衍社会现象的发展变化,讲述修身齐家治国平天下的道理。易简而天下之理得矣,故曰“简易”。

既然易是简易的,它就是容易掌握容易学会的。但是很多爱好者在读《易》时却不得要领,硬着头皮也读不下去。其原因有二:第一,不了解《易》的结构;第二,文字深奥难懂,不知所云。

我国著名哲学家冯友兰先生曾提出“《周易》是宇宙代数学”的命题,这一命题受到国内外易学界的普遍赞扬和认同。《周易》中的阴阳符号代表世界上的万事万物,读《易》既要像读文学作品一样,读卦爻辞,理解字词的含义,还要结合卦图,读出卦图的象意。象意是卦辞、爻辞的源泉。

## 第二节　先天八卦和后天八卦

事物分阴阳。古代先哲发现世界上的万事万物不外阴阳两种，天为阳、地为阴，男为阳、女为阴。上下、左右、昼夜、寒暑、动静、刚柔、奇偶，皆分阴阳。一般用“⚊”代表阳，用“⚋”代表阴。

易有太极，是生两仪，两仪生四象，四象生八卦。

太极就是阴阳未分之时，无声无臭，无质无形，无法形容，无以表达，像宇宙形成之前的状态。

两仪就是天地，四象就是四季，八卦就是乾、兑、离、震、巽、坎、艮、坤。

太极生两仪可表示为：

“⚊”（阳），“⚋”（阴）。

两仪生四象可表示为：

“⚊”上加一阳为太阳“⚌”（夏）。

“⚊”上加一阴为少阴“⚍”（秋）。

“⚋”上加一阳为少阳“⚎”（春）。

“⚋”上加一阴为太阴“⚏”（冬）。

四象生八卦可表示为：

“⚌”上加一阳为“☰”乾（1 数）。

“⚌”上加一阴为“☱”兑（2 数）。

“⚍”上加一阳为“☲”离（3 数）。

“⚍”上加一阴为“☳”震（4 数）。

“⚎”上加一阳为“☴”巽（5 数）。

“⚎”上加一阴为“☵”坎（6 数）。

“⚏”上加一阳为“☶”艮（7 数）。

“⚏”上加一阴为“☷”坤（8 数）。

乾 1、兑 2、离 3、震 4、巽 5、坎 6、艮 7、坤 8 为先天八卦数。它不是人为添加，而是自然生发的。

《说卦传》曰：“天地定位，山泽通气，雷风相薄，水火不相射，八卦相错。数往者顺,知来者逆,是故易逆数也。"这是对先天八卦图的描述。传说先天八卦是伏羲氏发明的。先天八卦图如图 1-1 所示。

图 1-1　先天八卦图

先天八卦图中,事物发展的顺序是由 1 至 2 一直到 8。由 1 至 4 是逆时针运动,由 5 至 8 是顺时针运动。由 1 至 8 是一个∞螺旋。先天八卦不是一个平面,而是一个球体,在这个球体中八卦都在向它的对面发展,如阴变阳,乾变坤,兑变艮,离变坎,震变巽。事物是发展变化的,总是向它的反面发展,如天堂和地狱,美与丑,善与恶,贫与富,好与坏,生与死,等等。

《说卦传》曰:"帝出乎震,齐乎巽,相见乎离,致役乎坤,说言乎兑,战乎乾,劳乎坎,成言乎艮。"这是对后天八卦的描述。传说后天八卦是周文王发明的。后天八卦图如图 1-2 所示。

| 东南 | 南 | 西南 |  |
|---|---|---|---|
| 四 ☴ 巽风 | 九 ☲ 离火 | 二 ☷ 坤土 |  |
| 三 ☳ 震木 | 五 | 七 ☱ 兑泽 |  |
| 八 ☶ 艮山 | 一 ☵ 坎水 | 六 ☰ 乾天 |  |
| 东北 | 北 | 西北 |  |

（左侧：东；右侧：西）

图 1-2　后天八卦图

如果把后天八卦比作形体,那么先天八卦就是精神。先天八卦是圆的是动的,后天八卦是方的是静的,事物的发展变化都是在这个形体中进行的。事物发展过程中,在不同的时间、不同的空间所反映的形态是不同的,事物发展变化的多个阶段会在不同的时间和空间反映出来。先天八卦揭示的是事物发展的内部规律,后天八卦揭示的是事物发展的外在表现。

## 第三节　河图洛书与八卦的关系

《系辞传》曰:"天垂象,见吉凶,圣人象之。河出图,洛出书,圣人则之。"八卦是由河图、洛书演化而来,河图、洛书是八卦的根。

传说伏羲氏时,有龙马从黄河出现,背负"河图"(见图1-3)。有神龟从洛水出现,背负"洛书"(见图1-4)。伏羲氏根据"河图""洛书"画成八卦。

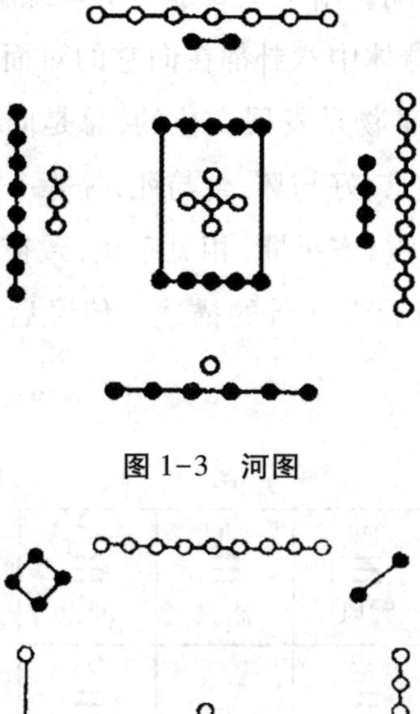

图1-3　河图

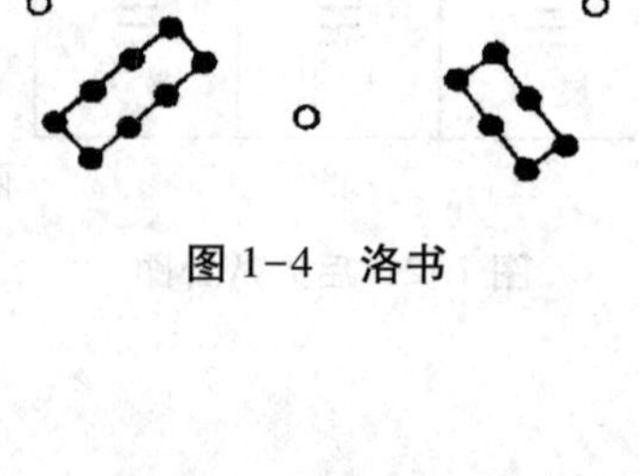

图1-4　洛书

《尚书·顾命》曰:“大玉、夷玉、天球、河图,在东序。”由此可见,河图在古代是国宝,供奉在王宫里。有人认为,它是天象图,也许是上古时期留下来的。河图是量变质变规律的形象反映,它揭示了量变质变的规律。

河图、洛书由代表数的点组成。物质的本质是数,数不同则物质的性质不同。我们都知道,物质是由分子组成的,分子是由原子组成的,原子是由原子核和电子组成的,原子核是由质子和中子组成的。归根到底,不同数量的质子、中子、电子的组合便组成了不同的物质。

事物的发展规律,都是由小到大,由少到多,由低级到高级。事物的发展是分阶段、分过程的,可以是一个过程,也可以是多个过程的集合。河图揭示的正是事物发展的内部规律。

《系辞传》曰:“天一、地二、天三、地四、天五、地六、天七、地八、天九、地十。”这是对河图的文字解释。天地即阴阳,事物的发展就是“阳—阴—阳—阴……”,从低级到高级(由一至二直到九、十),循环往复以至无穷。

把天一、地二、天三、地四、天五、地六、天七、地八、天九、地十按照河图的方式进行排列,如图 1-5 所示。

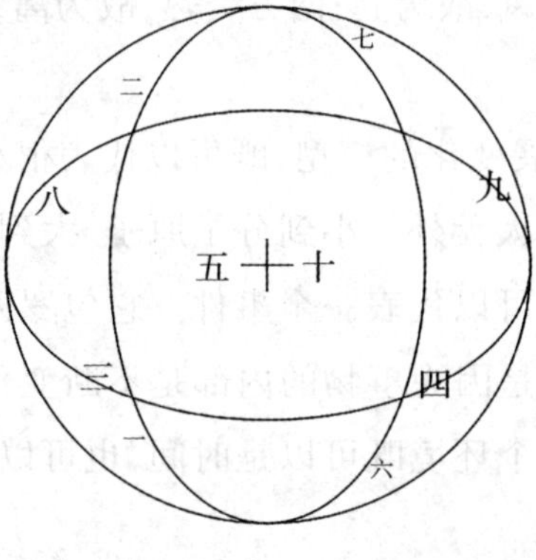


**图 1-5 按照河图方式排列的天数、地数**

把河图放在一个旋转的系统中发现,横向的一圈是八、三、四、九,竖向的一圈是二、七、六、一,中间是五、十,把它们连起来就是八、三、四、九、二、七、六、一,正好与洛书相吻合,如图 1-6 所示。

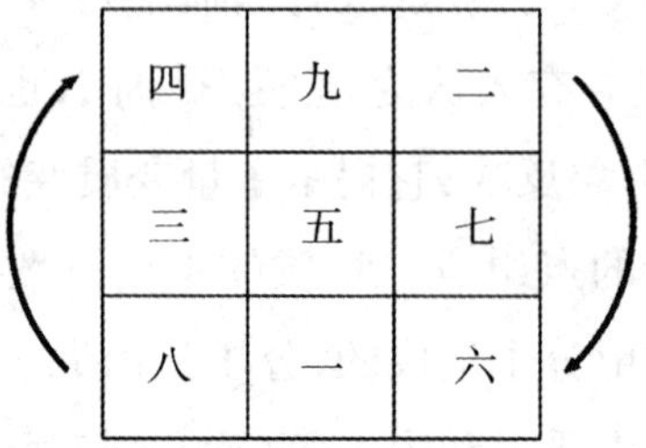


**图 1-6　按照洛书方式排列的天数、地数**

从图 1-5 和图 1-6 可以看出,洛书中的数就是河图中的数,数是事物的内部发展系统。洛书的外在形态(象)是事物的外部发展系统。任何事物都有内因和外因两个方面,内因是变化的根据,外因是变化的条件。内因为内部系统,外因为外部系统。

后天八卦是文王在洛书的基础上,按照人们生活的环境而创造的。当时人们生活的中原地区为平原为大地,故中五宫为土;西北多高地,故西北为乾;北方寒冷多水,水大都从北方来,故北方为坎;东北多山,故为艮;东方多森林,故为震;东南多花草树木多风,故为巽;南方炎热,故为离;西南多平原,故为坤;西方有大的湖泊,故为兑。

后天八卦是事物发展变化的模型,既可以代表很小的事物,也可以代表很大的事物。其小无内,其大无外。小到分子原子,大到宇宙空间。既可以代表看得见摸得着的物体,也可以代表一个事件。它包罗万象,一切术数都以它为模型,万变不离其宗。这是因为事物的内部是不断变化的,它所处的外部环境也是不断发展变化的,这个环境既可以是时间,也可以是空间,还可以是事件、事物。

## 第四节　八卦空间图

从数学角度讲,八卦是由阳“—”和阴“--”两种符号排列组合三次得来的。

平面是二维的,空间是三维的。我们用“—”代表“正”,用“--”代表“负”,以球的中心为原点做三维图,将球分为八个部分,这八个部分就是八卦的代表符号,如图 1-7 所示。

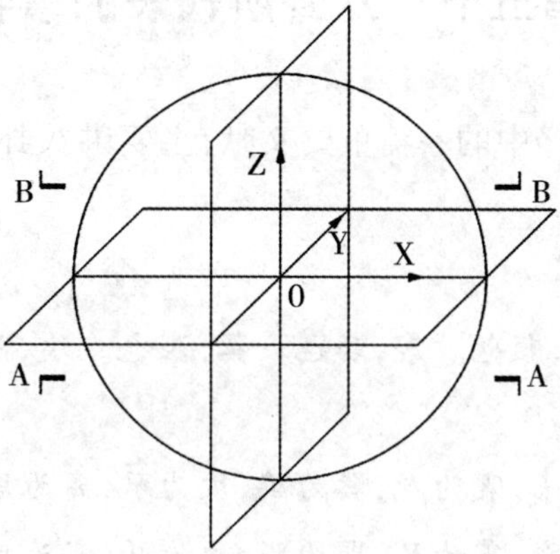


图 1-7　八卦空间图

其剖视图如图 1-8、图 1-9 所示。

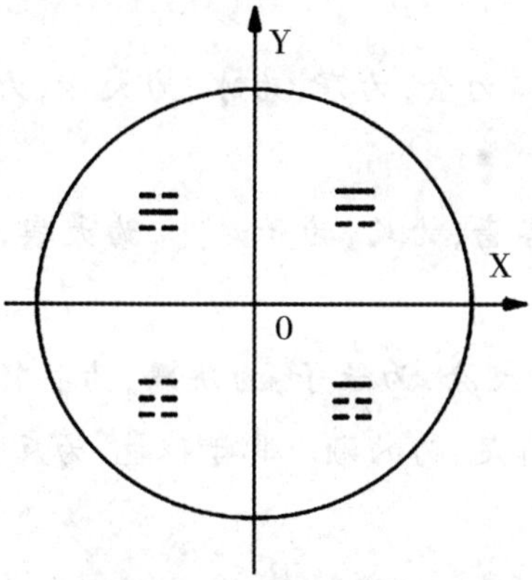


图 1-8　A-A 剖视图

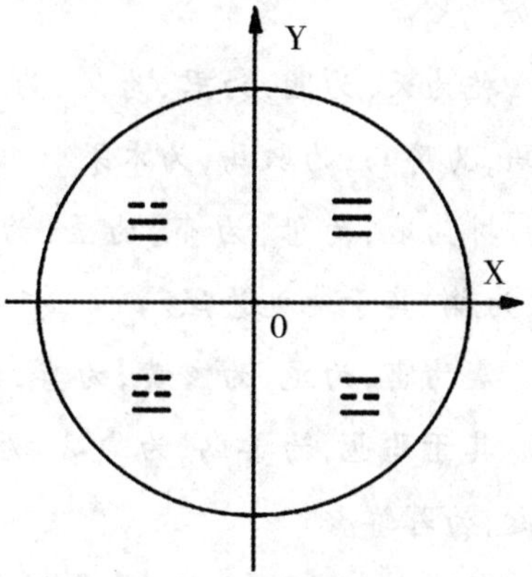


图 1-9　B-B 剖视图

因此,八卦就可以表示空间上的任意一点。按照抽象的说法,时间即是空间,空间即是时间。由于任何事物都可以用空间上的一个点来表示,所以八卦可以代表世界上的万事万物。

## 第五节　八卦所代表的事物

《说卦传》是"十翼"中的一篇重要文献，主要讲八卦所象征的事物，在此引述如下：

乾，健也。坤，顺也。震，动也。巽，入也。坎，陷也。离，丽也。艮，止也。兑，说也。

乾为马，坤为牛，震为龙，巽为鸡，坎为豕，离为雉，艮为狗，兑为羊。

乾为首，坤为腹，震为足，巽为股，坎为耳，离为目，艮为手，兑为口。

乾，天也，故称乎父。坤，地也，故称乎母。震一索而得男，故谓之长男。巽一索而得女，故谓之长女。坎再索而得男，故谓之中男。离再索而得女，故谓之中女。艮三索而得男，故谓之少男。兑三索而得女，故谓之少女。

乾为天，为圜，为君，为父，为玉，为金，为寒，为冰，为大赤，为良马，为老马，为瘠马，为驳马，为木果。

坤为地，为母，为布，为釜，为吝啬，为均，为子母牛，为大舆，为文，为众，为柄，其于地也为黑。

震为雷，为龙，为玄黄，为旉，为大涂，为长子，为决躁，为苍筤竹，为萑苇。其于马也，为善鸣，为馵足，为作足，为的颡。其于稼也，为反生。其究为健，为蕃鲜。

巽为木，为风，为长女，为绳直，为工，为白，为长，为高，为进退，为不果，为臭。其于人也，为寡发，为广颡，为多白眼，为近利市三倍。其究为躁卦。

坎为水，为沟渎，为隐伏，为矫輮，为弓轮。其于人也，为加忧，为心病，为耳痛，为血卦，为赤。其于马也，为美脊，为亟心，为下首，为薄蹄，为曳。其于舆也，为多眚，为通，为月，为盗。其于木也，为坚多心。

离为火，为日，为电，为中女，为甲胄，为戈兵。其于人也，为大腹，为乾卦，为鳖，为蟹，为蠃，为蚌，为龟。其于木也，为科上槁。

艮为山，为径路，为小石，为门阙，为果蓏，为阍寺，为指，为狗，为鼠，为黔喙之属。其于木也，为坚多节。

兑为泽，为少女，为巫，为口舌，为毁折，为附决。其于地也，为刚卤。为妾，为羊。

## 第六节　六十四卦的形成

辩证唯物主义哲学告诉我们，事物就是矛盾，任何矛盾都是由两个方面组成的。八卦可以代表万事万物，可以代表矛盾的任何一个方面。因此两卦相重可以代表一个矛盾，一个完整的事物。这就是古人重卦的原因。八卦两两相重而成六十四卦，六十四卦就是万事万物的基本形态。

由八卦发展为六十四卦，是八卦排列组合的结果。

乾卦(☰)与八卦组合，乾卦在下，八卦在上，组成八个新的六画卦：乾(䷀)、夬(䷪)、大有(䷍)、大壮(䷡)、小畜(䷈)、需(䷄)、大畜(䷙)、泰(䷊)。

兑卦(☱)与八卦组合，兑卦在下，八卦在上，组成八个新的六画卦：履(䷉)、兑(䷹)、睽(䷥)、归妹(䷵)、中孚(䷼)、节(䷻)、损(䷨)、临(䷒)。

离卦(☲)与八卦组合，离卦在下，八卦在上，组成八个新的六画卦：同人(䷌)、革(䷰)、离(䷝)、丰(䷶)、家人(䷤)、既济(䷾)、贲(䷕)、明夷(䷣)。

震卦(☳)与八卦组合，震卦在下，八卦在上，组成八个新的六画卦：无妄(䷘)、随(䷐)、噬嗑(䷔)、震(䷲)、益(䷩)、屯(䷂)、颐(䷚)、复(䷗)。

巽卦(☴)与八卦组合，巽卦在下，八卦在上，组成八个新的六画卦：姤(䷫)、大过(䷛)、鼎(䷱)、恒(䷟)、巽(䷸)、井(䷯)、蛊(䷑)、升(䷭)。

坎卦(☵)与八卦组合，坎卦在下，八卦在上，组成八个新的六画卦：讼(䷅)、困(䷮)、未济(䷿)、解(䷧)、涣(䷺)、坎(䷜)、蒙(䷃)、师(䷆)。

艮卦(☶)与八卦组合，艮卦在下，八卦在上，组成八个新的六画卦：遁(䷠)、咸(䷞)、旅(䷷)、小过(䷽)、渐(䷴)、蹇(䷦)、艮(䷳)、谦(䷎)。

坤卦(☷)与八卦组合，坤卦在下，八卦在上，组成八个新的六画卦：否(䷋)、萃(䷬)、晋(䷢)、豫(䷏)、观(䷓)、比(䷇)、剥(䷖)、坤(䷁)。

辩证唯物主义哲学认为，事物的发展是有规律的，是循环往复螺旋上升的，并且是相互联系的。六十四卦代表的事物就是事物发展的最基本的六十四个阶段。任何事物的发展变化都不外乎这六十四个阶段。《序卦传》对六十四卦的顺序进行排列，阐明了各卦之间发展变化的关系。六十四卦顺序如下：

乾坤屯蒙需讼师，比小畜兮履泰否。
同人大有谦豫随，蛊临观兮噬嗑贲。
剥复无妄大畜颐，大过坎离三十备。
咸恒遁大壮，晋明夷家人。
睽蹇解损益。夬姤萃升困。
井革鼎震艮，渐归妹丰旅巽。
兑涣节中孚，小过既未济。

## 第七节 爻和卦的关系

卦有三画卦(八卦)和六画卦(六十四卦)。卦是由爻组成的。

“爻”是交集的意思，是事物的交点、集中点，古人用“⚊”代表阳爻，用“⚋”代表阴爻。八卦由三个“爻”组成，如乾卦用“☰”表示；六十四卦是由八卦两两相重而形成的，由六个“爻”组成，如乾卦用“䷀”表示。

八卦好比是原子，六十四卦就是分子，分子是组成物质的基本单位。六十四卦就是事物的基本单位，它能代表世界上的万事万物。

六十四卦中，一卦有六爻，爻在不同的位置就有不同的名称，每个爻位上可以有阴阳两种爻，就像每个座位上可以坐男生也可以坐女生。其具体名称如下所示：

上九 ⚊ ⚋ 上六
九五 ⚊ ⚋ 六五
九四 ⚊ ⚋ 六四
九三 ⚊ ⚋ 六三
九二 ⚊ ⚋ 六二
初九 ⚊ ⚋ 初六

阳爻"—"表示刚健、充实、有德、有才、有志、向上、发挥、过刚、骄傲，代表男性、进取、刚强、主动等。

阴爻"--"表示柔弱、虚、不成熟、德才不足、谦虚、收藏、内敛，代表女性、保守、服从、顺从、柔顺、被动等。

爻可以变，阳变阴或阴变阳，但爻位不变。爻位分阴阳，初位、三位、五位为阳位，二位、四位、上位为阴位，阳爻在阳位为当位、正位，在阴位为不当位或不正。阴爻在阴位为当位、正位，在阳位为不当位或不正。

二位是下卦的中位，五位是上卦的中位。儒家的中心思想是中庸，中庸是做事、做人的最高境界。中位就是中庸就是不偏不倚，是无私，是公平。在《易经》中，二位、五位上的爻辞大都是赞美之词。

爻位从初到上代表事物发展的各个阶段，初为事物发展的初级阶段，上为事物发展的最后阶段。初爻位置可以代表下方，如人的脚部；上爻则可以代表上方，如人的头部。

三画卦中，上、中、下三个爻位，下为地位，中为人位，上为天位。六画卦中初、二为地位，三、四为人位，五、上为天位。

三画卦分阴阳，乾（父）、震（长男）、坎（中男）、艮（少男）为阳；坤（母）、巽（长女）、离（中女）、兑（少女）为阴。

六画卦中初为士位，二为臣位，三为侯位，四为公位，五为天子位，上为宗庙位。

一卦六爻，有承、乘、应、比的关系。相邻两爻，上爻为乘，下爻为承。初位与四位为同位相应，二位与五位同位相应，三位与六位同位相应。相邻两爻为相比。

六画卦中下三爻组成下卦（内卦），上三爻组成上卦（外卦）。

六画卦中，下卦为主卦。

六画卦中有互卦。卦中第二、三、四爻组成下互卦（简称"下互"），第三、四、五爻组成上互卦（简称"上互"）。以下互为下卦，上互为上卦组成互卦。

一卦六爻，初爻为震爻，二爻为坤爻或离爻，三爻为艮爻，四爻为巽爻，五爻为乾爻或坎爻，上爻为兑爻。

一卦之中有主爻，主爻最能代表该卦的含义。

爻可以变，阳爻变为阴爻，阴爻变为阳爻。爻变，卦则变。

## 第八节　读卦爻辞的方法

日本易学大师高岛吞象说:“《易》之为书,儒者千百人中,能讲之者仅不过二三辈,而犹多不能通晓者。”其实《周易》不应该这么难懂,如果太难懂,像天书似的,读它的人就很少,时间一长就失传了。《周易》历经焚书、禁书而没有失传,有关著作至今仍层出不穷,正说明它有顽强的生命力,有大批的爱好者。

古代的人都非常重视《周易》,在周代太卜官为八政之一。伏羲、周文王、周公旦是八卦及卦爻辞的作者,孔子将《周易》发扬光大。很多有名的大臣都精通《周易》,如诸葛亮、刘伯温等。据传伏羲氏作八卦,文王演绎六十四卦,司马迁《史记》也有类似记载。

六十四卦的卦象、爻象就像挂在我们面前的提示牌、警示牌,能够指导我们的思想和行动。卦辞是对卦即卦象的说明,是先人为帮助后人理解卦象所做的阐述。同样,爻辞是对爻象的说明。卦有卦象,爻有爻象,在没有文字之前,古人通过读卦象、看爻象认识事物,传播易学。

中国的文字是象形文字,与八卦的象形是分不开的,八卦是一类事物的象形,文字是一个事物的象形。但是用文字很难准确地表达象意,卦爻不同,象意千差万别。卦爻辞就像跳动的字节,难以捕捉。要读懂它必须结合象意才能理解、弄通。脱离了卦象、爻象,卦爻辞就是无源之水,无本之木。

卦名、卦象是大环境。卦辞是对大环境的解释,同时对爻提出要求、希望和行动准则。爻的阴阳爻位当位与否,以及承、乘、应、比的关系是小环境。大小环境相互作用,决定了爻的吉凶。

## 第九节　《周易》象数在日常生活中的表现

《易》是用天地自然现象,推衍社会现象,给人以启迪的书。生活中我们常常接触到、用到。

叶落归根,是一种自然现象。人们看到这个现象,便联想到,人老了要回到出生的地方。

海纳百川，有容乃大。这启示人们心胸宽广才能做大做强。

黄河之水天上来，奔流到海不复回。这启示人们做事就要百折不挠，不达目的誓不罢休。

离卦(䷝)，外实内虚，有网象，古人受到启发，以绳结网而渔。益卦(䷩)，上为巽木下为震木，巽入震动，古人受到启发，发明了木犁，用以耕种土地，提高了生产效率。噬嗑卦(䷔)，上离为日、为白天，下震为动、为行、为声，互卦为手足，古人受到启发，在白天让人们聚集在一起，进行集市贸易，互通有无。涣卦(䷺)，巽木在坎水之上行走，古人受到启发，发明了船，用来渡河、运输。

讼卦(䷅)，上卦为天，下卦为水，天气上升，水性就下。上下相争，相争则志不同道不合。这个卦象启迪人们，做事之前，要选好合作伙伴，道不同不相谋。

师卦(䷆)，地中有水之象，水在地中，水土交融。地能蓄水，水能滋养土地，水才不会泛滥。此卦告诉人们，包容民众，养育民众，就能化解危机。

噬嗑卦(䷔)，下卦为震、为雷，雷威震天下；上卦为离、为明，威而明之象。只威不明，则刑罚过滥；只明不威，则难以服众。要做到赏罚分明，恩威并施，就要制定法律，依法治国。

《周易》是哲学，它包罗万象。普通人能读出修身齐家的道理，领导者能读出治国方略、管理方法、荣辱进退。它虽然是一门古老的哲学，但它是与时俱进的，它总是随着时间的变化而变化，随着人类的进步而进步，“易与天地准”。

# 第二章　卦爻辞的应用

## 第一节　时间节点与六十四卦的关系

《周易》六十四卦，每一卦都是一篇独立的文章，是一个完整的事件。《周易》六十四卦，可以卦为单位分开读，随心所欲，翻到哪卦读哪卦。

《周易》有术的功能，用《周易》之术可以预测事物的发展变化。唯物主义哲学告诉我们，物质即空间，空间即时间。我们可以有目的地读卦、解卦，可以以时间为节点，切入六十四卦中。

在万年历中，我们可以查到当时日期（年月日时）的年支数、阴历月数、阴历日数。

时支数可以从表 2-1 中查出。

**表 2-1　时支数对应情况**

| | | | | | | | | | | | |
|---|---|---|---|---|---|---|---|---|---|---|---|
| 23~1 | 1~3 | 3~5 | 5~7 | 7~9 | 9~11 | 11~13 | 13~15 | 15~17 | 17~19 | 19~21 | 21~23 |
| 子 | 丑 | 寅 | 卯 | 辰 | 巳 | 午 | 未 | 申 | 酉 | 戌 | 亥 |

年支和时支为子丑寅卯辰巳午未申酉戌亥，子为 1，丑为 2，以此类推，亥为 12 数。具体如表 2-2 所示：

**表 2-2　年支和时支的数字对应情况**

| | | | | | | | | | | | |
|---|---|---|---|---|---|---|---|---|---|---|---|
| 子 | 丑 | 寅 | 卯 | 辰 | 巳 | 午 | 未 | 申 | 酉 | 戌 | 亥 |
| 1 | 2 | 3 | 4 | 5 | 6 | 7 | 8 | 9 | 10 | 11 | 12 |

具体计算规则如下：

年支数+阴历月数+阴历日数=a。

a除以8的余数为A。

年支数+阴历月数+阴历日数+时支数=b。

b除以8的余数为B。

b除以6的余数为D。

A为1~8,共8个数。若是1数,A则为乾,同理若是2数则为兑,是3数为离,是4数为震,是5数为巽,是6数为坎,是7数为艮,是8数则为坤。

B为1~8,共8个数。若是1数,B则为乾,同理若是2数则为兑,是3数为离,是4数为震,是5数为巽,是6数为坎,是7数为艮,是8数则为坤。

具体数字与各卦的对应情况如表2-3所示：

**表2-3　具体数字与各卦的对应情况**

| 1 | 2 | 3 | 4 | 5 | 6 | 7 | 8 |
|---|---|---|---|---|---|---|---|
| 乾 | 兑 | 离 | 震 | 巽 | 坎 | 艮 | 坤 |

D为1~6,共6个数。若D是1数,则初爻是动爻;若是2数,则第二爻是动爻;是3数,第三爻是动爻;是4数,第四爻是动爻;是5数,第五爻是动爻;是6数,则上爻是动爻。

将A作为下卦,B作为上卦(A下B上),则组成六十四卦中的其中一卦。D为动爻。

举例如下：

2021年12月7日13点52分测事。查万年历为丑年11月4日。查表2-1知,13点52分为未时。查表2-2知,丑为2数、未为8数。

在实际操作中,时支有时效性,在进入下一个时辰的前5分钟,应按照下一个时辰当令。例如上午10点56分,用“午”;下午12点56分,用“未”;14点56分,用“申”。

a=2(丑年对应的数)+11(阴历月数)+4(阴历日数)=17

A=17除以8的余数=1(查表2-3知,1数为乾)

b=2(丑年对应的数)+11(阴历月数)+4(阴历日数)+8(未时对应的数)=25

B=25除以8的余数=1(查表2-3知,1数为乾)

D=25除以6的余数=1(初爻是动爻)

这个时间节点形成的卦为乾下乾上,查阅本书第二章第二节表2-4可知,其为第一卦乾,初爻为动爻。

打开本书翻至第三章第一卦,向下查找乾卦初爻的爻辞和象辞及其解释,如下所示:

**初九:潜龙勿用。**

**象曰:潜龙勿用,阳在下也。**

**【注释】**

潜:隐藏。

**【解说】**

初九阳刚居全卦之下。乾卦各爻都具有乾健的性质,有龙的特性,故六爻均比作龙。

初爻为乾之初,为事业初创,还未做大做强,能量有限;或时机不成熟,时机未到。

初爻为震爻,有动性,有冒失的一面,如果过早暴露自己,可能经不住打击,故爻辞诫之曰:“勿用”。但勿用并非不用,而是条件还不成熟,要耐心等待,或创造条件。一旦时机成熟,则大展宏图。初爻阳变阴,下卦变巽,巽为伏,故曰:“潜龙。”

象曰:“阳在下也。”初九像龙一样隐藏在下面。

通过仔细阅读,从中感受与自己内心的共鸣点。接着读下一爻的爻辞、象辞及其解释,推测事情发展的阶段,寻找解决问题的方法。

再从卦名开始,读卦辞、彖辞、大象及其解释,仔细体会所处环境或经历的事物与卦的关系,从中得到启发。

读卦爻辞时,卦爻就是我,我身在其中;或者面对的人物、事件就是卦爻,我是旁观者。用心感受便有收获。

# 第二节　卦画卦名对照表

卦画卦名对照表如表 2-4 所示：

**表 2-4　卦画卦名对照表**

| 卦画 | | 卦序 | 卦名 |
|---|---|---|---|
| 乾下 | ䷀(乾下乾上) | 第一卦 | 乾 |
| | ䷪(乾下兑上) | 第四十三卦 | 夬 |
| | ䷍(乾下离上) | 第十四卦 | 大有 |
| | ䷡(乾下震上) | 第三十四卦 | 大壮 |
| | ䷈(乾下巽上) | 第九卦 | 小畜 |
| | ䷄(乾下坎上) | 第五卦 | 需 |
| | ䷙(乾下艮上) | 第二十六卦 | 大畜 |
| | ䷊(乾下坤上) | 第十一卦 | 泰 |
| 兑下 | ䷉(兑下乾上) | 第十卦 | 履 |
| | ䷹(兑下兑上) | 第五十八卦 | 兑 |
| | ䷥(兑下离上) | 第三十八卦 | 睽 |
| | ䷵(兑下震上) | 第五十四卦 | 归妹 |
| | ䷼(兑下巽上) | 第六十一卦 | 中孚 |
| | ䷻(兑下坎上) | 第六十卦 | 节 |
| | ䷨(兑下艮上) | 第四十一卦 | 损 |
| | ䷒(兑下坤上) | 第十九卦 | 临 |
| 离下 | ䷌(离下乾上) | 第十三卦 | 同人 |
| | ䷰(离下兑上) | 第四十九卦 | 革 |
| | ䷝(离下离上) | 第三十卦 | 离 |
| | ䷶(离下震上) | 第五十五卦 | 丰 |
| | ䷤(离下巽上) | 第三十七卦 | 家人 |
| | ䷾(离下坎上) | 第六十三卦 | 既济 |
| | ䷕(离下艮上) | 第二十二卦 | 贲 |
| | ䷣(离下坤上) | 第三十六卦 | 明夷 |

续表

| 卦画 | | 卦序 | 卦名 |
|---|---|---|---|
| 震下 | ䷘(震下乾上) | 第二十五卦 | 无妄 |
| | ䷐(震下兑上) | 第十七卦 | 随 |
| | ䷔(震下离上) | 第二十一卦 | 噬嗑 |
| | ䷲(震下震上) | 第五十一卦 | 震 |
| | ䷩(震下巽上) | 第四十二卦 | 益 |
| | ䷂(震下坎上) | 第三卦 | 屯 |
| | ䷚(震下艮上) | 第二十七卦 | 颐 |
| | ䷗(震下坤上) | 第二十四卦 | 复 |
| 巽下 | ䷫(巽下乾上) | 第四十四卦 | 姤 |
| | ䷛(巽下兑上) | 第二十八卦 | 大过 |
| | ䷱(巽下离上) | 第五十卦 | 鼎 |
| | ䷟(巽下震上) | 第三十二卦 | 恒 |
| | ䷸(巽下巽上) | 第五十七卦 | 巽 |
| | ䷯(巽下坎上) | 第四十八卦 | 井 |
| | ䷑(巽下艮上) | 第十八卦 | 蛊 |
| | ䷭(巽下坤上) | 第四十六卦 | 升 |
| 坎下 | ䷅(坎下乾上) | 第六卦 | 讼 |
| | ䷮(坎下兑上) | 第四十七卦 | 困 |
| | ䷿(坎下离上) | 第六十四卦 | 未济 |
| | ䷧(坎下震上) | 第四十卦 | 解 |
| | ䷺(坎下巽上) | 第五十九卦 | 涣 |
| | ䷜(坎下坎上) | 第二十九卦 | 坎 |
| | ䷃(坎下艮上) | 第四卦 | 蒙 |
| | ䷆(坎下坤上) | 第七卦 | 师 |

续表

| 卦画 | | 卦序 | 卦名 |
|---|---|---|---|
| 艮下 | ䷠(艮下乾上) | 第三十三卦 | 遁 |
| | ䷞(艮下兑上) | 第三十一卦 | 咸 |
| | ䷷(艮下离上) | 第五十六卦 | 旅 |
| | ䷽(艮下震上) | 第六十二卦 | 小过 |
| | ䷴(艮下巽上) | 第五十三卦 | 渐 |
| | ䷦(艮下坎上) | 第三十九卦 | 蹇 |
| | ䷳(艮下艮上) | 第五十二卦 | 艮 |
| | ䷎(艮下坤上) | 第十五卦 | 谦 |
| 坤下 | ䷋(坤下乾上) | 第十二卦 | 否 |
| | ䷬(坤下兑上) | 第四十五卦 | 萃 |
| | ䷢(坤下离上) | 第三十五卦 | 晋 |
| | ䷏(坤下震上) | 第十六卦 | 豫 |
| | ䷓(坤下巽上) | 第二十卦 | 观 |
| | ䷇(坤下坎上) | 第八卦 | 比 |
| | ䷖(坤下艮上) | 第二十三卦 | 剥 |
| | ䷁(坤下坤上) | 第二卦 | 坤 |

# 第三章　上　经

## 第一卦　乾

**乾下乾上,卦画䷀读曰:乾为天。**

**【解说】**

乾六画纯阳,刚健、笃实,有太阳放光芒之象。

**卦辞:元亨利贞。**

**象曰:大哉乾元,万物资始乃统天。云行雨施,品物流形。大明终始,六位时成,时乘六龙以御天。乾道变化,各正性命,保合太和乃利贞。首出庶物,万国咸宁。**

**【注释】**

元:开始、第一、居首的。

亨:通达顺利。

利:有益、适合。

贞:坚定有节操、正。

资:凭借。

始:开始。

乃:于是。

统:属于。

品:种类。

流:移动、运动。

形:形态、形体。

御:驾驭。

正:恰好、合于道理。

性:个性、属性。

命:生活能力。

保:保持。

合:不违背。

太:过于、很。

和:谐调。

首:最先。

庶:众多。

咸:全、都。

宁:平安。

**【解说】**

元为大、为开始、为创始;亨为通、为顺利;利为适宜、为有利于;贞为正、为不偏向不过分、为有节操。

乾六画纯阳,健行不息,没有阻碍,勇往直前,亨通顺利。但刚健要有度,过刚则欺柔,故诫之曰:“利贞。”

彖曰:“大哉乾元,万物资始乃统天。”乾天广大无边,万物生长靠太阳,而共存于大自然。

“云行雨施,品物流形。”乾天行云施雨,万类自由生长。

“大明终始,六位时成,时乘六龙以御天。”乾为日、为大明,日出日落健行不息,乾卦六爻与时俱进,适时而动,终获成功。

“乾道变化,各正性命,保合太和乃利贞。”乾六画纯阳但各具特色,要保持长治久安,行事必须正,行为要适当。

“首出庶物,万国咸宁。”乾卦六爻敢于出头,敢于为民请命。乾阳普照大地,天下祥和太平。

**大象:天行健,君子以自强不息。**

**【解说】**

天道运行周而复始,永不停息,仁人志士要效法、学习乾天健行不息的精神，自立自强，奋斗不止，不达目的誓不罢休。

**初九：潜龙勿用。**

**象曰：潜龙勿用，阳在下也。**

**【注释】**

潜：隐藏。

**【解说】**

初九阳刚居全卦之下。乾卦各爻都具有乾健的性质，有龙的特性，故六爻均比作龙。

初爻为乾之初，为事业初创，还未做大做强，能量有限；或时机不成熟，时机未到。

初爻为震爻，有动性，有冒失的一面，如果过早暴露自己，可能经不住打击，故爻辞诫之曰："勿用。"但勿用并非不用，而是条件还不成熟，要耐心等待，或创造条件。一旦时机成熟，则大展宏图。初爻阳变阴，下卦变巽，巽为伏，故曰："潜龙。"

象曰："阳在下也。"初九像龙一样隐藏在下面。

**九二：见龙在田，利见大人。**

**象曰：见龙在田，德施普也。**

**【注释】**

见：同"现"，出现。

普：广大。

**【解说】**

九二以阳居阴，居下卦之中，虽不当位但能守中，中则不偏。

二爻为坤爻、离爻，坤为田，离为见。见有"现"的意思。按照六爻配三才（天地人），下两爻为地，初爻为地下，二爻为地上，故曰："见龙在田。"

乾卦在二爻有了一定的发展和积累，德行、修养提高了，事业取得了一定的成绩。这时就要出潜离隐，有所作为，有所表现，故曰："见龙在田。"

以爻位论，九五为尊位为君位，九二为臣位。九五与九二阳刚分别居于上下卦之中位，均为有德有才之大人。九二要有大的作为，就要接近追随九五之大人。九二之大人，要适当表现自己，推销自己。九二爻阳变阴，下卦变为离，离为见,为现,故曰:“利见大人。”

象曰:“德施普也”。九二应施德与民,为大众谋福利。

**九三:君子终日乾乾,夕惕若,厉无咎。**

**象曰:终日乾乾,反复道也。**

**【注释】**

夕:晚上、日落的时候。

惕:警惕。

若:用在形容词或副词后,表示状态。

厉:危险。

咎:灾祸。

**【解说】**

九三居下卦之终。九三阳变阴,下卦变为兑;兑为夕,有终日之意。乾为天,为日,故曰:“终日。”

按六爻配三才,九三爻为人位。九三阳刚性健,故为君子。天行健,君子以自强不息。即使在夜晚,君子也不敢懈怠,而始终保持警惕之心,故曰:“夕惕若。”

《系辞传》曰:“三与五同功而异位,三多凶,五多功,贵贱之等也。”三爻为凶险之地,若有不慎,则危厉。但若常怀警惕之心,则有危心无危地,就算有危厉也不会受到伤害,故曰:“厉无咎。”

象曰:“反复道也。”九三念念不忘,反复践行乾健之道。

**九四:或跃在渊,无咎。**

**象曰:或跃在渊,进无咎也。**

**【注释】**

或:有时。

跃:跳跃、跃进。

渊:深水。

**【解说】**

九四爻居上下卦之间,可进可退。九四爻阳变阴,上卦变为巽。九四爻为巽爻,巽为进退。乾为渊,下卦乾有渊象。

龙既可在天又可在渊，进则大展宏图，施展抱负；退则养精蓄锐，补充能量。其进也可，退也可，故曰：“或跃在渊。”

九五为君位，九四为辅相之位，进则为国效力，为君效命；退则与民打成一片，进退自如，故曰：“无咎。”

象曰：“进无咎也。”这是鼓励九四更进一步，建功立业。

**九五：飞龙在天，利见大人。**

**象曰：飞龙在天，大人造也。**

**【注释】**

造：成就、造就。

**【解说】**

九五阳刚当位，为全卦之主。按六爻配三才，九五为天位。龙本天上之物，龙在天上行云施雨，宏图大展，故曰：“飞龙在天。”九五为尊位，代表事业有成。

九五在上卦之中，九二在下卦之中，两阳相应，有其不和的一面。但乾之时是大同世界，是为全天下谋福祉。共同的目标使他们走到一起，相互支持，相互帮助。九五阳变阴，上卦变为离，离为见，故曰：“利见大人。”

象曰：“大人造也。”九五居尊位高位，成就显著。

**上九：亢龙有悔。**

**象曰：亢龙有悔，盈不可久也。**

**【注释】**

亢：高傲。

悔：悔恨、懊悔。

**【解说】**

上九阳刚在上，为乾卦之极。阳刚过剩则亢，亢则做事偏激，故曰：“有悔。”《系辞传》曰：“贵而无位，高而无民，贤人在下位而无辅，是以动而有悔也。”

象曰：“盈不可久也。”上九盈满骄傲，事业怎能长久？

**用九：见群龙无首，吉。**

**象曰：用九，天德不可为首也。**

**【解说】**

四象配数字，九为老阳，七为少阳，九变七不变。六为老阴，八为少阴，六变八不变。乾卦六爻纯阳，坤卦六爻纯阴，但纯阳不育，纯阴不生，故乾卦用九，坤卦用六。用九就是变化，就是适时而动。乾卦上爻亢极有悔，宜退而修德，复为潜龙，故乾阳不可为首。

象曰："天德不可为首。"这是告诫乾阳不可亢进强出头。

## 第二卦　坤

**坤下坤上，卦画䷁读曰：坤为地。**

**【解说】**

坤卦六爻纯阴，有收敛、厚重、柔顺、谦虚、对称、众多之象。

**卦辞：元亨。利牝马之贞。君子有攸往，先迷，后得主，利。西南得朋，东北丧朋。安贞吉。**

**彖曰：至哉坤元，万物资生，乃顺承天。坤厚载物，德合无疆。含弘光大，品物咸亨。牝马地类，行地无疆，柔顺利贞。君子攸行，先迷失道，后顺得常。西南得朋，乃与类行。东北丧朋，乃终有庆。安贞之吉，应地无疆。**

**【注释】**

牝：雌性。

贞：正、坚定有节操

攸：所。

迷：分辨不清、迷失。

朋：朋友。

至：最、极。

弘：广大。

应：适应。

疆：边界。

**【解说】**

元为大、为始、为生命力，坤元之元与乾元之元相同。轻清之气上为天，重浊之气下为地，天地共生。坤地博大能容，胸怀宽广，何事不能通达，故曰："元亨。"

坤地就像牝马，柔顺善行，任劳任怨，但必须有人指引方向。执行力就是生命力。只有坚定地遵从主人的意志，才能完成使命，故曰："利牝马之贞。"

坤地这样的君子，要想有所成就，就必须思想在前，行动在后，三思而后行，先谋而后动。若行动在先，就会迷失方向。找到正确的方向之后再行动，做事就顺利，就容易成功，故曰："先迷，后得主，利。"

西南为坤方，为阴方，阴往西南则为同类，故曰："得朋。"东北为阳方，阴往东北，则失同类，故曰："丧朋。"但阴阳和合，互惠互利，可喜可贺。

坤地顺从乾阳的信念毫不动摇，天下才能平安吉祥。坤为安，故曰："安贞吉。"

彖曰："至哉坤元，万物资生，乃顺承天。"坤地广大无边，万物依赖它生长，但坤地依然顺从乾天，接受乾天的阳光和雨露。

"坤厚载物，德合无疆。含弘光大，品物咸亨。"坤地深而宽广，能包容万物，万物自由生长。

"牝马地类，行地无疆，柔顺利贞。"坤地像牝马一样，善行而柔顺，坚持下去必然会有好结果。

"君子攸行，先迷失道，后顺得常。西南得朋，乃与类行。东北丧朋，乃终有庆。"像坤这样的君子，要想有所作为，就要改正自己的缺点，寻求真理，奔向光明。

"安贞之吉，应地无疆。"坤地永远追随乾天（贞）随乾而动，才能载山岳而不重，盛江海而不泄（安），天下太平。

**大象：地势坤，君子以厚德载物。**

**【解说】**

坤地博大、宽厚、谦虚、均衡，能包容万物，成就万物。君子看到这个卦象，以此为榜样，加强道德修养，增强知识才干，为社会为人类多做贡献。

**初六：履霜，坚冰至。**

**象曰：履霜坚冰，阴始凝也，驯致其道至坚冰也。**

**【注释】**

驯：顺从。

致：使到达。

道:规律、法则。

**【解说】**

初六为坤之初,阴居阳位,其位不当。坤初为事情的开始,为弱小。霜为阴冷之物,阳光一照则消融,故用霜来比喻坤初。但霜发展下去,越来越寒,会成为坚冰,就难以融化了。《文言传》曰:"臣弑其君,子弑其父,非一朝一夕之故,其所由来者渐矣,由辩之不早辩也。"这是提醒人们做事要防微杜渐,要慎初。

初六为震爻,初六阴变阳,下卦变震,震为行为足,故曰:"履霜。"阴变阳,柔变刚,霜变成冰,故曰:"坚冰至。"

象曰:"阴始凝也。"初六阴气刚刚结成霜。初六如果顺从阴之道发展下去,阴气凝霜,会越来越密集,故曰:"驯致其道至坚冰也。"

**六二:直方大,不习无不利。**

**象曰:六二之动,直以方也。不习无不利,地道光也。**

**【注释】**

习:反复练习。

动:行动、行为。

道:素质、本领。

光:光明、光大。

**【解说】**

六二以阴居阴,居下卦之中,当位而中,为全卦之主,具有坤的优良品质。平而长远为直,静而稳重为方,广阔无边为大,这些特点都是坤天然所具有的素质,不是后天学来的。具备这样的素质,做任何事情自然顺利。

象曰:"六二之动,直以方也。"六二居下卦之中,行为规矩,其动也直,其静也方。六二本质上像坤地一样光大,故曰:"地道光也。"

**六三:含章可贞,或从王事,无成有终。**

**象曰:含章可贞,以时发也。或从王事,知光大也。**

**【注释】**

章:刚柔相杂谓文,文相排列为文章、文采。

可:适合。

【解说】

六三以阴居阳,以柔居刚,外表柔顺内有才德。坤为包含,故曰:"含章。"

六三与上六两阴相应,有其不和的一面。坤卦以上六为王。六三居下卦之极,居于可进可退之地,可适当展露才华,追随上六,故曰:"或从王事。"

六三为艮爻,六三阴变阳,下卦变为艮,艮为止、为求,为成、为终。六三位不中正,上六虽然是王,但未居正位,六三不可能有大的成就,故曰:"无成。"

但追随上六是正道,结果会是好的,故曰:"无成有终。"

象曰:"以时发也。"六三要适当展露才华。六三明白追随上六才是光明正大的事业,故曰:"知光大也。"

**六四:括囊,无咎无誉。**

**象曰:括囊无咎,慎不害也。**

【注释】

咎:罪过。

誉:赞美。

【解说】

六四以阴居阴,以柔居柔。六四与六五之君比近,为辅相之位。此爻当位,能正确理解把握坤顺之德,顺从六五。

六四爻为巽爻,巽为绳。坤为囊,中间有绳缠绕,有括囊之象。这里比喻有东西藏着不拿出来,以避自我炫耀之嫌。谦虚谨慎自然可以避咎。六四任劳任怨,不炫耀不追逐名利,故曰:"无咎无誉。"

象曰:"慎不害也。"六四小心谨慎辅佐六五,则不会受到伤害。

**六五:黄裳,元吉。**

**象曰:黄裳元吉,文在中也。**

【注释】

裳:古人穿的下衣。

文:温和、文静。

【解说】

六五居上卦之中,五为尊位。六五是获得高位而谦虚的人,就像周公旦忠心辅佐成王。古时帝王穿黄色的衣裳,代表高贵,代表至高无上。衣为上衣,裳为下衣。周公旦只穿黄色的下衣，表示不能超越幼主。黄为中色，黄裳表示六五能持守中道，甘心居下，是上六之福，也是国之福，故曰："元吉。"

象曰："文在中也。"六五内刚外柔居上卦之中，内心刚强而外表温和。

**上六：龙战于野，其血玄黄。**

**象曰：龙战于野，其道穷也。**

**【注释】**

玄：黑色。

穷：达到极点。

**【解说】**

上六为全卦之极，极则穷，穷则变。上六一改顺从乾阳之德，不顺反逆，与阳发生冲突。上六阴变阳，上卦变为剥，剥为阴阳相战。上爻为卦外之地，为远，故曰："龙战于野。"天地相交，阴阳相战，相战而流血。天地之色相杂，天玄地黄，故曰"其血玄黄。"

象曰："其道穷也。"上六居卦之极。极则变，变革就有争斗。

**用六：利永贞。**

**象曰：用六永贞，以大终也。**

**【注释】**

贞：正、坚定有节操。

**【解说】**

八为少阴，六为老阴，老变少不变。变化是永恒的，事物的发展变化永远不会停止。但坤阴以顺从乾阳为贞，先乾而动则会迷失方向，坤阴之变要始终顺从乾阳之变才会有成就，故曰："永贞。"

用六是对坤卦而言，也是对六十四卦所有阴爻而言。同样用九也是对六十四卦所有阳爻而言，用六用九就是用变。

象曰："以大终也。"坤阴之变始终顺从乾阳之变，才会有成就。

# 第三卦　屯

**震下坎上，卦画䷂读曰：云雷屯。**

**序卦曰：有天地，然后万物生焉，盈天地之间者唯万物，故受之以屯。屯者，盈也。屯者，物之始生也。**

**【解说】**

屯为难、为屯积。屯为冬月之卦，有雷在水中为冰覆盖而不能出，呈艰难之象，故卦名为“屯”。

**卦辞：元亨，利贞，勿用有攸往，利建侯。**

**彖曰：刚柔始交而难生，动乎险中，大亨贞。雷雨之动满盈，天造草昧，宜建侯而不宁。**

**【注释】**

元：大。

亨：通达、顺利。

利：宜、适合。

贞：正、坚定有节操。

攸：疾走的样子。

侯：封建制度五等爵位的第二等，在王之下。

造：制作、培养。

草：荒野、原野。

昧：暗、昏、不明、隐藏。

**【解说】**

屯元亨，并不是屯难则大亨，而是屯之时，动于险中而免于险，脱离危险而得大亨。

屯之贞为“勿用有攸往”，是不宜妄动，而不是不动。震雷为冰覆盖，雷不能出。春天一到，春雷一声震天响，屯难瓦解。

九五阳刚居高位，屯难之时，应任人唯贤，充分授权，团结一切可以团结的力量，救险救难。初九阳刚当位，应充分发挥自己的才干，建功立业，故曰：“利建侯。”

象曰:“刚柔始交而难生。”按照卦序,乾坤之后是屯卦。乾刚坤柔,此为非常艰难之时天地始交,万物刚刚出生。

“动乎险中,大亨贞。”上卦为坎、为险,下卦为震、为动。危难之中敢于行动,屯难解除,万事亨通。

“雷雨之动满盈,天造草昧。”上卦为坎,坎为雨,坎为月、为昧;下卦为震,震为雷,震为草。此为天下混沌蒙昧之时。

“宜建侯而不宁。”在这个艰难困苦的时候,有才德有地位的领导者,宜选贤任能,使之为国效力,安抚一方。民间有德有才之人,也要顺应天时,以匡扶天下为己任,建功立业。

**大象:云雷屯,君子以经纶。**

**【注释】**

经纶:整理过的蚕丝,比喻政治规划。

**【解说】**

云在天上不能成雨,不能润泽万物;雷在水中为冰所掩,故曰:“屯。”但云积累到一定程度,便能化成雨泽;雷到一定时间终能奋起而响彻天下。君子观此象,宜做好谋划,勇于实践,积极建功立业。

**初九:磐桓,利居贞,利建侯。**

**象曰:虽磐桓,志行正也,以贵下贱大得民也。**

**【注释】**

磐:大石头,有稳定安然之意。

桓:古代立在城郭、宫殿、官署、陵墓或驿站路边的木柱。

**【解说】**

初九阳刚当位,为全卦主爻,有德有才,故用磐桓来比喻。磐为大石,桓为立柱。磐桓为柱石之臣。初为屯之始,欲脱屯难,时机还不成熟。故曰:“利居贞。”屯下卦为震,初爻为震爻,震为侯。屯难之时,要时刻准备为国效力,故曰:“利建侯。”

象曰:“志行正也。”磐桓又有艰难不进之象。初九当位,虽艰难不进,但志在“建侯”,即志在建功立业。

“以贵下贱大得民也。”初九阳刚当位，居全卦之下，德才兼备而深入群众，受到广大民众的拥护。

**六二：屯如邅如，乘马班如。匪寇婚媾。女子贞不字，十年乃字。**

**象曰：六二之难乘刚也，十年乃字反常也。**

**【注释】**

如：在形容词后表示事物的状态。

邅：难行不进。

班：通“盘”，盘旋。

字：旧时称女子出嫁。

**【解说】**

六二与九五相应，与初九相比。六二要往救九五之难，但阴柔才弱，被初九所阻。行走艰难，徘徊不前，故曰：“屯如邅如。”六二乘初九，初九为震爻，震为马，故曰：“乘马班如。”

初九与六二相比，是想与六二结交，而不是打劫，故曰：“匪寇婚媾。”但六二当位而中，坚定而有节操，一心追随九五，故曰“女子贞不字”。六二坚贞不屈，最终得与九五相聚。六二为坤爻，互卦中有坤，坤为十年，故曰：“十年乃字。”

象曰：“六二之难乘刚也。”六二在上，初九在下，六二乘初九之刚。

“十年乃字反常也。”六二居中得正，有坚定的信念，有非凡的毅力。

**六三：即鹿无虞，惟入于林中，君子几不如舍。**

**象曰：即鹿无虞，以从禽也，君子舍之，往吝穷也。**

**【注释】**

即：靠近。

鹿：指猎物，此处喻政权、爵位。

虞：古代掌管山泽的官。

惟：单、只，常用于句首的文言助词。

几：差一点、接近。

吝：过错。

穷：达到极点、处境恶劣。

【解说】

六三以阴居阳，位不中正，处下卦之极又处震体。屯难之时，群雄逐鹿，六三急于求进。上卦为坎，坎为兽有鹿象；坎又为荆棘；震为木；故有林象。鹿指九五，位尊。六三就要靠近鹿了，尊位就要得到了。但鹿跑到丛林中去了，没有向导指引（六三无应比），故曰“即鹿无虞，惟入于林中”。

这时若继续入林追鹿，则有危险，不如停止行动。六三为艮爻，艮有止之意。六三阴变阳，下卦变为离，离有离开之意。勇于放弃也是君子之风，故曰：“君子几不如舍。”

象曰：“以从禽也。”六三无应无比，没有向导指引，就别再追了，随它去吧。“往吝穷也。”六三若入林追鹿则是错误的决定，处境将非常艰难。

**六四：乘马班如，求婚媾，往吉，无不利。**

**象曰：求而往明也。**

【解说】

六四与九五相比。九五为君位，六四为辅相之位。六四为巽爻，有巽顺之德。它顺从九五，为渡过屯难，忠心辅佐九五。

六四与初九相应，欲说服初九顺从九五。六四之下为震卦，震有马象。六四为巽爻、为进退，为去了又回来，有班如之象。婚媾是友好交结。故曰：“乘马班如，求婚媾。”

六四是为九五寻求贤才共渡时艰。六四为巽爻，巽为利。故曰：“往吉，无不利。”

象曰：“求而往明也。”六四上比九五下应初九，为九五求贤才是明智之举。

**九五：屯其膏，小贞吉，大贞凶。**

**象曰：屯其膏，施未光也。**

【解说】

九五阳刚中正居尊位，但比应都为阴柔，与初九又不相应。屯难之时无贤才辅佐，有禄而无施予对象。上卦为坎，九五爻为乾爻、坎爻，坎为膏。云在天上不能成雨而润泽万物。故曰：“屯其膏。”

但屯难之时九五欲施禄天下，小改小革不触动群阴和初九的根本利益则可。若急于大的改革，群阴和初九将被逼而作乱，就像汉景帝削藩，引起全国大乱,推动者晁错受诛;明朝皇帝朱允炆因削藩而引发靖难之役,最后国破家亡不知去向。故曰:“小贞吉,大贞凶”。

象曰:“施未光也。”九五为乾爻,有光明之象。上坎为月,有蒙昧而不明之象。九五不能像太阳一样施禄天下,照耀四方。

**上六:乘马班如,泣血涟如。**

**象曰:泣血涟如,何可长也。**

**【注释】**

涟如:泪流不断的样子。

**【解说】**

上六以阴居屯卦之极,极则变,极则屯难将解。上六与九五相比,以柔乘刚。九五为乾爻,为马,故曰:“乘马。”上六阴变阳,上卦变为巽,巽为进退不果,故曰:“乘马班如。”

上爻为兑爻,兑为口有泣之象。坎为血卦,上爻阴变阳,上卦变为巽,巽为风。风吹水皱,涟如之象。因屯难难解而哭泣,因悲伤而泪水涟涟,最后甚至哭出了血,表示悲痛至极,故曰:“泣血涟如。”

象曰:“何可长也。”上六处全卦之极,极则变。面对悲痛应有誓死解难之决心,哀兵必胜,胜利就在前方。

## 第四卦　蒙

**坎下艮上,卦画☶☵读曰:山水蒙。**

**序卦曰:物生必蒙,故受之以蒙。蒙者,蒙也,物之稚也。**

**【注释】**

蒙,有蒙昧、不明的意思,又有朴实、敦厚的意思。卦象上山下水,山为雾气笼罩,昏蒙不见,故曰:“蒙。”

**卦辞:亨。匪我求童蒙,童蒙求我。初筮告,再三渎,渎则不告,利贞。**

**象曰:蒙,山下有险,险而止,蒙。蒙亨,以亨行时中也。匪我求童蒙,童蒙求我,志应也。初筮告,以刚中也。再三渎,渎则不告,渎蒙也。蒙以养正,圣功也。**

**【注释】**

匪:不、不是。

筮:问卜。

渎:轻慢、对人不恭敬。

以:因为。

亨:通达、顺利。

**【解说】**

“蒙亨”,是指经过学习,思想得到启蒙或返璞归真,自然亨通,并不是蒙昧则亨通。

蒙卦,上卦为艮,艮为少男、为童蒙。下卦为坎,坎为中男、为水、为智,有师之象。艮为求,艮在上卦为主动,坎在下卦为被动。故卦辞曰:“匪我求童蒙,童蒙求我。”

求师之道贵在诚恳,贵在尊师。开始就以尊敬的态度去求教,老师也真心教导。若多次轻慢老师,老师怎能再传授知识和学问呢?故曰:“初筮告,再三渎,渎则不告。”

为师之道既不可过宽,又不能过严。故卦辞诫之曰:“利贞。”贞者,正也。师道以宽严相济为正。

彖曰:“山下有险,险而止。”蒙上卦为山,下卦为坎。坎为险,艮为止。

“以亨行时中也。”六五居上卦之中,由蒙而亨,才能走到这个时代的中间,成为天之骄子。

“志应也”。六五与九二阴阳相应。

“以刚中也。”九二阳刚居下卦之中。

“渎蒙也。”童蒙天性如此,蒙昧而无礼。

“蒙以养正,圣功也。”因为蒙昧所以才要启蒙,使之成人成材,这是教师的天职,而不能计较他的无礼。

**大象:山下出泉,蒙。君子以果行育德。**

**【解说】**

泉从山下流出,清澈而一尘不染,像天真无邪的幼童。涓涓细流汇成江河,奔向大海,就像初生的牛犊,不管前面有多少艰难险阻都会勇往直前。君子观此象，行动要果敢、敏捷，要加强道德修养，使自己强大。

**初六：发蒙，利用刑人，用说桎梏，以往吝。**

**象曰：利用刑人，以正法也。**

**【注释】**

发：开启、打开。

刑人：执行刑罚的人。

说：通“脱”，脱离。

桎梏：脚镣和手铐，喻指束缚。

以：连词，表示目的。

吝：过错。

**【解说】**

从卦体看，下卦坎为老师，上卦艮为学生。以爻分，阴爻为学生，阳爻为老师。初六居蒙之初，以阴居阳，位不中正，像一个蒙昧而有很多缺点的学生，因此要给予启蒙教育，故曰：“发蒙。”

初爻顽劣，常犯错误（位不正），所以要惩罚他。甚至使用戒具（脚镣和手铐）。认识错误之后，才给解下来。初六阴变阳，下卦变成兑，兑为刑人。故曰：“利用刑人，用说桎梏。”

经过教育，初六脱胎换骨，丢掉不良习惯，摆脱了蒙昧，故曰：“以往吝。”

象曰：“以正法也。”下卦为坎，坎为公平、为法。利用刑人的目的，是使初六改邪归正，遵纪守法。

**九二：包蒙吉，纳妇吉，子克家。**

**象曰：子克家，刚柔接也。**

**【注释】**

克：能够。

接：连成一体。

**【解说】**

九二以阳居下卦之中，外刚内柔，外威严而内温和。阳刚有才气，守中能公正。九二应比都为阴，众阴都能依从九二之阳，故九二有师之象。九二为坤爻，互卦中有坤，坤为包、为纳。九二阳刚能包容众阴，阴为蒙昧、为妇，故曰：“包蒙吉,纳妇吉。"

互卦中上互为坤,坤为家。下互为震,震为长子。卦有长子主事之象,故曰:"子克家。"

象曰:"刚柔接也。"九二能刚能柔,能担大任。

**六三:勿用取女,见金夫不有躬,无攸利。**

**象曰:勿用取女,行不顺也。**

**【注释】**

取:通"娶"。

躬:身体。

攸:文言助词。

**【解说】**

六三阴居阳位,不中不正,居下卦之极,是蒙昧而不懂礼节、不安分的女子。六三与上九相应,与九二相比。六三见九二有德有才,含金量高,有发展前途和上升空间,便心猿意马,欲舍弃正应之夫,不顾身份,使出手段追求九二。故曰:"见金夫不有躬。"

爻辞诫之曰:"勿用取女","无攸利"。不要与六三这样的人交结,交结则不利。

象曰:"行不顺也。"六三的行为违反常理。

**六四:困蒙吝。**

**象曰:困蒙之吝,独远实也。**

**【注释】**

吝:过失。

实:指阳爻。

**【解说】**

六四以阴居阴,居上下卦之间,想摆脱蒙昧。但六四比应皆阴,处在群阴之中,无师可求,故曰:"困蒙。"困必有吝。六四为巽爻,巽为进退不果,也有困象。

象曰:"独远实也。"六四远离阳爻,无师可求。

**六五:童蒙吉。**

**象曰:童蒙之吉,顺以巽也。**

【注释】

六五以阴居上卦之中,五为尊位。六五外柔内刚,是能谦虚纳谏,善于学习的幼主。六五与九二阴阳相应,九二之臣有刚中之才,而又忠心事主,故曰:"童蒙吉。"

象曰:"顺以巽也。"六五与九二上下相应。九二为坤爻,坤为顺。六五阴变阳上卦变为巽,巽为顺。上下都顺。

**上九:击蒙。不利为寇,利御寇。**

**象曰:利用御寇,上下顺也。**

【注释】

利:适宜。

【解说】

上九以阳居蒙卦之极,过刚不中,去蒙心切,对蒙昧采取过激的办法。上爻为兑爻,兑为刑人,有击象。故曰:"击蒙。"

上爻阳变阴,全卦变为师。师为地中有水,地中有险之象。坎为险、为寇。老师管教过激,使学生产生逆反心理,不但没有把学生教育成人、成材,反而使之走向对立面,学生既痛恨老师,又危害社会,成了寇盗。故爻辞诫之曰:"不利为寇,利御寇。"

象曰:"上下顺也。"上九阳变阴,上卦变为坤,坤为顺。上顺是指学生要顺从老师的教诲,下顺是指老师要因势利导。

## 第五卦　需

**乾下坎上,卦画䷄读曰:水天需。**

**序卦曰:物稚不可不养也,故受之以需。需者,饮食之道也。**

【解说】

需,须也,有等待的意思。下卦为乾、为健行,上卦为坎、为险,有险在前要等待之象,故卦名为"需"。

**卦辞:有孚,光亨,贞吉。利涉大川。**

**彖曰:需,须也,险在前也。刚健而不陷,其义不困穷矣。需有孚光亨,贞**

**吉,位乎天位,以正中也。利涉大川,往有功也。**

**【注释】**

孚:信用。

光:光明、光大。

贞:正、中正有节操。

须:等待。

**【解说】**

需卦九五阳刚中正,中实为诚、为孚,故曰“有孚”。卦中上互为离,离为光明,诚实而光明自然亨通,故曰:“光亨。”

需道以有孚、光亨为贞、为正,贞则吉。贞则能够战胜困难,渡过危机,故曰:“利涉大川。”

彖曰:“刚健而不陷,其义不困穷矣。”需,下卦为乾,乾为刚健。上卦为坎,坎为险陷。能等待则不会为险所困。

“位乎天位,以正中也。”九五居上卦之中,为天位、中位。

“往有功也。”需之时宜等待,一旦时机成熟,就要行动,去建功立业。

**大象:云上于天,需,君子以饮食宴乐。**

**【解说】**

云在天上还未成雨,不能润泽万物,宜慢慢积累,达到一定程度后就能成雨。

卦象上卦为坎险,下卦为乾健,以刚健涉险宜等待。卦中下互为兑,兑为口,坎为酒食。兑为朋友讲习,为喜悦。君子看到这个卦象,饮食以强身,宴乐以养神,故曰:“饮食宴乐。”

**初九:需于郊,利用恒,无咎。**

**象曰:需于郊,不犯难行也。利用恒,无咎,未失常也。**

**【注释】**

犯:冒着。

**【解说】**

初九阳居阳位,居需之初,距坎险最远。乾为郊,故曰:“需于郊。”初为震爻,性质好动。初爻阳变阴下卦变为巽,巽为进退不果,故爻辞诫之曰:“利用恒。”就是说初九应该有耐性，安于勿动，安心等待，自然无咎。

象曰：“不犯难行也。”初九不冒险前行。

“未失常也。”初九即使长久等待，也是正确的选择。

**九二：需于沙，小有言，终吉。**

**象曰：需于沙，衍在中也。虽小有言，以吉终也。**

**【注释】**

衍：平坦的地方。

**【解说】**

九二以阳居下卦之中，九五居尊位高位，处上卦坎险之中。九二与九五两阳相应，九二欲救九五之险。但九二有自知之明，能知险而止，等待时机。九二距坎险又近了一步，坎为大川，九二像岸边的沙滩（九二为坤爻，坤为土，九二阳变阴，下卦变为离，离为光明，放光的土有沙象），故曰：“需于沙。”

九五看到九二见险而止，故“小有言”（言为烦言，为不满意）。但等待对双方都有好处，时机成熟后，九二立即行动，危险解除。故曰：“终吉。”

象曰：“衍在中也。”九二在下卦之中，中则做事不偏激，应该等待就等待。

“虽小有言，以吉终也。”外界虽有负面评价，但时机一到，九二马上行动，打了个漂亮的胜仗，结果令人满意。

**九三：需于泥，致寇至。**

**象曰：需于泥，灾在外也。自我致寇，敬慎不败也。**

**【解说】**

九三居下卦之终，九三与坎卦最近，为水边。九三阳变阴下卦变为兑，兑为沼泽，有泥象，故曰：“需于泥。”

泥为泥泞，为制约，为不能自拔。在河边泥泞中等待，一旦灾害来临，被泥粘住脚，就不能快速避开，故曰：“致寇（坎为寇）至。”

象曰：“灾在外也。”六三距坎较近，距危险较近，灾害就在外面。

“敬慎不败也。”九三为艮爻，艮为止、为慎，能知险而止。小心谨慎就能立于不败之地。

**六四：需于血，出自穴。**

**象曰：需于血，顺以听也。**

【注释】

血:通“恤”,忧虑。

【解说】

六四与九五相比,与初九相应。六四在上卦坎中,坎为穴、为血卦、为心忧、为忧虑。六四在忧虑中等待,他忧国忧民,故曰:“需于血。”有危心则无危地。有备无患,未雨绸缪,自然能从危险中脱离出来,故曰:“出自穴。”

象曰:“顺以听也。”九四为巽爻,巽为顺。坎为耳、为听。能听从、顺从九五的正确指导,自然会脱离危险。

**九五:需于酒食,贞吉。**

**象曰:酒食贞吉,以中正也。**

【解说】

九五以阳居尊位,九五为富贵之爻。九五阳变阴,卦变为泰。天下太平,生活安乐。坎为酒、为膏,在美酒佳肴中流连忘返。但任何事情都有一个度,沉溺于酒食则要误事。上卦为坎,坎为险。九五毕竟在坎险之中。

象曰:“以中正也。”九五阳刚中正,能够正确把握需之道。

**上六:入于穴,有不速之客三人来,敬之终吉。**

**象曰:不速之客来,敬之终吉,虽不当位,未大失也。**

【注释】

速:邀请、招致。

【解说】

上六居需之极,需道将成。上爻为兑爻,兑为穴,上爻阴变阳上卦变为巽,巽为入,故曰:“入于穴。”

等待的结果是三个不请自来的客人。乾卦三爻都健行求进,上六与九三相应,初九、九二随九三而进。故曰:“不速之客。”

但需之道是有孚光亨,虽然对客人不熟悉,也要诚心对待。故曰:“敬之终吉。”

象曰:“虽不当位,未大失也。”初九、九二与上六并不相应,故曰:“不当位。”上六与九三相应,以礼对待,对同来的初九和九二同样以礼相待。若因不相应而不敬,则会造成大矛盾,损失就大了。

# 第六卦　讼

**坎下乾上，卦画☰☵读曰：天水讼。**

**序卦曰：饮食必有讼，故受之以讼。**

**【解说】**

讼字从言从公，有口舌相争而诉诸公堂之意。卦象上卦为天，天气上升，下卦为水，水性就下。上下相争，其志相违，故曰："讼。"

**卦辞：有孚，窒，惕，中吉，终凶。利见大人，不利涉大川。**

**彖曰：讼，上刚下险，险而健，讼。讼，有孚，窒，惕，中吉，刚来而得中也。终凶，讼不可成也。利见大人，尚中正也。不利涉大川，入于渊也。**

**【注释】**

孚：诚实有信。

窒：阻碍。

惕：小心谨慎。

大川：大江大河、危险。

**【解说】**

九五阳刚而居中，中实为孚，故曰："有孚。"但上刚下险，志不同道不合，相互之间阻塞不通，故曰："窒。"有孚而被窒，不让说话，不让发表言论，受压制者会奋起争辩。

但争辩要小心谨慎，适可而止，得饶人处且饶人，故曰："惕，中吉。"若争讼不止必然两败俱伤，故曰："终凶。"

争讼之时，最明智的方法是请正大光明之人给予裁决，也就是说要诉诸法律，而不是意气用事。互中有离，离为目、为见。九五刚中处乾体为大人。故曰："利见大人。"

上刚下险争讼不休，不能团结一致，在艰难险阻面前必然要失败。下卦为坎，坎为险、为大川。故曰："不利涉大川。"

彖曰："刚来而得中也""讼不可成也""尚中正也"。九二、九五阳刚居卦中，虽然争讼，但会适可而止。

"入于渊也。"上互为巽、为入，下坎为渊、为大川。卦象如此，若争讼不止，则不利涉大川。

**大象：天与水违行，讼。君子以作事谋始。**

**【解说】**

天气上升，水性就下，故曰："天与水违行。"上下相争故为讼，讼者争也。相争则志不同道不合，道不同不相谋，故曰："君子以作事谋始。"做事之前就要做好策划，选好合作伙伴。

**初六：不永所事，小有言，终吉。**

**象曰：不永所事，讼不可长也。虽小有言，其辩明也。**

**【注释】**

永：长久。

言：争论。

**【解说】**

初六居卦之初，外阴内阳，志强而才弱。初六与九四相争，九四阳刚而居高位，两者力量悬殊。初六不敌九四，知难而退，马上停止争讼。故曰："不永所事。"永为长久，事为争讼之事。

况且初与四有阴阳相合的一面，四强初弱，初自动退出争讼，只受到九四的指责或言语方面的攻击，并未受到伤害。或者说初对四有意见，但不与之争讼，没有受到伤害。坎为言、为听，故曰："小有言。"初六阴变阳，下卦变为兑，兑为说、为喜悦，故曰："终吉。"

象曰："讼不可长也。"初六志强才弱，不可长期争讼。

"其辩明也。"互卦中有离，离为明。初六因争辩受到指责，但也明白了自己的处境、地位与实力。知己知彼，该退的退，该让的让。

**九二：不克讼，归而逋。其邑人三百户无眚。**

**象曰：不克讼，归逋窜也。自下讼上，患至掇也。**

**【注释】**

克：能够。

逋：逃亡。

眚：灾异。

窜:逃走。

患:灾祸。

至:到达。

掇:停止。

【解说】

九二以阳居下卦之中,九五以阳居上卦之中,九二与九五为敌应。九二欲与九五相争,但九五位高权重,势力强大。九二外阳内阴外刚内柔,能守中道。自知不能战胜九五,主动退避,故曰:“不克讼,归而逋。”

九二为下卦之主,有领导作用,上下两阴与九二相比,一荣俱荣,一焚俱焚。九二不与九五相争而避免了灾难,两阴不会受到牵连。九二为坤爻。九二阳变阴,下卦变为坤,坤为邑。故曰:“其邑人三百户无眚。”

象曰:“归逋窜也。”九二不敌九五,撤退要迅速。

“以下讼上,患至掇也。”下与上争,就像以卵击石,若不停止,必有大灾。

**六三:食旧德,贞厉,终吉。或从王事,无成。**

**象曰:食旧德,从上吉也。**

【注释】

厉:危险。

或:将做未做或有时做。

【解说】

六三与上九相应与九四相比,上卦为乾、为旧,故曰:“食旧德。”六三本来与上乾交好,但讼之时,上下相争。六三在下与上相争为贞,相争则有危险,故曰:“贞厉。”但六三与上乾有旧交,六三念旧而从上,故曰:“终吉。”

乾为王,六三与上九阴阳相应而从上,故曰:“或从王事。”

六三爻为艮爻,艮为成。下卦为坎,坎为破。六三阴变阳,下卦变为巽,巽为进退不果。争讼之事不成,故曰:“无成。”

象曰:“食旧德,从上吉也。”乾为旧、为德。六三与上乾有旧交,放弃争讼而从上,不但免遭伤害,还会有所得。

**九四:不克讼,复即命,渝,安贞吉。**

**象曰:复即命,渝安贞,不失也。**

【注释】

渝:改变。

【解说】

九四阳居阴位,外刚内柔,外健而内顺,与初六争讼。初六不永所事,九四也不与初六相争,故曰:“不克讼。”

九五为君,九四为臣,九四是奉命与初六争讼,既不克讼,就要回来向九五汇报,故曰:“复即命。”

九四为巽爻,九四阳变阴,上卦变为巽,巽为顺。经历过一番事情后,九四变得和顺安详,不再争讼。故曰:“渝,安贞吉。”

象曰:“不失也。”九四没有丢掉巽顺之德。

**九五:讼元吉。**

**象曰:讼元吉,以中正也。**

【解说】

九五阳刚中正。刚则有威严,中正则公平而不偏。九五就是卦辞所指的利见之大人。讼从言从公,九五能公正执法,故曰:“元吉。”

象曰:“以中正也。”九五阳刚居上卦之中,能中,能正。

**上九:或锡之鞶带,终朝三褫之。**

**象曰:以讼受服,亦不足敬也。**

【注释】

或:有时。

锡:通“赐”。

鞶带:大带子。

褫:剥下、夺去。

【解说】

上九以阳居全卦之极,过刚则健讼不止,争强好胜,欺人柔弱。有时也会因为胜利而受到表彰,奖励了一个大绶带挂在身上,但很快就又被剥夺。上爻为兑爻,上爻阳变阴上卦变成兑,兑为毁折,有剥夺之象,故曰:“终朝三褫之。”(一天之内被剥夺三次)

象曰:“以讼受服,亦不足敬也。”凭借着诉讼而得来的荣誉,并不高尚,也不会赢得人们的尊敬。

## 第七卦 师

**坎下坤上，卦画☷读曰：地水师。**

**序卦曰：讼必有众起，故受之以师。师者，众也。**

**【注释】**

师：军队，这里象征民众、兵众。

**【解说】**

从卦象上看，上卦为坤、为地、为众，下卦为坎、为水。水藏地中，就像寓兵于民，为师之象。全卦一阳（九二爻）居下卦之中，众阴依附之，一阳统御众阴，为师之象。故卦名为“师”。

**卦辞：贞，丈人吉，无咎。**

**彖曰：师，众也。贞，正也。能以众正，可以王矣。刚中而应，行险而顺，以此毒天下，而民从之，吉又何咎矣。**

**【解说】**

兵，危事也。《孙子兵法》曰：“上兵伐谋，其次伐交，其次伐兵，其下攻城。”“不战而屈人之兵，善之善者也。”因此，不可轻易用兵。用兵打仗要消耗大量的国力，要有很多的国人牺牲。穷兵黩武，将导致民怨沸腾，国家败亡。但国难当头或受到他人侵略时，就必须奋起还击。师出有名谓“贞”，正义之师会受到人民的拥护和支持。

卦辞中的“丈人”指九二，九二是正义的代表和化身，人民群众愿意跟随他，服从他的领导。行兵打仗必然要有牺牲。战士们为正义而战、为国家而战，甚至付出生命的代价。他们把仇恨和怒火都记到敌人的头上，而不会埋怨领导者。故曰：“丈人吉，无咎。”

彖曰：“师，众也。贞，正也。能以众正，可以王矣。”师是众人聚在一起的意思。众人聚在一起，危险就隐藏在其中。卦象地中有水，坤为众，坎为险。九二率领大众，行正义之师，就能取得胜利，就会被封王封侯。

“刚中而应，行险而顺，以此毒天下，而民从之，吉又何咎矣。”九二刚中与六五相应。六五之君用人不疑,九二之臣鞠躬尽瘁。战争是危险的、残酷的。但君臣同心,众志成城。人民群众赴汤蹈火,勇往直前。这是国家之吉。谁还会受到指责呢?

**大象:地中有水,师。君子以容民畜众。**

**【解说】**

地中有水,水在地中,水土交融。地能蓄水,水能滋养土地。君子看到师的卦象,受到启发:包容民众,养育民众,就能化解危机。

**初六:师出以律,否臧凶。**

**象曰:师出以律,失律凶也。**

**【注释】**

以:按照、遵循、遵守。

律:法律、制度、规章、纪律。

否:不、不然、不如此。

臧:善、好。

凶:凶险、危险。

出:出动。

失:失去、没有。

**【解说】**

初六以阴居师卦之初,为做事之初,即事情的开始。初六为震爻,震为行、为动。初六为阴爻,有散乱之象。下卦为坎,坎为险、为平、为法、为律。故爻辞曰:"师出以律。"

初爻阴变阳,下卦变为兑,兑为毁折,为凶险。刚开始做事,要有纪律、合同的约束。若无组织纪律,事情一定会乱套,事业将夭折,故曰:"否臧凶。"

象曰:"失律凶也。"这里进一步强调纪律的重要性,违反纪律、无组织纪律则有凶险。

**九二:在师中,吉无咎。王三锡命。**

**象曰:在师中吉,承天宠也。王三锡命,怀万邦也。**

**【注释】**

锡:通"赐"。

三:多次

承:承受、受到。

天宠:君王的宠幸。

怀:心里存有。

万邦:国家。

**【解说】**

九二以阳居下卦之中,故曰:“在师中。”坎为水、为智,互中有震,震为威。九二有勇有谋,智勇双全,能刚能柔,威严公正而不偏私,令行禁止,指挥众军所向披靡,即使有所损失也不会受到指责,故曰:“吉无咎。”

九二与六五阴阳相应。六五之君礼贤纳士,用人不疑,对九二倍加赞赏,委以重任,授之大权,故曰:“王三锡命。”

象曰:“承天宠也。”九二与六五阴阳相应,九二受到六五的信任和宠爱。

“怀万邦也。”下卦为坎,为心忧。九二以国家大事为己任,胸怀国家,忧国忧民。

**六三:师或舆尸,凶。**

**象曰:师或舆尸,大无功也。**

**【注释】**

或:有时。

舆:车。

**【解说】**

六三阴居阳位,位不中正,居下卦之终。外阴内阳,才弱志强,不安分,好高骛远。

六三与九二的关系是以柔乘刚。他不遵守纪律,不服从指挥,轻举妄动,阳奉阴违,逞强好胜,从而导致失败。

六三为艮爻,艮为止,动则凶。下卦为坎、为车。六三阴变阳,下卦变为巽,巽为进退,也有车象。车上有坤,坤为尸,故曰:“师或舆尸,凶。”卦象是用车拉着尸体,所以非常凶险。

象曰:“大无功也。”六三阴变阳,下卦变为巽,巽为进退不果而无功之象。

**六四:师左次,无咎。**

**象曰:左次无咎,未失常也。**

**【注释】**

次:驻扎。

**【解说】**

六四阴柔而当位。六四为巽爻,巽为顺,有自知之明。他非常清楚自己的实力、能力和当前的形势。知彼知己,顺势而为。避开了强敌,退居到有利位置。虽无功而返,但保存了实力,避免了不必要的牺牲。故曰:"师左次,无咎。"

象曰:"未失常也。"六四有巽顺之德,顺应形势,退而保存实力。这种行为也是正确的。

**六五:田有禽,利执言,无咎。长子帅师,弟子舆尸,贞凶。**

**象曰:长子帅师以中行也,弟子舆尸,使不当也。**

**【注释】**

田:田地、打猎。

禽:鸟兽总称。

执:施行。

言:话语、言论。

帅:统帅。

使:用人。

**【解说】**

六五以阴居上卦之中,五为尊位,六五为一国之君。君王胸怀天下,普天之下莫非王土,率土之滨莫非王臣。师卦上坤下坎,六五阴变阳,上卦变为坎,坎为禽,坤为田。故曰:"田有禽。"

田中有禽兽,比喻国家受到伤害。通过打猎的方式,把禽逮住,就像出兵打击敌人。六五阴变阳,上卦变为坎,坎为言。六五仗义执言,痛斥敌人,并命令出师擒敌,故曰:"利执言,无咎。"若一味退让,则会被动挨打,反而有咎。

九二阳刚有才德,忠君爱民,能当大任,足以战胜敌人。六五阴柔,志强才弱,故爻辞诫之曰:"长子帅师,弟子舆尸。"这是提示六五要坚持任人唯贤。领导者怎样用人,对事情的成败起着决定性的作用。

象曰:"以中行也。"六五居上卦之中,九二居下卦之中,两爻阴阳相应。

"使不当也。"六五有阴柔的一面,难免用人不当。

**上六:大君有命,开国承家,小人勿用。**

**象曰:大君有命,以正功也。小人勿用,必乱邦也。**

**【注释】**

开国:分封诸侯。

承家:任命官员。

正:公正。

**【解说】**

上六居师卦之终。上爻为兑爻,兑为口。上爻阴变阳,上卦变为艮,艮为终、为成。上爻为事情成功之时。大君指六五,是最高领导者。胜利了要论功行赏,故曰:"大君有命。"

领导者根据各人在工作中的表现和成绩,任命部门主管。对于心胸狭窄、德行不高的人,只可给予物质奖励,坚决不能授予官职,否则贻害无穷,故曰:"小人勿用。"

象曰:"以正功也。"胜利之后,六五依据公平公正的原则,按照功劳大小,奖励有功之臣。

"必乱邦也。"胜利之后,若用无德之人治理国家,会导致国家混乱,即从胜利之日起就潜伏着危机,治之始就是乱之始。

## 第八卦　比

**坤下坎上,卦画䷇读曰:水地比。**

**序卦曰:众必有所比,故受之以比。比者,比也。**

**【注释】**

比:附、靠近、挨着、亲切。

**【解说】**

按照卦象,水在地上附地而流,水土交融,水能润土,土能容水,故曰:"比。"比卦九五一阳,众阴皆欲与之相亲相比,故曰:"比。"

**卦辞:吉。原筮,元永贞,无咎。不宁方来,后夫凶。**

**象曰:比吉也,比辅也,下顺从也。原筮,元永贞,无咎,以刚中也。不宁方来,上下应也。后夫凶,其道穷也。**

**【注释】**

原:最初,开始。

贞:正。

不宁方:不安宁的地方。

永:长久。

原筮:追根求源。

**【解说】**

比,上卦为坎、为水,下卦为坤、为地,有水在地上流之象。地若不能容水,则水在地上泛滥成灾。水若无源头,水流枯竭,则土地干涸,万物不生。水地亲比,两相润泽则吉,故曰:"比吉。"

两个人或两种事物能否亲比,亲比之前应做好调查,分清好坏,确定是否可以亲比,故曰:"原筮。"

一条河流的源头如果有充沛的水源,就能长流不息。两相亲比,坚持不懈就能长久。故曰:"元永贞,无咎。"贞者正也,从开始就相亲相比,亲比而守正则无咎。

从爻象看,初六、六三与九五非应非比,其只有在不得安宁的时候才主动与九五相比。比下卦为坤,坤为安,初六、六三位不中正,所以不安。故曰:"不宁方来。"

上六居高位,不愿放下架子与九五相比。心不甘情不愿,故姗姗来迟。但相比则吉,不比则凶。故曰:"后夫凶。"

象曰:"下顺从也。"比下卦为坤,坤为顺。九五刚中居上位,尊位,众阴欲与之相亲比,而顺从九五。故曰:"下顺从也。"

"以刚中也。"九五阳刚居上卦之中,人来比我。他来考察我的情况,我也要了解他的底细。当比才比,比才能无咎。

"上下应也。"九五阳刚中正,上下五阴与之相比应。六二与九五相应,六四与九五相比,他们比得自然。初六、六三、上六与九五非应非比,自己不得安宁时方来比附。

"其道穷也。"上六居卦之极,极则变。上六不愿与九五比辅,故行动迟缓,没跟上形势。

**大象:地上有水,比。先王以建万国,亲诸侯。**

**【解说】**

比的卦象是水在地上,水与地亲密无间,水流到哪里都会受到大地的欢迎。大地因有水润泽,而生养万物。比下卦为坤,坤为众、为国,有万国之象。先王看到这种现象,把广阔的土地分封成多个诸侯国,分而治之,并广施恩泽。诸侯与先王相亲相比,天下太平。

**初六:有孚比之,无咎,有孚盈缶,终来有它吉。**

**象曰:比之初六,有它吉也。**

**【注释】**

孚:诚信。

之:代词,指九五。

盈:满。

缶:罐。

**【解说】**

初六与九五非应非比。要想与九五相比,必须以诚信为基础。诚信相比则无咎。上卦为坎,坎中实,中实为孚。故曰:"有孚比之,无咎。"

初六对九五非常虔诚,九五对初六也投桃报李。比,下卦为坤,坤为缶。坤为满、为盈、为浆,有盈缶之象。互卦中有艮,艮为成、为终。故曰:"有孚盈缶,终来有它吉。"

象曰:"比之初六,有它吉也。"初六与九五本不想比,现在相亲相比,会有意想不到的收获。

**六二:比之自内,贞吉。**

**象曰:比之自内,不自失也。**

**【注释】**

之:代词,指九五。

自内:自家人的意思。

【解说】

六二以阴居下卦之中，与九五正应。就像自家人一样，故曰："比之自内。"但六二中正，不会恃宠而骄，故曰："贞吉。"

象曰："不自失也。"六二以柔居柔，居中而正。做事能正确把握自己，不会借助九五的势力来炫耀。

**六三：比之匪人。**

**象曰：比之匪人，不亦伤乎？**

【注释】

之：到、接近。

匪人：行为不正当的人、歹人。

【解说】

六三以阴居阳，位不中正。居下卦之终，与上卦最近。上卦为坎，为盗寇，呈匪人之象，故曰："比之匪人。"卦辞未说凶，但与歹人相比辅，凶可知矣。

象曰："不亦伤乎？"与歹人相比辅，会受到伤害。

**六四：外比之，贞吉。**

**象曰：外比于贤，以从上也。**

【注释】

之：代词，指九五。

【解说】

六四当位，与九五阴阳相比。阳在上阴在下，符合常理。九五在上，上为外，故曰："外比之。"九五阳刚中正居尊位、高位。爻辞虽未说吉，但与之相比，吉可知也。

象曰："以从上也。"六四为巽爻，巽为顺从。九五阳刚中正。六四顺从九五。

**九五：显比，王用三驱，失前禽，邑人不诫，吉。**

**象曰：显比之吉，位中正也。舍逆取顺，失前禽也。邑人不诫，上使中也。**

【注释】

显：光明正大。

王：指九五。

驱:驱赶。

失:丢掉。

邑人:国人。

诫:警告、劝人警惕。

**【解说】**

九五阳刚中正居尊位,以一阳统御众阴,众阴皆欲与九五相比。九五对众阴就像天上的太阳一样,光明正大没有偏私,故曰:“显比。”

比卦的大环境是和平时期,但和平时期也有反对派,有敌人和罪犯。这时领导者就要率众擒敌或反击。但九五阳刚中正,光明正大,人也宽宏大量,能网开一面,故曰:“王用三驱。”

古时帝王打猎采用围猎的方法,但只围三面。从三面向中间驱赶,而留出一面,故意使部分身体强壮、变通能力强的猎物逃脱。

比卦上卦为坤,坤为田。下卦为坎,坎为禽。田上有禽之象。九五阳变阴,上卦变为坤。坎变坤,禽没了,失禽之象,故曰:“失前禽。”

下卦坤,坤为邑人。六二与九五阴阳相应,拥护其刚柔相济而宽容的政策,故曰:“邑人不诫,吉。”

象曰:“位中正也。”九五居上卦之中,阳刚中正,能刚能柔。

“舍逆取顺。”不愿与我亲比的随他去,愿意顺从我的,我就和他相亲比。

“上使中也。”九五能使用中道,持中守正。

**上六:比之无首,凶。**

**象曰:比之无首,无所终也。**

**【注释】**

首:领导的人,这里指目标、方向。

**【解说】**

上六以阴居卦之极,极则变。上六非但不与九五亲比,反而以柔乘刚,目无九五。此时上六失去了目标,失去了方向,故曰:“比之无首。”

象曰:“无所终也。”上六变,上卦变为巽,巽为不果,没有结果。

## 第九卦　小畜

**乾下巽上，卦画☴读曰：风天小畜。**

**序卦曰：比必有所畜，故受之以小畜。**

**【注释】**

畜：畜养、畜止。

**【解说】**

上卦为巽、为风，下卦为乾、为天。风为气，天也为气，风是天中流动的气。风小天大，以风畜天，故曰："小畜。"

从爻象看，卦中一阴五阳，五阳为一阴所畜，只能系而不能固，不能长久，阳为大阴为小，故曰："小畜。"

**卦辞：亨。密云不雨，自我西郊。**

**彖曰：小畜，柔得位而上下应之，曰小畜。健而巽，刚中而志行，乃亨。密云不雨，尚往也。自我西郊，施未行也。**

**【注释】**

尚往：崇尚进步，还需要上进。

施未行：还不能行进。

**【解说】**

小畜上卦为巽、为风，下卦为乾、为天。风行天上，没有阻碍。亨通畅行，故曰："亨。"卦中一阴，上下五阳与之相应，众阳为一阴所畜。阴得时得位，众阳从阴，故曰："亨。"阴畜阳只可系而不能固，所以不曰："大亨。"

"密云不雨，自我西郊"，是卦象。互中有兑，兑为西。乾为密，巽为风。风吹密云由西向东则不雨（谚语：云彩向东一阵风）。小畜为畜养、畜止，密云不雨为小畜之正。

彖曰："柔得位而上下应之。"六四以阴柔当位，上下五阳与六四一阴相应。

"健而巽，刚中而志行。"下乾为健，上卦为巽。九五和九二以阳刚居上下卦之中，有才德而行事中正。

"尚往也。"崇尚进步，还要继续修行。

“施未行也。”时机未到,还不能实行。

**大象:风行天上,小畜。君子以懿文德。**

【注释】

懿:美、善。

【解说】

下卦为乾、为天,上卦为巽、为风。乾刚健文明,为德;巽为柔顺、为教化。君子以文德教化天下,社会才会变得美好幸福。

**初九:复自道,何其咎?吉。**

**象曰:复自道,其义咎也。**

【注释】

复:返回。

自:本以、自己。

道:法则、规律。

【解说】

初九以阳居小畜之初,与六四阴阳相应。六四为卦主,初九为六四所畜。初爻为震爻,性好动。他不甘为六四畜止,坚持自己的原则,坚持干自己正当的事业,故曰:“复自道。”初爻变,下卦变为巽,巽为进退,进而又退,复之象。

象曰:“其义咎也。”初九不为六四畜止,故有咎。但初九是返回正道,何咎之有?

**九二:牵复吉。**

**象曰:牵复在中,亦不自失也。**

【注释】

牵:牵连、影响。

【解说】

九二以阳居下卦之中,能刚能柔,做事守中而不偏。九二与六四非应非比,见初九不甘为六四所畜,回复本道。受其影响,九二也不再为六四畜止,而回归本道,故曰:“牵复吉。”

象曰:“亦不自失也。”九二以平实的心态居下卦之中,没有自失其道。

**九三:舆说辐,夫妻反目。**

**象曰:夫妻反目,不能正室也。**

**【注释】**

舆:大车。

说:通“脱”。

輹:垫在车厢和车轴之间的木块。

**【解说】**

九三以阳居阳,居下卦之极,过刚而不中。九三与六四阴阳相比,但阳在下而阴在上。九三不能忍受阴阳颠倒的状态,而与六四决裂。六四为阴,九三为阳,有夫妻之象,故曰:“夫妻反目。”小畜卦,上卦为巽,巽为木。下卦为乾,乾为圆、为动,有车轮象,故为“大车”。九三爻为艮爻,艮为止。九三阳变阴,下卦变为兑,兑为毁折,故爻辞曰:“舆说輹。”

象曰:“不能正室也。”九三不能管理好自己的内部事物,致使上下背离。

**六四:有孚,血去惕出,无咎。**

**象曰:有孚惕出,上合志也。**

**【注释】**

孚:诚信。

血:通“恤”,忧虑。

惕:忧惧。

**【解说】**

六四为卦主,欲畜五阳,但五阳各有各的志向,所以感到忧虑。六四要实现自己的愿望或目的,必须以诚信的态度对待五阳。卦中上互为离,离为心、为孚,故卦曰:“有孚。”忧虑由心生,故曰:“血”(恤)。但六四以诚待人,人也以诚相报,忧惧之心自然消亡,故曰:“血去惕出。”

象曰:“上合志也。”六四与九五阴阳相比,志同道合。

**九五:有孚挛如,富以其邻。**

**象曰:有孚挛如,不独富也。**

**【注释】**

孚:诚实守信。

挛如:两手相握的样子,表示非常亲密。

富：财富。

以：用、把。

【解说】

九五阳刚居尊位，与六四阴阳相比，关系非常亲密，超越了君臣关系。两者就像邻居一样，九五时常把财富送给六四，故曰："富以其邻。"

象曰："不独富也。"九五得到财富后就分给六四一部分，不独自占有。

**上九：既雨既处，尚德载。妇贞厉。月几望，君子征凶。**

**象曰：既雨既处，德积载也。君子征凶，有所疑也。**

【注释】

既：已经。

处：停止。

尚：尊崇。

载：积累。

几：将近、差一点。

望：每月十五日。

月几望：月亮差不多快盈满了。

【解说】

上九以阳居小畜之终，畜道已成。

既雨既处是上九的卦象。上九阳变阴，上卦变成坎，坎为雨。故曰："既雨既处。"雨终于下了，但是马上又停了。

小畜就是畜积、畜止，以密云不雨为最佳状态。小畜卦是尚谦诫满，以谦为德，以积德为畜，故曰："尚德载。"崇尚积德，还要不断地积德。

月几望，是上九的爻象。上爻为兑爻、为月；上九阳变阴，上卦变为坎，坎为月。有月亮高挂天上之象，月亮快盈满了，故曰："月几望。"

小畜卦是一阴畜五阳，阴为主。小畜上爻畜道已成，妇德达到全盛，就像月亮快要盈满了。但阴盛则与阳战，故曰："妇贞厉。"妇德太盛太强势，虽正也有危厉。

上爻以阳刚居卦上，有君子之象。他以刚居卦外，不愿为六四所畜，故有凶。坎为险、为凶，君子如果继续前进将有灾祸，故曰："君子征凶。"

象曰："有所疑也。"上九阳刚在上，不为六四所畜，故受六四猜疑。

# 第十卦　履

**兑下乾上，卦画☰☱读曰：天泽履。**

**序卦曰：物畜然后有礼，故受之以履。**

**【注释】**

履：行走、践履。

**【解说】**

兑泽在下，乾天在上。乾尊兑卑，尊在上卑在下，为有礼之象。从爻象上看，六三在兑中为兑之主爻。六三紧随三阳之后，为谦卑之象、礼之象，故曰："履。"

**卦辞：履虎尾，不咥人，亨。**

**彖曰：履，柔履刚也。说而应乎乾，是以履虎尾不咥人，亨。刚中正，履帝位而不疚，光明也。**

**【注释】**

咥：咬。

疚：忧苦。

**【解说】**

履虎尾是卦象。履上卦为乾，乾性刚健锐利，有虎象。下卦为兑，兑为泽、为低、为和悦、为卑。以谦恭和悦的态度，跟随在老虎之后，老虎就不会咬人。做事以礼，待人以礼，自然顺利亨通。

彖曰："柔履刚也。"从卦象上看，兑为柔，乾为刚。从爻象上看六三阴爻为柔，上卦三阳爻为刚。

"说而应乎乾。"下卦兑为口、为说、为喜悦，乾为刚健。乾刚兑柔，刚柔相应。乾为阳兑为阴，阴阳相应。相应则相合，相合则不咥人。

"刚中正，履帝位而不疚，光明也。"九五阳刚居上卦之中，九五为帝位。互卦有离，离为光明。以光明正大之心去做事、做人则不会感到忧苦。

**大象：上天下泽，履。君子以辩上下，定民志。**

【注释】

天在上泽在下，天高泽低，高下分明，秩序井然。君子看到这个卦象，得到启示：要想安定天下，必须安定民心。

**初九：素履往，无咎。**

**象曰：素履之往，独行愿也。**

【注释】

素：不加修饰。

【解说】

初九阳居阳位，当位。初九居履之初，初则朴实无华，未染上其他习气，故曰："素履。"初爻为震爻，震为行、为往。以朴实的态度做事自然无咎。

象曰："独行愿也。"初九无应无比，为了实现自己的心愿，即使孤独，也一心一意地坚持下去。

**九二：履道坦坦，幽人贞吉。**

**象曰：幽人贞吉，中不自乱也。**

【注释】

道：道路。

坦坦：平坦。

幽：幽深。

【解说】

九二以阳居下卦之中，中则不偏，做事有分寸。做事以礼则事情容易成功，阻碍小。九二为坤爻，坤为平。九二变，下卦变为震，震为大途、为道路，故曰："履道坦坦。"

九二阳刚，刚则易失礼，失礼则凶。九二为坤爻，坤为幽，故爻辞诫之曰："幽人贞吉。"深思明哲而有礼，自然获吉。

象曰："不自乱也。"九二阳刚，但居下卦之中，持中则不乱，不乱则不失礼。

**六三：眇能视，跛能履。履虎尾，咥人，凶。武人为于大君。**

**象曰：眇能视，不足以有明也。跛能履，不足以有行也。咥人之凶，位不当也。武人为于大君，志刚也。**

【注释】

眇:瞎了一只眼。

跛:腿或脚有毛病。

【解说】

六三为卦主爻,站在全卦的角度看,六三小心谨慎地跟随在三阳之后,所以履虎尾不咥人。

“眇能视,跛能履”是卦象。六三阴居阳位,位不中正,他外阴内阳,外柔内刚,故曰:“眇能视,跛能履。”互卦中有离,离为目。互中有巽,巽为股。下卦为兑,兑为毁折,故曰“眇”曰“跛”。眇而强视,跛而强行,柔而用刚,违反履道,故曰:“履虎尾,咥人,凶。”

兑为武人,乾为大君,六三为下卦兑之主爻,为武人。武人要效力于大人君王。

象曰:“不足以有明也。”六三不能明察。

“不足以有行也。”六三有缺陷,行为受到限制。

“位不当也。”六三以阴居阳不当位,位不当则行不当,行不当则召凶。

“志刚也。”六三阴居阳位,才弱志刚,刚则失礼。刚愎自用,不合履道。

**九四:履虎尾,愬愬终吉。**

**象曰:愬愬终吉,志行也。**

【注释】

愬愬:恐惧貌。

【解说】

九四居乾卦之下,九四为巽爻,巽为尾,有虎尾之象。九四踩到虎尾了。九四爻外阳内阴,外刚内柔。九四以才德为九五服务,而且常怀危厉之心,虽伴君如伴虎,但以礼相待,会受到原谅、宽恕,故曰:“终吉。”

象曰:“志行也。”坚持做事以礼。

**九五:夬履,贞厉。**

**象曰:夬履贞厉,位正当也。**

【注释】

夬:坚决果断。

【解说】

九五阳刚中正居尊位，刚而能决，故曰："夬履。"

但处履之时，一味用刚，虽做得正做得对，但造成紧张局势，反而对自己不利，故曰："贞厉。"

象曰："位正当也。"九五阳刚中正，居尊用刚。

**上九：视履考祥，其旋元吉。**

**象曰：元吉在上，大有庆也。**

【注释】

视：观察。

考：考察。

祥：预兆。

旋：转身。

元吉：大吉。

【解说】

上九阳刚居卦之上，上爻为兑爻。上爻阳变阴，上卦变为兑，兑为见，故曰："视履。"

上九为卦之终，他要总结一下自己践履的过程，总结一下自己走过的路。要研究事情的原因，而且要从各个角度去研究，总结经验和教训。这样做就会受益多多，故曰："元吉。"

象曰："大有庆也。"上九能全方位观察问题总结经验，是非常值得庆贺的事情。

## 第十一卦　泰

**乾下坤上，卦画☷读曰：地天泰。**

**序卦曰：履而泰，然后安，故受之以泰。泰者，通也。**

【注释】

泰：平安、安定。

【解说】

从字形上看,泰上部像分开的两只手,下部是水。在古代,有水之地往往是非常危险的地方。两只大手把水挡住,就像大禹治水,给人们开拓出了一个平安的环境。

从卦画上看,坤地在上,乾天在下,与我们见到的自然现象不同。现实的天永远在上,地永远在下。天地倒置反而为泰,是何原因?在这里,卦中的坤是地气,乾是天气。地气是内敛的向下的,天气是挥发的向上的。只有这样的位置,天地才能相交融。阴阳相交才能生成万物,才能体现天地生生不息的功能。天地交就是化育万物,阴阳交合才能达到阴阳平衡,平衡则平安。

**卦辞:小往大来,吉亨。**

**彖曰:泰,小往大来,吉亨。则是天地交而万物通也,上下交而其志同也。内阳而外阴,内健而外顺。内君子而外小人,君子道长,小人道消也。**

【注释】

亨:通顺。

【解说】

卦辞曰:"小往大来。""小往"指上卦坤,坤阴为小。上卦为外卦,外为往,故曰:"小往。"同理,"大来"是指乾,乾阳为大。下卦为内卦,内为来,故曰:"大来。"小往大来,丢掉了缺点和不足,充实了道德,增长了才干,获得了财富。心灵充实,道德升华,故曰:"吉亨。"

彖辞又从多个方面对卦辞、卦象做了阐释和补充。"小往大来"就是天地交,上下交,就是君子道长,小人道消,就是正义与真理占上风、占主导地位。

"内阳而外阴,内健而外顺。"乾阳刚健在内,坤阴柔顺在外;内心刚健笃诚,外表谦虚谨慎,顺民心顺民意,从谏如流。顺则易于亲近。

"内君子而外小人。"君子代表正义、真理、道德、光明,小人代表邪恶、低俗、谬误、黑暗。亲近君子远离小人,君子之道必然发扬光大,小人之道必然受到抑制。

**大象:天地交,泰。后以财成天地之道,辅相天地之宜,以左右民。**

【注释】

财:同"裁",裁制。

辅相:帮助、辅助。

左右:同“佐佑”,帮助保护。

**【解说】**

天气在下而上升,地气在上而下降。天地之气阴阳相交、相合、相通,通则泰。

卦有六画,分为三极,下两画为地,上两画为天,中间两画为人。人生活在天地之间,没有天地就没有人,没有人天地也就失去了意义。所以易的三极之道就是天人合一,就是人与自然和谐相处。人是天地之灵,是易之魂。

人的努力可以弥补大自然的不足和缺陷,可以制约自然灾害。泰是阴阳相交、阴阳平衡的状态。这种平衡不可能长久,短时间内就会变化。我们的大自然,风和日丽的时候很少,坏天气占大多数,令人不舒服的时候占多数。但人们能利用自己的智慧,去改造环境,适应环境。古人发明了衣服,发明了房子,发明了农具、渔具、船只、车辆,驯化牲畜,优选种子,利用水,使用火,用人的力量持盈保泰,故曰:“财成天地之道,辅相天地之宜,以左右民。”

“财成天地之道”是治理自然不利的一面,“辅相天地之宜”是弥补自然不足的一面,以使天下民众生活得更美好。

**初九:拔茅茹,以其汇,征吉。**

**象曰:拔茅征吉,志在外也。**

**【注释】**

茅:茅草,根可以吃。

茹:相牵引之貌。

以:把。

其:代词,它。

汇:聚。

**【解说】**

“拔茅茹,以其汇”是初九爻的卦象。初爻为震爻,震为茅。初爻阳变阴,下卦变为巽,巽也为茅。震为行动,下卦乾也为行动。乾气上行有拔之象,故曰:“拔茅。”互卦中有兑,兑为口,有茹之象。茅根可以吃。拔茅时大根出来了,还连带着许多根也出来了。拔出一根茅,带出了许多可吃的根,故曰:“征吉。”

从爻象上看,初九与六四阴阳相应。初九欲上行与六四相交,九二、九三受初九的影响也同心向上,从而出现了阴阳相合的安定局面,故曰:“征吉。”

象曰:“志在外也。”初九与六四相应,初九志欲上行与六四相交,九二、九三受初九的影响也同心向上。

**九二:包荒,用冯河,不遐遗,朋亡,得尚于中行。**

**象曰:包荒得尚于中行,以光大也。**

**【注释】**

包:包容。

荒:荒秽的、不正确的。

用:使用。

冯:同“凭”,依靠。

遐:远、长久。

遗:丢。

朋:朋党。

亡:失去。

**【解说】**

“包荒”是九二爻的卦象。九二为坤爻、离爻。坤为包;九二爻阳变阴,下卦变为离,离中虚,离也为包。离为心,九二有包容之心。

泰是小往大来,泰之时有君子和小人,也有困难和艰难险阻。九二虚怀若谷,海纳百川,团结一切可以团结的力量,能战胜困难,故曰:“包荒,用冯河。”

“不遐遗,朋亡。”九二胸怀天下,遥远的地方也能受到关怀,且不遗漏;他一心为公为大众,不结党营私。

“得尚于中行”是因为九二居下卦之中,阳刚而中,天下为公。

象曰:“以光大也。”九二阳变阴,下卦变为离,离为光。九二居下卦之中,能持盈保泰,使事业光大。

**九三:无平不陂,无往不复。艰贞,无咎。勿恤其孚,于食有福。**

**象曰:无往不复,天地际也。**

**【注释】**

陂:倾斜不平。

艰贞：艰难曲折时守持正道。

无咎：避免或改正过错。

恤：忧虑。

孚：诚心、诚信。

福：幸福的感受。

际：交接。

**【解说】**

九三居下卦之极，接近坤阴。日中则昃，月盈则亏。从全卦看，下三爻为泰中之泰，上三爻为泰中之否。泰发展到第三爻，否运即将到来，故曰："无平不陂，无往不复。"天下没有总是平坦的路。

春夏秋冬循环往复，日往月来，月往日来。要想保持泰运就要未雨绸缪，就要有所作为。不空谈，不徒自叹息，不随波逐流。要有逆水行舟的韧劲，有力挽狂澜的勇气，故曰："艰贞。"

九三能认清形势知难而进，善于补过，故曰："无咎。"

互卦中有震，震为道路。九三爻阳变阴，下卦变为兑，兑为泽、为水、为凹地，有陂之象。震为东、为始（帝出乎震），兑为西、为终、为月，有日往月来之象。九三以刚居刚，有艰贞之志，有诚实向善之心。故爻辞曰："勿恤其孚。"

我们站在卦外看九三爻，不要怀疑他诚实向善的心。光明暂时被乌云遮住，但乌云终将消散，光明必将到来，故曰："于食有福。""于食"是月食、日食之象，"有福"是月食、日食过后光明到来之象。光明来到人间，人们又享受到了光明之福。

象曰："天地际也。"下卦为乾天，九三爻居下卦之终，靠近坤卦，坤为地。天地之际，变化之地。

**六四：翩翩，不富以其邻，不戒以孚。**

**象曰：翩翩不富，皆失实也。不戒以孚，中心愿也。**

**【注释】**

翩翩：轻快地飞。

富：使富裕。

戒：防备。

失:丢掉。

实:真实。

中:指六五居上卦之中。

**【解说】**

“翩翩”是六四的爻象。六四为巽爻,巽为鸡有鸟象。六四阴变阳,上卦变为震,震为动有飞之象,故曰:“翩翩。”六四与六五是君臣关系,但六四、六五同为阴爻,六五与六四非常亲近,不以臣相待,而以臣相称。六四有巽顺之德,六四与初九相应,处泰而将否之际,欲求阳而助六五之君,求阳不是为了自己,故曰:“不富以其邻。”

六五见六四忠诚,也不禁止六四的行为,而是放手让他去做,故曰:“不戒以孚。”

象曰:“翩翩不富,皆失实也。”三阴在上而欲来下,故曰:“翩翩。”不富是指六四不独富,忠心为国,忠心为君。三阴丢掉包袱和私心,奔向光明,故曰:“失实。”

象曰:“中心愿也。”六四翩翩下降而求阳,正合六五之心愿。

**六五:帝乙归妹,以祉元吉。**

**象曰:以祉元吉,中以行愿也。**

**【注释】**

帝乙:商代帝王,纣王的父亲。

归妹:古时的婚俗,姐妹同嫁一个丈夫,姐姐先嫁,妹妹长大后再嫁,妹妹出嫁时称“归妹”。

祉:幸福。

元吉:大吉。

中:指六五。

愿:期望。

**【解说】**

“帝乙归妹”是六五爻的象。六五居尊位与九二正应,六五为阴为公主,六五下嫁而从九二,有帝乙嫁妹之象。泰发展到第五爻,已不如从前,但六五能审时度势,礼贤下士,用各种办法笼络才德之士,以维持泰运,形成中兴局面,故曰:“以祉元吉。”

象曰:“中以行愿也。”六五居上卦之中,柔居尊位。做事能刚能柔,而不偏离正道,能够实现美好的愿望。

**上六:城复于隍,勿用师。自邑告命,贞吝。**

**象曰:城复于隍,其命乱也。**

**【注释】**

城:高墙。

隍:无水的护城壕。

师:军队。

邑:城镇。

命:训令。

吝:困难。

乱:颠倒。

**【解说】**

“城复于隍”是上六的爻象。上六居泰卦之极,泰极而否,由盛而衰。上六阴变阳,上卦变为艮,艮为山、为城。互中有兑,上爻为兑爻,兑为毁折。上卦为坤,坤为平,有墙毁而填平城壕之象,故曰:“城复于隍。”

上六以阴居阴,其位正当,欲挽救破败的局面,但大势已去,只可自保,不可用刚用强,故曰:“勿用师。”

要想有所作为,就从我做起,从现在做起。先在自己有影响力的地方、能控制的地方发布命令,进行整改,卧薪尝胆,以图东山再起。但在大厦将倾的大形势下,这种努力虽然正确,但收效也不太明显,故曰:“贞吝。”

象曰:“其命乱也。”泰极而否,已经不是原来安定的局面了。

## 第十二卦　否

**坤下乾上,卦画䷋读曰:天地否。**

**序卦曰:物不可以终通,故受之以否。**

【注释】

否:闭塞不通。

【解说】

从字形上看,否是上不下口。不口就是不能吃东西、不能说话,非常危险艰难。从卦画上看,上卦为乾天,天气上升;下卦为坤地,地气下降;其行相违,相违则不通,不通则生否。故卦名曰:“否。”

**卦辞:否之匪人,不利君子贞,大往小来。**

**彖曰:否之匪人,不利君子贞,大往小来,则是天地不交而万物不通也,上下不交而天下无邦也。内阴而外阳,内柔而外刚,内小人而外君子。小人道长,君子道消也。**

【注释】

匪:非。

邦:国家。

贞:正。

【解说】

否在泰之后,泰极则否来。否与泰相反,上下卦相互背离。内卦为阴、为小人,外卦为阳、为君子,内卦为主,小人当道,故曰:“否之匪人。”

否到了匪人当道阶段,是非、黑白颠倒,君子要有所作为,会遇到很大的困难,故曰:“不利君子贞。”

否卦上卦为乾、为阳,下卦为坤、为阴,阳大阴小。外卦为往卦,内卦为来卦,故曰:“大往小来。”否之时努力大,但收效不大,付出和所得不相称,这是大势所趋。

《彖传》对卦辞卦象做了更形象的解释。否就是天地相违,就是天地不交,万物不通。否就是上下不交,在上者与民众离心离德,国运怎能长久,故曰:“天下无邦也。”否就是内阴外阳,内柔外刚,内小人外君子。否之时与泰相反,否就是君子道消小人道长,小人之道占据了统治地位。

**大象:天地不交,否。君子以俭德辟难,不可荣以禄。**

【注释】

俭:俭朴、不张扬。

荣:名誉、荣誉。

禄:富贵。

**【解说】**

否是天地不交,上下不通,阴阳不合之时,是匪人当道、贤人退位、是非颠倒之时。在这样的环境下,不要做无谓的牺牲。要韬光隐晦,明哲保身,保存实力。留得青山在,不愁没柴烧。否之时应以俭为德,不可追逐名利。有名必有辱,有利必有灾。

**初六:拔茅茹,以其汇。贞吉亨。**

**象曰:拔茅贞吉,志在君也。**

**【注释】**

茅:茅草,根可以吃。

茹:根系相连。

汇:类、同类。

贞:正。

吉:好。

亨:通。

君:君子,指九四。

**【解说】**

"拔茅茹,以其汇"是初爻的爻象。初爻为震爻,震为茅。初爻阴变阳,下卦变为震。震为行、为动,有拔茅之象。茅草根可以吃,拔茅时可以带出许多根,故曰:"以其汇。"六二、六三与初六同类,初六的行动带动了六二、六三,就像拔茅一样,拔出一根带出了许多根。

初六爻是否之初,否还不严重,或者恶行还没有显露出来。否之时是上下不通,阴阳不通,小人当道。初六外阴内阳,有君子之心。他不与九四交恶,而是诚心向善,诚心与阳相交,而不随波逐流,不助纣为虐。初六以阴从阳、助阳、护阳为贞。贞则吉,贞则阴阳相合,上下相通,故曰:"贞吉亨。"

象曰:"志在君也。"初六外阴内阳与九四相应,有从阳之志。君为阳、为正,故曰:"志在君也。"

**六二:苞承,小人吉,大人否亨。**

**象曰:大人否亨,不乱群也。**

**【注释】**

苞:花苞。

承:接受、承担。

小人:指六二,阴为小。

大人:指九五,阳为大。

**【解说】**

六二以阴居阴,以柔居柔,其位中正。六二为坤之主爻,坤有“苞承”之象。否之时,大形势大趋势是上下不通,阴阳不合。但六二居中得正与九五相应,为小人中之君子,有善心有善行,在小人当道之时能“苞承”君子,故曰:“小人吉。”

九五阳刚中正,受六二的器重和眷顾。但否之世,不利君子贞。他能够审时度势,不背叛自己的观点和信仰;独守清贫,不接受六二的“苞承”,故曰:“否。”否极泰来,故曰:“亨。”

象曰:“不乱群也。”九五安贫乐道,头脑清醒,坚持自己的信仰,不与小人同流合污,不为眼前利益所动。

**六三:苞羞。**

**象曰:苞羞,位不当也。**

**【注释】**

羞:羞耻、感到耻辱。

**【解说】**

六三居下卦之极,否将转泰之时。六三位不当,与阳最接近,欲害阳,但能量不足,又怕暴露恶行,故曰:“苞羞。”六三为艮爻,六三阴变阳,下卦变为艮,艮为止。六三知羞而能止,故未言凶。

象曰:“位不当也。”六三以阴居阳,位不中正。

**九四:有命,无咎。畴离祉。**

**象曰:有命无咎,志行也。**

**【注释】**

命:命令。

畴:同类。

离:丽也,附也。

祉:福。

**【解说】**

九四脱离下卦进入上卦,否卦上三爻为否中之泰。否极泰来,形势有所好转。九四与九五是君臣关系,处否之时九四做事要格外小心,要加强沟通和联系,对上要多请示多汇报。有了明确的指示和命令,再按照命令做事,就不会有误会,故曰:“有命无咎。”九四外阳内阴,有才而谦虚。九四为巽爻,九四阳变阴,上卦变为巽。互卦中有巽,巽为顺、为命令,故能按照命令做事。

九四和九五均为阳,是同类,故曰:“畴。”九四有巽顺之德,能顺从附丽九五,故曰:“离。”九四、九五志同道合,奋力救否,必然获得福祉,故曰:“畴离祉。”

象曰:“志行也。”九四、九五君臣合德,同力救否。

**九五:休否,大人吉。其亡其亡,系于苞桑。**

**象曰:大人之吉,位正当也。**

**【注释】**

休:停止、禁止。

苞桑:桑树,根系发达牢固。

其:文言助词。

**【解说】**

九五阳刚中正,居尊位,位高权重,责任也大。他处在否之世,决心治否,休止否运,故曰:“休否,大人吉。”九五有休否之志,又能虚心纳谏(与六二相应),他经历过乱世,像唐太宗一样以史为鉴,常常提醒自己居安思危。故曰:“其亡其亡。”(要灭亡啊,要灭亡啊)有危心则无危地,故曰:“系于苞桑。”他拴绑在非常结实的树根上,很牢固。

象曰:“位正当也。”九五阳刚中正为当位。

**上九:倾否,先否后喜。**

**象曰:否终则倾,何可长也。**

【注释】

倾:倒塌、倾覆。

【解说】

上九阳刚居卦之终,否极泰来,否之终则是泰之始。但否不会自动退出,自动消除,只有进行变革改革,故曰:“倾否。”

打破旧世界建立新秩序就是“倾否”。但改革就要有付出、有牺牲,要通过艰苦奋斗,才能获得胜利。上爻为兑爻,上爻阳变阴,上卦变为兑,兑为毁折,兑又为喜悦,故曰:“先否后喜。”

象曰:“何可长也。”否到了最后,不会长久了。

## 第十三卦 同人

**离下乾上,卦画☰读曰:天火同人。**

**序卦曰:物不可以终否,故受之以同人。**

【注释】

同:一样、相同、共同。

【解说】

从卦象上看,上卦为乾天,天气向上,下卦为离、为火、为日,火性炎上,故曰:“同人。”从爻象上看,六二柔中得位为全卦之主,五阳皆欲与六二相同,故曰:“同人。”

**卦辞:同人于野,亨。利涉大川。利君子贞。**

**彖曰:同人,柔得位得中而应乎乾,曰同人。同人曰,同人于野,亨。利涉大川,乾行也。文明以健,中正而应,君子正也。唯君子为能通天下之志。**

【注释】

于:介词,在。

同人:与人联盟、结盟。

野:郊外、远。

亨:通达、顺利。

利:有利于、适宜。

涉:渡水。

大川:大河,指艰难险阻。

贞:正、坚定有节操。

【解说】

“同人于野”是指与人结盟,要有天下大同、天下为公的思想。同人于野是同人的最高境界、最高理想。同人卦上乾下离,其志向上,其性相同,相同则相通,通则亨。

同人卦,上下相同,合力向上,没有内耗。内卦离为文明、为心、为光明;外卦乾为刚健、为健行。内明外健,外刚内柔,刚柔相济,还有什么艰难险阻不能够渡过,故曰:“利涉大川。”

同人为君子之道,君子善与人同。但同人的理想境界是同人于野,是大同。故卦辞劝诫君子与人同要正,要有宽广的胸怀,故曰:“利君子贞。”互卦中有巽,巽为利,为进退不果,不要为私利小利而同。

彖曰:“柔得位得中而应乎乾,曰同人”。六二爻居下卦之中,以阴居阴,以柔居柔。六二为卦之主爻,与九五阴阳相应,九五为上卦之主,即为乾之主,故曰:“应乎乾。”相应则相同,故曰:“同人。”

“同人于野,亨。利涉大川,乾行也。”乾有元亨利贞四德,乾为君子,所以在同人之时,能做到同人于野,自然也能亨通顺利。乾刚健而不陷,故曰:“利涉大川。”

“文明以健,中正而应。”同人卦内文明,外刚健。九五、六二中正当位,有内文明外刚健的素质,故曰:“君子正。”上下相应,内外相应,相应则相通,故曰:“唯君子为能通天下之志。”

**大象:天与火,同人。君子以类族,辨物。**

【注释】

类:相似事物的综合。

族:事物有共同属性的一大类。

辨:分别、分析。

【解说】

乾性向上,火性炎上,其志相同。君子看到这个现象,受到启发,在与人同和之前，先要进行分析辨别，看志向目标是否一致，志同才能道合。

**初九：同人于门，无咎。**

**象曰：出门同人，又谁咎也。**

**【解说】**

初爻为震爻，震为行、为起。初爻阳变阴，下卦变为艮，艮为门。初爻有出门之象，故曰："同人于门。"门内为小、为私，门外为大、为公。故曰："无咎。"

象曰："又谁咎也。"初九以阳居阳，当位，事情做得对，谁还会来责备呢？

**六二：同人于宗，吝。**

**象曰：同人于宗，吝道也。**

**【注释】**

宗：宗亲。

吝：悔恨。

**【解说】**

六二阴柔居下卦之中，与九五阴阳相应。六二与九五的关系太铁，交情太深，太亲密，以至于忽略了其他的人，疏远了其他的人，违背了同人之道，故曰："同人于宗，吝。"

象曰："吝道也。"同人于宗，不符合同人之道，必然顾此失彼，自取悔恨。

**九三：伏戎于莽，升其高陵，三岁不兴。**

**象曰：伏戎于莽，敌刚也。三岁不兴，安行也。**

**【注释】**

伏：隐藏。

戎：军队。

莽：密生的草丛。

升：向上、提高。

陵：大土山。

兴：起来。

**【解说】**

"伏戎于莽，升其高陵"是九三爻的象。下卦为离，离为兵戈、为戎；互中有巽，巽为草木茂盛，巽为潜伏；九三为艮爻，艮为山，为高陵；离为见，为观察。藏兵于茂密的草丛中，登上高处观察情况。

九三以阳居阳，过刚而不中，与六二阴阳相比，欲下比六二。但六二与九五正应，对九三不予理睬。九三便在六二与九五之间寻找、等待同和的机会。但由于六二与九五亲密无间，潜伏了很长时间也没有发现同和的机会，依旧趴在那里等待，故曰："三岁不兴。"

象曰："敌刚也。"九三与九五好像情敌，但九五比九三更强大，九三只能暗地里等待机会。

"安行也。"九三为艮爻，艮为止、为安。九三才强志刚，决心与六二同和，不达目的誓不罢休，在耐心等待。

**九四：乘其墉，弗克攻，吉。**

**象曰：乘其墉，义弗克也。其吉，则困而反则也。**

**【注释】**

乘：坐、骑。

其：代词，指六二。

墉：城墙。

弗：不。

克：能。

攻：攻打、打击。

义：公正合理的道理或举动。

则：准则。

**【解说】**

九四阳居阴位，位不中正，无应无比，欲强与六二同和，但受到九三的阻拦。九三就像六二的城墙，将九四挡在城外。下卦为离，离中虚外实，有城象。九四在九三之上，故曰："乘其墉。"

九四被六二拒绝，不再采取激烈的方式，故曰："弗克攻。"

九四为巽爻，九四变，上卦变为巽，巽有巽顺之德，九四知难而返，合乎道义，故曰："吉。"

象曰："义弗克也。"九四认清了当前的形势和环境，不再用刚用强。

"其吉，则困而反则也。"之所以是好事，就是因为遇到困难后反思己过，又返回到同人的“正道”上来。

**九五:同人,先号咷而后笑,大师克相遇。**

**象曰:同人之先,以中直也。大师相遇,言相克也。**

**【注释】**

号咷:大声哭喊。

大师:强大的军队。

克:战胜、克服。

言:说。

**【解说】**

九五阳刚中正与六二相应,全心全意与六二同和,但为九三、九四所阻。由于求同心切,受阻后而“号咷”。

但九五刚中居尊位,有实力有号召力,能够用刚用强克服障碍。扫平障碍后,九五得与六二相逢,故曰:“大师克相遇。”

因相逢而高兴,故曰:“先号咷而后笑。”

象曰:“以中直也。”九五中正而刚强,不容别人阻挡。

“言相克也。”九五与九三、九四相敌,相敌则出兵相攻,攻则胜。

**上九:同人于郊,无悔。**

**象曰:同人于郊,志未得也。**

**【注释】**

郊:城外。

悔:悔恨。

**【解说】**

上九阳刚居卦之极,高居卦外无应无比,孤芳自赏,不与他人同和。正因如此,上九没有结党营私之嫌,故曰:“无悔。”

象曰:“志未得也。”同人的最高境界是同人于野,是世界大同。上九身居无位之地不能实现这个理想,便洁身自好,超然物外。

## 第十四卦　大有

**乾下离上，卦画☲读曰：火天大有。**

**序卦曰：与人同者，物必归焉，故受之以大有。**

**【注释】**

有：拥有。

大有：非常富有。

**【解说】**

从卦象上看，离火在乾天之上，离为光明、为文明，天下文明、文明天下，怎能不大有？从爻象上看，六五柔居尊位，五阳为之所有。故曰："大有。"

**卦辞：元亨。**

**彖曰：大有，柔得尊位，大中而上下应之，曰大有。其德刚健而文明，应乎天而时行，是以元亨。**

**【注释】**

元：大的。

亨：通达、顺利。

柔：指六五，阴为柔。

尊位：指六五居卦第五位，为天子之位，故曰："尊位。"

大中：指六五居上卦之中。

**【解说】**

大有之元亨，就是乾之元亨。

彖曰："柔得尊位，大中而上下应之。"六五以阴居上卦之中，上下五阳爻与六五阴阳相应，五阳为一阴所有，故曰："大有。"

"其德刚健而文明，应乎天而时行。"大有上卦为离、为文明，下卦乾为刚健；六五与五阳相应，离火与乾天相应；应乎乾就是应乎天，应乎天就是随天而动、随时而动，合乎天道、合乎自然。刚健而文明又合乎天道，符合客观规律，自然大亨通，故曰："元亨。"

**大象：火在天上，大有。君子以遏恶扬善，顺天休命。**

【注释】

遏:阻止、制止。

扬:传布。

顺天:不违背自然规律。

休:歇息、停止。

命:生命、活动能力。

【解说】

大有卦火在天上,天下光明。下乾上离,刚健文明。乾为善,离为美好。离火炎上,天气向上,有积极和发扬之象,故曰:“扬善。”

善与恶是相对的,扬善必遏恶。互卦为夬,夬是五阳夬去一阴,阴为恶,有遏恶之象。

“顺天休命”就是彖辞所说的“应乎天而时行”;就是人生在世,做事也好、做人也好,当行则行、当止则止,要合乎自然规律。顺天应人,才有前途,才能做大做强。

**初九:无交害,匪咎,艰则无咎。**

**象曰:大有初九,无交害也。**

【注释】

交:涉及。

害:祸害、灾患、发生疾病。

匪:非、不是。

咎:罪过、过错。

艰:困难、艰苦。

则:就。

【解说】

初九为大有之初。此时还不富有,争取大有的道路还很漫长,前面还是未知数。初九与六五无应,无应则无交。

站在爻的角度看,初九不为六五所有,也不能从六五获得利益。正因为能独立自主做事,也就避开了利害的旋涡。

利和害是一个事物的两个方面,初九若认识不到自己的处境而攀龙附凤,追求过高的利益,求富心切反而会得到祸害,故曰:“无交害。”无交则无害,有交反有害。

初九不与六五相交,保持独立和清贫,是自知之明,而不是过错,故曰:“匪咎。”

初九当位,能认清形势和自己的处境,又能艰苦奋斗,不与六五相交,不能成为暴发户,也不会有咎害,故曰:“艰则无咎。”

《象传》又进行了强调:“大有初九,无交害也”。无交则无害,有交则有害。

**九二:大车以载,有攸往,无咎。**

**象曰:大车以载,积中不败也。**

**【注释】**

以:介词,用。

载:装载、运载。

攸:所。

往:由内到外,由九二到六五。

积:聚集。

中:指六五在上卦之中。

**【解说】**

“大车以载”是九二爻的象。二爻为坤爻,坤为大车;乾为健、为行,九二阳变阴,下卦变为离,离为牛,有牛拉大车之象,表示九二很富有。

九二与六五阴阳相应,九二为刚中之臣,六五为有德之明君,君臣合德。九二忠心为国、为君,富有的九二积极为国、为君做出贡献,用大车拉着财富上缴国库,故曰:“大车以载,有攸往,无咎。”忠心为国,何咎之有?

象曰:“积中不败也。”九二以阳居下卦之中有才有德,又能团结在六五周围。团结就是力量,团结就能战胜一切困难。

**九三:公用亨于天子,小人弗克。**

**象曰:公用亨于天子,小人害也。**

**【注释】**

公:指九三。

亨:通“享”。

天子:指九五。

小人:指九三的另一面。

克:能。

【解说】

九三以阳居阳,居下卦之极,贵为公侯,富甲天下,与六五之君非应非比。与初九不同的是,九三有身份有地位。九三在上下卦之间欲进升到上卦,就要主动为国效力,为君效命,向天子、向国家献礼。故曰:“公用亨于天子。”

但九三为艮爻,艮为止、为小人,这是九三的另一面。九三若只顾及自己的利益、眼前的利益,没有远大的理想,拥有的财富便成了累赘和包袱,消化不了,反而给自己带来灾难。故曰:“小人弗克。”

象曰:“小人害也。”九三若做自私自利、目光短浅的小人,财富就成了灾祸。

**九四:匪其彭,无咎。**

**象曰:匪其彭,无咎。明辩晳也。**

【注释】

匪:非、不是。

彭:盛大。

无咎:无害、无灾。

辩:辨。

晳:明智。

【解说】

九四阳居阴位,外刚内柔,居六五之下,与六五相比,为辅相之位,常伴君侧。《系辞传》曰:“二多誉四多惧。”九四常怀危惧之心,谦虚谨慎,不出风头不抢镜头,故曰:“匪其彭。”

九四为巽爻,有巽顺之德,不妄自尊大。不狂妄,不自大,自然“无咎”。

象曰:“明辩晳也。”九四居上卦之初,上卦为离,离为心,为明。九四外刚内柔,有才而能谦虚,能明辨是非。

**六五:厥孚交如,威如吉。**

**象曰:厥孚交如,信以发志也。威如之吉,易而无备也。**

【注释】

厥:其。

孚:诚信。

交:交往。

如:语气助词。

威:威严、有气魄。

信:诚实。

发:扩大、兴旺。

志:意向、决心。

易:平和。

备:防备。

【解说】

六五居尊位,外柔内刚,外虚内实。虚则能受,中虚也是孚,孚为信。六五以非常诚信的态度与九二相应、相交,故曰:“厥孚交如。”

君心贵和而君体贵尊,六五恩威并施,才能威服群阳,保持大有的局面,故曰:“威如吉。”

象曰:“信以发志也。”因诚信与五阳相交,大有之志得到发扬光大。

“易而无备也”。六五亲近平和,五阳对六五没有戒备和隔阂。但六五作为领导者只平易近人还不够,还不完备。要恩威并用,刚柔兼备,才会把事情做好,才会有好结果。

**上九:自天佑之,吉无不利。**

**象曰:大有上吉,自天佑也。**

【注释】

自:从、由。

佑:辅助。

之:代词,指六五。

【解说】

上九阳刚居大有之极与六五阴阳相比。六五为天位,上九为天外。上九不以刚乘柔、欺柔,不倚老卖老,而是继续发挥自己的余热,凭自己丰富的经验辅助六五，完成大有之业，故曰："自天佑之。"上九因此会受到六五的尊重爱戴，故曰："吉无不利。"

象曰："大有上吉，自天佑也。"大有上九爻之所以好，好就好在他能在上位辅助六五。

## 第十五卦　谦

**艮下坤上，卦画䷎读曰：地山谦。**

**序卦曰：有大者不可以盈，故受之以谦。**

**【注释】**

谦：虚心、不自高自大。

**【解说】**

从卦象上看，艮山在坤地之下。山本在地上，但山甘愿埋没在地下，不故意显露自己，故曰："谦。"

**卦辞：亨，君子有终。**

**彖曰：谦亨。天道下济而光明，地道卑而上行。天道亏盈而益谦，地道变盈而流谦，鬼神害盈而福谦，人道恶盈而好谦。谦，尊而光，卑而不可逾，君子之终也。**

**【注释】**

亨：通达、顺利。

终：末了、到底、从开始到末了。

济：帮助。

卑：低下。

亏：损也。

益：增多、增加。

变：更改。

流：趋向。

害：使受损、害怕。

福：幸福。

恶:讨厌。

好:喜爱。

光:荣誉。

逾:超过。

【解说】

做人做事能谦则亨通顺利。互中有坎,坎为通、为亨。

一事能谦、一时能谦,普通的人都能做到。但若始终能谦,就是君子。谦卦下卦为艮,艮为终也为始,故曰:“君子有终。”

《彖传》对谦做了进一步的解释。山的志向是天空,山高地低,高者甘于居下,谦之象。艮是一阳居于二阴之上,故为山。动极而静故为止。卦中艮之一阳居于三阴之下,阳道就是天道,故曰:“天道下济。”以高济低,以尊济卑,以阳济阴,天道阳道得以发扬光大,故曰:“天道下济而光明。”

“地道卑而上行。”坤阴得到阳的支持、帮助,抬起了头,挺起了脊梁。

“天道亏盈而益谦,地道变盈而流谦,鬼神害盈而福谦,人道恶盈而好谦。”易有三极:天、地、人。《说卦传》曰:“立天之道曰阴与阳,立地之道曰柔与刚,立人之道曰仁与义。兼三才而两之,故易六画而成卦。”除天地人这三种因素外,还有一种神秘的自然力量,对人类的活动有影响,古人称之为“神”。谦卦《彖传》中便提出天道、地道、人道和神道。日中则昃、月盈则亏是天道。水往低处流、水满则溢是地道。满招损、谦受益是人道。天道酬勤是神道。

谦是人类高尚的美德,故曰:“谦,尊而光。”

谦是人类自觉认识自己的不足而积极进取、永远向上,故曰:“卑而不可逾。”

谦是人类始终要追求的道德修养,故曰:“君子之终也。”

**大象:地中有山,谦。君子以裒多益寡,称物平施。**

【注释】

裒:减少。

益:增加。

称:称量。

施:给予。

【解说】

谦是一种高尚的品德，人们要把这种好的品质、美德，应用到社会实践中。“裒多益寡”，就是抑制豪强，帮助柔弱。“称物平施”，就是公平合理，平衡。

谦互卦中有坎。坎为法、为平、为公平。谦上卦为坤，坤为平、为均、为众。其有裒多益寡、称物平施之象。

**初六：谦谦君子，用涉大川，吉。**

**象曰：谦谦君子，卑以自牧也。**

【注释】

谦谦：谦而又谦、非常谦。

用：使用。

涉：渡过。

大川：大河，指艰难险阻。

卑：低下、谦卑。

以：用。

自牧：自我修养。

【解说】

初六居谦之初，内阳外阴，内刚外柔。内有才德，外表谦虚，故曰：“谦谦君子。”

初爻为震爻，震为行有涉象。互卦中有坎，坎为险、为大川。艰难险阻就摆在初六的面前，但初六用谦谦之道就能战胜它，故曰：“用涉大川。”

象曰：“卑以自牧也。”以谦卑的态度进行自我修养。

**六二：鸣谦，贞吉。**

**象曰：鸣谦，贞吉，中心得也。**

【注释】

鸣：名声外传、宣扬。

贞：正、坚定有节操。

中：指六二。

【解说】

六二以阴居阴，居下卦之中，与九三相比。九三为卦主，为劳谦君子。六二极力宣传九三，甘为人梯。六二阴变阳，下卦变为巽，巽为风、为教化，有鸣之象，故曰："鸣谦。"

六二虽正但阴柔，若过分宣传、依赖九三，有讨好、阿谀之嫌，故诫之曰："贞吉。"持正则吉。

象曰："中心得也。"大力宣传九三是六二的心愿，也是六二谦的表现。

**九三：劳谦君子，有终，吉。**

**象曰：劳谦君子，万民服也。**

**【注释】**

劳：功勋、功劳。

终：从开始到末了。

服：信服、顺从。

**【解说】**

九三以阳居阳，才强志强。艮为背，艮上有坤，坤为重，九三有承重、负重之象。互卦中有坎，坎为劳卦。九三不知疲倦地劳动，负重而行，有功劳而不骄傲，故曰："劳谦君子。"艮为终、为始，九三能始终如一，故曰："有终。"始终坚持自然获吉。

象曰："万民服也。"九三能为民负重，自然为广大民众信服。

**六四：无不利，㧑谦。**

**象曰：无不利㧑谦，不违则也。**

**【注释】**

㧑：发挥。

则：规则。

**【解说】**

六四由下卦进入上卦，地位高了。六四与九三比邻，但阴上阳下。此时六四不以柔乘刚，而是保持谦逊的态度，礼贤下士，故曰："㧑谦。"六四位高而能谦，就不会受到伤害，故曰："无不利。"无不利就是有利无害。

象曰："不违则也。"六四为巽爻，有巽顺之德，顺则不违。六四顺从、不违背谦之道。

**六五：不富以其邻，利用侵伐，无不利。**

**象曰:利用侵伐,征不服也。**

**【注释】**

富:富有、充裕。

以:介词,用、把。

其:代词。

利:适宜。

用:使用。

侵:侵犯。

伐:破、征讨。

征:远行、征讨。

**【解说】**

六五以阴居尊位,外柔内刚。六五为君,六四为柔顺之臣。六五对六四非常信任和亲近,不以六四为臣,而是以邻相待。

站在全卦的角度看,卦中九三为阳、为异类、为不服者,六五用六四攻打九三,故曰:"利用侵伐。"六五得到财富后,不独自占有而是分赏给六四,故曰:"不富以其邻。"

象曰:"征不服也。"谦不是柔弱,谦不是没有原则,对不服者,也会进行讨伐。

**上六:鸣谦,利用行师征邑国。**

**象曰:鸣谦,志未得也,可用行师征邑国也。**

**【注释】**

行师:行兵打仗。

志:志向。

可:能够、适合。

**【解说】**

上六以阴居阴,为谦之极。上六过谦,过柔,不能威服众人,致生祸端。好心未得好报,不平则鸣,谦极则变。上六冲冠一怒兴师问罪,请兵讨伐,故曰:"鸣谦,利用行师征邑国。"

上爻为兑爻,兑为口有鸣象。互卦为师,有行师之象。上六与九三相应,上六可以利用九三,用刚用强,故曰:“利用行师。”

上卦为坤,坤为邑。上六因为谦太过致使周围生乱,而用兵讨伐,故曰:“征邑国。”

象曰:“志未得也。”上六以谦为德,但未得到应有的支持和理解,受到不公正的对待,不平则鸣。

“可用行师征邑国也。”《象传》用“可”字说明征则必胜。

## 第十六卦　豫

**坤下震上,卦画䷏读曰:雷地豫。**

**序卦曰:有大而能谦必豫,故受之以豫。**

**【注释】**

豫:欢喜、快乐、安闲、舒适。

**【解说】**

从卦象上看,上卦为震为动,下卦为坤为顺。上动下顺,动而顺,没有阻碍,和乐之象,故卦名为“豫”。

**卦辞:利建侯行师。**

**彖曰:豫,刚应而志行,顺以动,豫。豫顺以动,故天地如之,而况建侯行师乎?天地以顺动,故日月不过,而四时不忒。圣人以顺动,则刑罚清而民服。豫之时义大矣哉!**

**【注释】**

利:有利、适宜。

建侯:建功立业、创立事业。

行师:用兵讨伐。

如:依照。

过:超越。

忒:差错。

时义:现实意义。

矣哉:文言助词,感叹的意思。

【解说】

豫,上卦为震、为动,下卦为坤、为顺。动而顺,动而无阻,和乐之象。但和乐则失之懈怠,懈怠则对危险缺乏警惕,从而疏于防备。从爻象上看,九四位不中正,一阳陷于群阴之中,沉溺其中而不能自拔。故豫有和乐、怠豫和预备之意。

卦辞曰:“利建侯行师。”这是告诫人们在和乐之时不能懈怠,不能失去警惕。和乐之时不能忘记创立事业,还要防备突发事件。有诗曰:“泾溪石险人兢慎,终岁不闻倾覆人。却是平流无石处,时时闻说有沉沦。”互卦中有坎,坎为险陷,和乐之下有险陷。

彖曰:“刚应而志行。”上卦震为刚,下卦坤为柔。刚柔相应,上下相应,本卦的刚动之志得以实行。

“豫顺以动,故天地如之。”本卦顺而动,合乎天道,符合客观规律。天和地都依照这个法则运行。

“天地以顺动,故日月不过,而四时不忒。”天地符合顺而动的规律,所以日月运行在各自的轨道上,春夏秋冬四时从来不会有差错。

“圣人以顺动,则刑罚清而民服。”伟大的人遵循顺而动的规则,就能公正廉明,人们就心悦诚服。

“豫之时义大矣哉!”豫有很大的现实意义。

**大象:雷出地奋,豫。先王以作乐崇德,殷荐之上帝,以配祖考。**

【注释】

奋:兴奋、振作。

作:创作。

崇:尊崇、赞扬。

殷:丰盛。

荐:奉献。

殷荐:有祭祀之意。

配:配给、配享,有祭祀之意。

祖考:祖先。

【解说】

豫之时，雷出地而振，和乐之象。震为足、为动，震为音乐、为声。互中有艮，艮为手，有手舞足蹈之象。

先王创作音乐和舞蹈，宣扬美德。震为祭，先王以音乐和舞蹈祭祀天地和祖先，使人们崇尚美德。

**初六：鸣豫凶。**

**象曰：初六鸣豫，志穷凶也。**

【注释】

鸣：发出声音。

志：心志、意向。

穷：达到极限。

凶：失之象。

【解说】

初六居豫之初，外阴内阳，才弱而志刚。初六与九四相应，九四为卦主；初六傍大款（九四），自鸣得意，忘乎所以。其忘记了建功立业，忘记了前进道路上还有凶险，故“凶”。互卦中有坎，坎为险。初为震爻，初爻变下卦变为震，震为鸣，为喜乐。

象曰：“初六鸣豫，志穷凶也。”初六缺乏进取精神，贪图享受，失去警惕性，凶可知也。

**六二：介于石，不终日，贞吉。**

**象曰：不终日，贞吉，以中正也。**

【注释】

介：在两者中间。

终：末了、到底。

贞：坚定、有节操。

【解说】

六二中正，对豫能正确把握，知行知止，而不是终日沉溺在豫乐之中，豫乐的时间不长，他就醒悟了。互卦中有艮，艮为终、为止，故曰：“不终日。”六二中正，故曰：“介。”互卦中有艮，艮为石，六二坚强如石，故曰：“介于石。”中正为贞,故曰:“贞吉。”

象曰:“以中正也。”六二居下卦之中,以阴居阴为正,中正则能正确把握和理解豫乐的度。

**六三:盱豫,悔,迟有悔。**

**象曰:盱豫有悔,位不当也。**

**【注释】**

盱:睁开眼向上看。

悔:悔恨。

**【解说】**

六三以阴居阳,居下卦之终,与九四阴阳相比。六三见九四豫乐,便心猿意马,羡慕九四,不安于本位。但六三为艮爻,六三变下卦变为艮,艮为止。六三有所悔悟而停止行动。但若迟疑不决,不马上醒悟,则不免有悔恨之事发生,故曰:“迟有悔。”

象曰:“位不当也。”六三阴居阳位,位不当。不当则做事有偏差,不合情理,则有悔。

**九四:由豫,大有得,勿疑,朋盍簪。**

**象曰:由豫大有得,志大行也。**

**【注释】**

由:介词,从、自。

朋:朋友、彼此友好的人。

盍:同“合”。

簪:簪子。

**【解说】**

九四为卦主,有一阳统领众阴之象,卦中各爻之豫皆从九四来,故曰:“由豫。”

众阴与一阳相应,即彖辞“刚应而志行”。众阴为一阳所有,故曰:“大有得。”

九四为巽爻,巽为进退不果,有怀疑之象。众阴团结在九四周围,九四应诚心相待,用人不疑。互卦中有坎,坎中实为诚,故曰:“勿疑。”

九四勿疑的结果是获得了朋友的信任,朋友们团结在他的周围,就像簪子插在一卷头发上。豫卦中间一阳象簪子,上下五阴象头发,故曰:“朋盍簪。”

象曰:“志大行也。”九四为卦主,众阴与之相应。九四领导众阴干事创业,所向披靡,畅行无阻。

**六五:贞疾,恒不死。**

**象曰:六五贞疾,乘刚也。恒不死,中未亡也。**

**【注释】**

贞:坚定有节操、正。

疾:疾病。

恒:持久、长久。

**【解说】**

六五外柔内刚居尊位,在其位谋其政,故曰:“贞。”六五为君,九四为臣,臣刚君弱,客大欺主。六五心情不快,象有疾病在身,故曰:“贞疾。”

但六五身居高位而且想有一番作为,九四一时也不能代替,故曰:“恒不死。”

象曰:“乘刚也。”六五居九四之上为柔乘刚。阴在上阳在下,不符合常理。

“中未亡也。”六五居上卦之中,尊而能中,做事情中而不偏,就能维持尊位。

**上六:冥豫,成有渝。无咎。**

**象曰:冥豫在上,何可长也。**

**【注释】**

冥:昏暗、愚昧。

成:完成、形成。

渝:改变。

**【解说】**

上六阴柔居全卦之极,为豫之极,沉溺于豫乐而不能自拔。上爻为兑爻,兑为夕有昏冥之象,故曰:“冥豫。”

但极则变,上爻为豫道成熟之时,故曰:“成有渝。”

上爻阴变阳,上卦变为离,离为光明、为文明。由昏暗、愚昧而转向光明、聪明,过错自然消除,故曰:“无咎。”

象曰:“何可长也。”上爻居卦之极,极则变,昏暗之时不会长久。

# 第十七卦　随

**震下兑上，卦画䷐读曰：泽雷随。**

**序卦曰：豫必有随，故受之以随。**

**【注释】**

随：跟着、顺从。

**【解说】**

下卦为雷、为振动，上卦为泽、为喜悦。下动上悦，泽随雷动，故曰："随。"从爻象上看，上下卦均是阴爻在上，阳爻在下。阴随阳，故卦名为"随"。

**卦辞：元亨，利贞，无咎。**

**彖曰：随，刚来而下柔，动而说，随。大亨贞，无咎。而天下随时，随时之义大矣哉！**

**【注释】**

元：大、为首。

亨：通达、顺利。

利：宜、适合。

贞：正、正派。

说：同"悦"。

**【解说】**

追求真善美是随，为虎作伥、助纣为虐、狐假虎威也是随。随卦是阳下阴上，以阳下阴，以尊下卑，卑必来随。随卦下动上悦，不动无所随，不悦不能随，动而悦，故能随。我来随人，人来随我，人我相通，故曰："元亨。"择善而从则荣身，党恶而随必遭灾。随非易事，故曰："利贞。"贞者正也，正则"无咎"。

彖曰："刚来而下柔。"卦中震和兑均是阳爻在下，阴爻在上，阳刚主动居于阴柔之下。

"动而说。"下卦为动，上卦为悦，上下配合默契，相合相通。

"天下随时。"春生夏长秋收冬藏，万物随时而动。

"随时之义大矣哉！"随有很大的社会意义。

**大象:泽中有雷,随,君子以向晦入宴息。**

**【注释】**

晦:不明、暗。

宴:安。

**【解说】**

泽中有雷,而不曰雷振泽中,是雷藏泽中之象。冰雪覆盖,雷藏而不发,春天到了冰消雪融,雷振奋而出。这个现象启发人们,即使有才德有能力也不能违背客观规律。天黑了就要休息,养精蓄锐,第二天力量会更强大。互卦中有巽,有艮,巽为入,艮为止,入而止有宴息之象。上卦为兑,兑为夕、为晦。

**初九:官有渝,贞吉,出门交有功。**

**象曰:官有渝,从正吉也。出门交有功,不失也。**

**【注释】**

官:领导。

渝:改变。

贞:正、坚定有节操。

交:互相来往。

功:成就。

**【解说】**

初九为随卦主爻,以阳居阳与六二相比。阳下阴上,不合常规。但处随之时,不能用老思想看待新问题,当随则随。

初九有进步思想,初爻为震爻,下卦为震,震为变动。震为长子,有领导和组织能力,主张变革,故曰:"官有渝。"

初九为阳爻在六二之下,以阳随阴看似不符合常理。但初九认识到六二的思想行为正确,坚决追随六二,故曰:"贞吉。"

初九主动与六二相交,主动顺随六二。六二也顺随初九,做事就容易成功。互卦中有艮,艮为门,故曰:"出门交有功。"

象曰:"从正吉也。"初九从六二,六二当位而中,为正。

"不失也。"初九为阳爻,主动与六二相交。随从六二是正确的行为,不仅不会降低自己的价值，反而能升值。

**六二：系小子，失丈夫。**

**象曰：系小子，弗兼与也。**

**【注释】**

系：依从、依附。

兼：同时进行。

与：交往。

**【解说】**

小子指九四，随卦二、三、四爻组成艮，艮为小子。丈夫指初爻，初九为卦主，有丈夫之象。阴随阳为系，六二处在初九和九四之间，两阳只能择其一。人们往往这山看着那山高，忽视近的追求远的，六二选择了九四便失去了初九。

象曰："弗兼与也。"不能脚踏两只船，两方面都随。

**六三：系丈夫，失小子。随有求得，利居贞。**

**象曰：系丈夫，志舍下也。**

**【注释】**

志：意向、志向。

舍：居。

下：指初九。

**【解说】**

六三同六二相似，处在初九和九四之间，两者只能择其一。六三选择了初九，必然失去九四，故曰："系丈夫，失小子。"

初九为卦主，刚而得位，有才有德，六三随初九受益匪浅。六三为艮爻，艮为求，故曰："随有求得。"

六三以阴居阳，位不中正，与九四阴阳相比。在随从初九的过程中，可能会有不正当行为。故爻辞诫之曰："利居贞"，就是说要安心，要坚定。

象曰："志舍下也。"六三志向在初九。

**九四：随有获，贞凶。有孚在道，以明，何咎？**

**象曰：随有获，其义凶也。有孚在道，明功也。**

【注释】

获:收获、得到。

贞:正、正确。

孚:诚心。

在道:符合随之道、合理。

明:光明磊落、公开。

何咎:还有什么过错呢?

义:意义。

功:功劳、功绩。

【解说】

九四之下有六二和六三来随。九四为巽爻,上互卦为巽,巽为近利市三倍,有获得之象,故曰:“有获。”

九四与九五是君臣关系,九四功绩显著,所得甚多,有功高震主之嫌。九四阳变阴,上卦变为坎,坎为险、为凶,故曰:“贞凶。”行为虽是正当的,也可能要被猜忌,因而取祸。

九四为巽爻,巽为顺。九四有巽顺之德,顺随九五,忠心为主,不将所获居为私有,而是全力为九五服务,故曰:“有孚在道。”

九四内阴外阳,内虚外实,虚则能明,故曰:“以明。”

九四的行为是明智的,虽有获得,但没有暗箱操作,整个过程公开透明。这样就避免了误解,就不会受到指责和伤害,故曰:“何咎。”

象曰:“其义凶也。”功高震主是凶象。

“明功也。”使自己的工作过程公开透明,消除别人的疑虑。

**九五:孚于嘉,吉。**

**象曰:孚于嘉,吉,位中正也。**

【注释】

嘉:美好。

【解说】

九五阳刚中正居尊位,上下都是嘉美之君子。九五以诚相待,真诚相随,故曰:“孚于嘉。”真心追随美好自然获吉。

象曰:“位中正也。”九五以阳居阳,居上卦之中,中实为诚。

**上六:拘系之,乃从维之,王用亨于西山。**

**象曰:拘系之,上穷也。**

**【注释】**

拘系:抓住不放、紧跟不舍。

之:代词。

乃:就。

维:连接。

亨:受用。

**【解说】**

上六居随之极,对九五不离不弃,故曰:“拘系之。”

九五也以诚信之心对待上六,故曰:“乃从维之。”

上六为兑爻,上卦为兑,兑为西。上六阴变阳,上卦变为乾,乾为王,兑为口、为亨,故曰:“王用亨于西山。”王指周太王,西山指周王封地,应指岐山。周太王避戎狄于岐山,民众不怕劳苦跟随周太王,周太王对民众关爱有加,周朝在岐山这个地方渐渐兴盛起来。

象曰:“上穷也。”上爻为随卦之极,极力追随九五。

## 第十八卦　蛊

**巽下艮上,卦画☶读曰:山风蛊。**

**序卦曰:以喜随人者必有事,故受之以蛊。蛊者,事也。**

**【注释】**

蛊:器皿中的毒虫。

**【解说】**

蛊字从虫从皿,是器皿中有虫的意思。从卦象上看,上卦为山为止,下卦为风为气。气流为山所止,气不流通则虫生,故曰:“蛊。”

**卦辞:元亨,利涉大川。先甲三日,后甲三日。**

**象曰:蛊,刚上而柔下,巽而止,蛊。蛊元亨,而天下治也。利涉大川,往有**

**事也。先甲三日，后甲三日，终则有始，天行也。**

**【注释】**

元亨：大亨、非常通顺。

大川：大河，引申为险阻。

往：主动去治蛊。

有事：做、治。

天行：自然规律、客观规律。

**【解说】**

风行山下，遇山而止。流水不腐户枢不蠹，气不流通必然腐败生虫，故曰："蛊。"

蛊之时，君子奋力治蛊。痛则不通，通则不痛。蛊治而气通，通则亨，故曰："元亨。"

蛊之元亨是蛊得治而元亨。蛊之时，阴阳不通，上下不通，万物不通，就像相互之间有大川挡在中间，治蛊就是渡川。互卦中有震有兑，震为行、为涉、为渡，兑为泽、为险阻，故曰："利涉大川。"

治蛊不可盲目，要摸清蛊的原因，了解蛊的来龙去脉。要明白治蛊的结果、治蛊的后果，做到有的放矢。甲是十天干之首，代表事情的出现，先甲三日是指事情揭露之前就已有苗头，后甲三日是指这个事情对后来的结果有影响，故曰："先甲三日，后甲三日。"

蛊上卦为艮，艮为终、为始，有先甲后甲之象。先甲三日为始，后甲三日为终。

彖曰："刚上而柔下，巽而止。"蛊卦上卦为艮、为阳刚，下卦为巽、为阴柔。从卦象上看，阳在上阴在下，刚在上柔在下。阳刚在上而愈上，阴柔在下而愈下，刚柔相违阴阳背离。下卦为巽、为顺，上卦为艮、为止；顺而止，因循守旧，必然腐败虫生，故曰："蛊。"

"蛊元亨，而天下治也。"蛊之元亨是蛊得治而元亨，并非蛊就是元亨。元亨就是大亨、大通。

"往有功也。"互卦中有震，震为行动、为主动。互卦中有兑，兑为毁折、为打破。有主动整治蛊坏之象，治则成功。

"终则有始,天行也。"蛊是巽而止,事物发展到这个阶段停顿了。它是上个阶段的终点,又是下一个阶段的起点。就像驿站,它既是终点又是起点。事物的发展变化没有完结,永远向前发展,天健行不止,永不停止。这是自然规律。

**大象:山下有风,蛊。君子以振民育德。**

**【解说】**

山下有风是蛊的卦象,风流不止,为山所阻。停滞不前,失去生机,事物必然腐败而生虫。

因循守旧,裹足不前;抱残守缺,不再前进;问题会越来越多,难以解决。这时就要千方百计,提高思想认识,认清蛊的危害,振奋人心,鼓舞士气,打破蛊坏,促进发展。

**初六:干父之蛊,有子,考无咎。厉,终吉。**

**象曰:干父之蛊,意承考也。**

**【注释】**

干:冒犯。

考:指去世的父亲。

意:心思、心愿。

承:承担、继承。

**【解说】**

初六居蛊之初,蛊还不深。之所以有蛊,是因循守旧而造成的,是过去的原因。初六为震爻,震为行动,有治蛊之象。震为长子,有长子治家之象。初爻变,下卦变为乾,乾为老父、为旧,有考之象。

初六外阴内阳,外柔内刚,刚柔相济。既能整治父辈之蛊,又能继承父辈好的一面,是一种批判的继承,故曰:"干父之蛊。"初爻对蛊不是全盘否定,而是取其精华去其糟粕。

处在蛊中是危险的,但治蛊时保持警惕之心,可以避免错误,可以无咎,故曰:"厉,终吉。"

象曰:"意承考也。"初爻治蛊的目的是使原来的事业继续下去。

**九二:干母之蛊,不可贞。**

**象曰:干母之蛊,得中道也。**

【解说】

九二阳刚居下卦之中,与六五阴阳相应。六五为阴爻在上,有母之象;九二在下,有子之象。六五居尊位,柔而当政,才能不足,因循守旧,于是生蛊。九二有才德决心治蛊,二五相应,六五也支持九二。但九二治蛊要适可而止,不能动摇六五的根基,故曰:"干母之蛊,不可贞。"

象曰:"得中道也。"九二阳刚居下卦之中,刚则能干事,中则做事不偏,行为适当。

**九三:干父之蛊,小有悔,无大咎。**

**象曰:干父之蛊,终无咎也。**

【解说】

九三以阳居阳,过刚而不中,愤世嫉俗。他对蛊的态度偏激,矫枉过正,故曰:"小有悔。"

九三以阳居阳,当位。九三治蛊是正当行为,即使有错误也是善意的错误,故曰:"无大咎。"

象曰:"终无咎也。"九三以刚居刚,以刚健治蛊,必然成功。蛊治而得元亨,何咎之有? 故曰:"终无咎也。"

**六四:裕父之蛊,往见吝。**

**象曰:裕父之蛊,往未得也。**

【注释】

裕:宽缓、宽容。

往:由内到外,发展。

见:同"现"。

【解说】

六四以阴居阴,过于柔弱。六四为巽爻,巽为进退不果、优柔寡断,甚至包庇纵容。蛊未治反而更有蔓延之势,故曰:"往见吝。"

象曰:"往未得也。"事情发展的结果是:未得到治理,没有达到预期的目的。

**六五:干父之蛊用誉。**

**象曰:干父用誉,承以德也。**

【注释】

誉:赞扬。

德:道德、好的品行。

【解说】

六五柔居尊位,与九二相应,与上九相比。九二为刚中之臣,忠心而耿直。上九为元老院,为太上皇。六五对上九以礼相待,尊重有加,大力赞扬他的德行。“用誉”就是以正面宣传为主,用好的东西挤压缺点和错误,达到整治蛊坏的目的。

象曰:“承以德也。”继承、发扬老一辈的优良传统,发扬好的一面,整治坏的一面。

**上九:不事王侯,高尚其事。**

**象曰:不事王侯,志可则也。**

【注释】

事:侍奉。

尚:热爱。

志:心愿。

则:效法。

【解说】

上九为卦之极,极则变。蛊坏除,事情又走上了良性循环的道路。上九阳刚居卦外,功成身退,故曰:“不事王侯。”上九自尊自爱,一心一意做自己喜爱的事业,故曰:“高尚其事。”

象曰:“志可则也。”上九的形象可以当作人们的楷模,是人们学习的榜样。

# 第十九卦　临

**兑下坤上,卦画䷒读曰:地泽临。**

**序卦曰:有事而后可大,故受之以临。临者,大也。**

【注释】

临:以尊到卑,以上到下。

【解说】

从卦象上看，泽上有地，地越厚，泽越深越大，故曰："临。"

从爻象上看，二阳进逼四阴，以阳临阴，阳贵阴卑，故曰："临。"

**卦辞：元亨利贞，至于八月有凶。**

**彖曰：临，刚浸而长，说而顺，刚中而应。大亨以正，天之道也。至于八月有凶，消不久也。**

【注释】

元亨：大亨，极为亨通。

利：适宜。

贞：正、不偏激。

浸：逐渐。

消：指阴阳消长。

【解说】

临卦的互卦为复卦，复卦一阳来复，至临卦二阳渐盛。阳气壮大，万物复苏而亨，故曰："元亨。"阳渐盛而逼阴，但要保持阴阳平衡，故诫之曰："利贞。"

阳进阴退是自然规律，由复到临再到泰，一直到乾。到姤，再到遁，下两阳变成二阴，变成以阴逼阳，阳为吉、阴为凶。由复至遁历时八月，故曰："至于八月有凶。"一阴一阳之谓道，事物永远处在发展变化之中，吉凶永远在向对方转化。

彖曰："刚浸而长，说而顺，刚中而应。大亨以正，天之道也。"

临卦下两爻为阳，一阳来复二阳来临，故曰："浸而长。"

"说而顺"是指下卦为兑、为说，说舒气于外为悦。上卦为坤、为顺，有巽顺之象。

"刚中而应"是指九二与六五阴阳相应。

临卦，上卦为坤顺，下卦为兑悦。临卦有悦、顺、刚、中四德，这是自然而然的，故曰："大亨以正，天之道也。"

"至于八月有凶，消不久也。"阳长阴消，但阴消后还会再来。

**大象：泽上有地，临。君子以教思无穷，容保民无疆。**

**【注释】**

教:教育、教化。

思:念也,即关心。

穷:极点、推究到极限。

容:容纳、包容。

疆:界限。

**【解说】**

泽上有地,地越厚,泽越深。地在泽上,地高而泽低,有临之象。以高临下,有监督之意。

临卦上顺下悦,临之道莫若顺而悦,不悦不顺不可临。要保持顺而悦,就要竭尽全力去思考,保持思想上的先进性。思想上有高度,才能有指导作用,故曰:“教思无穷。”下卦为兑,兑为口、为朋友讲习,有教之象。

上顺下悦,上能顺下,下才能悦。在上者,要有宽广的胸怀、高屋建瓴的思想,才会长治久安,故曰:“容保民无疆。”地上有泽,大而能容,有容保之象。

**初九:咸临,贞吉。**

**象曰:咸临,贞吉,志行正也。**

**【注释】**

咸:感应、感化。

贞:坚定有节操、正。

志:意向、决心。

**【解说】**

初九阳刚当位,与六四相应。为临之初,心无杂念,全心全意而临,故曰:“咸临。”有心为感,无心为咸。咸是自然而然,无有私心。无私无欲为正,故曰:“贞吉。”

象曰:“志行正也。”初九当位为正。初九为震爻,震为行。行为正当,身体力行。

**九二:咸临,吉,无不利。**

**象曰:咸临吉,无不利,未顺命也。**

【注释】

顺:随,服从。

【解说】

九二阳刚居下卦之中,是临之主爻,与六五阴阳相应,即《彖传》所说的刚中而应。九二与众阴比邻,与阴最近,以阳临阴,与初九相似,也是全心全意,故曰:“咸临。”投桃报李,种瓜得瓜种豆得豆,有耕耘必有收获,故曰:“吉,无不利。”

象曰:“未顺命也。”九二与六五相应,但未顺随六五而是坚持临之道,以阳临阴。

**六三:甘临,无攸利。既忧之,无咎。**

**象曰:甘临,位不当也。既忧之,咎不长也。**

【注释】

甘:甜,引申为甜言蜜语。

攸:所。

忧:发愁、忧虑。

【解说】

六三以阴居阳,位不中正,居下卦之极,内阳外阴。有临之志而乏临之才,以甜言蜜语而临。六三为下卦兑之主爻,兑为口、为悦、为甘言,故曰:“甘临。”甜言蜜语不能解决实际问题,也不会得到有价值的回报,故曰:“无攸利。”

兑为见,六三见甜言蜜语没有成效,于是感到忧虑、忧愁。因忧虑而改变自己的行为。故曰:“既忧之,无咎。”六三为艮爻,艮为止、为求。既忧之则改之,故曰:“无咎。”无咎者,善补过也。

象曰:“位不当也。”六三以阴居阳,不当位。位不当则行为不当。

“咎不长也。”忧则能止能改,故曰:“咎不长也。”

**六四:至临,无咎。**

**象曰:至临无咎,位当也。**

【注释】

至:最好的,极。

【解说】

六四以阴居阴,六四为巽爻,巽为入、为伏。六四踏踏实实,故曰:“至临。”

六四柔弱,但踏踏实实做事能弥补不足,故曰:“无咎。”

象曰:“位当也。”六四以阴居阴,位正当,当位则能正确理解临之道,可以无咎。

**六五:知临,大君之宜,吉。**

**象曰:大君之宜,行中之谓也。**

【注释】

知:同“智”。

大君:指六五。

宜:适当。

谓:称作、叫作。

【解说】

六五以柔居刚,居上卦之中,五为尊位,故曰:“大君。”六五爻为乾爻、坎爻,坎为智、为聪明。六五居尊位,外柔内刚,柔能纳贤,刚能主事,故曰:“知临。”

六五与九二阴阳相应,六五能用才而不疑。面对众多问题,六五并非躬行,而是适当授权,委派他人,做到人尽其才,故曰:“大君之宜,吉。”

象曰:“行中之谓也。”六五做事非常适当,是因为以柔居上卦之中,中则不偏。

**上六:敦临,吉,无咎。**

**象曰:敦临之吉,志在内也。**

【注释】

敦:厚道、敦厚。

【解说】

上六居全卦之上,上爻阴变阳,上卦变为艮,艮为山、为厚,上卦为坤,坤亦为厚。上爻像一位敦厚的长者站在高处,履行着监督的职责,故曰:“敦临,吉,无咎。”

象曰:“志在内也。”上六居卦外之地高而无位,但仍不忘自已监督、教育的责任。

# 第二十卦　观

**坤下巽上，卦画䷓读曰：风地观。**

**序卦曰：物大然后可观，故受之以观。**

**【注释】**

观：对事物的认识、观察、考察。

**【解说】**

从卦象上看，两阳高居卦上，众阴在下，有相观之象。上卦为风，下卦为坤、为众，风无孔不入，有观察众人之象。风来观我，我亦观风，巽为齐洁有可观之处，有可观之物。故卦名为“观”。

**卦辞：盥而不荐，有孚，颙若。**

**象曰：大观在上，顺而巽，中正以观天下，观。盥而不荐，有孚颙若，下观而化也。观天之神道，而四时不忒。圣人以神道设教，而天下服矣。**

**【注释】**

盥：洗。

荐：介绍。

孚：诚信、使人信服。

颙：肃敬。

若：语气词。

化：改变。

神道：自然规律。

忒：差错。

服：顺服、信服。

**【解说】**

盥是两手插入盛水的器皿中洗手。观卦上卦为巽、为入，下卦为坤、为瓦器、为器皿。坤又为浆，互卦中有艮，艮为手，有盥洗之象。艮为门阙，坤为众，有祭祀之象。祭祀时，要用手拿祭品，为了表示恭敬，在现场用清水洗净两手。这是虔诚的表现，自然能感动和影响众人，而不用说教，故曰：“盥而不荐。”

恭敬虔诚就是忠诚，就是孚，故曰："有孚。"卦中九五阳刚中正，中实为孚，故曰："有孚。"九五与六二阴阳相应，六二在下严肃端正地仰望九五，故曰："颙若。"

象曰："大观在上。"九五位居高位、尊位。"巽而顺"，九五和六二阴阳相应，上巽下顺。"中正而观天下"是指九五居中得正，胸怀天下。

"下观而化也。"六二及众阴受九五的影响而变得文明了。

"观天之神道，而四时不忒。"看到春夏秋冬循环有序，从来没有差错。

"圣人以神道设教，而天下服矣。"贤明的人受到观卦的启发，以真诚之心开门办学。民众受到良好的教育，社会文明程度普遍提高，良好的社会风气为民众所信服。

**大象：风行地上，观，先王以省方观民设教。**

**【注释】**

省：察看。

方：地方、四方。

**【解说】**

风行地上无孔不入，周流普遍，有省察四方观察民俗之象。通过考察获得了民间的第一手资料，先代君王才能做出正确的教育指导方案。

**初六：童观，小人无咎，君子吝。**

**象曰：初六童观，小人道也。**

**【注释】**

童：儿童、不成熟。

小人：没有地位的人、身份卑微的人。

无咎：没有罪过。

君子：位高权重的人。

吝：过失。

**【解说】**

初六居观卦之初，见识不深，外阴内阳，有德但才能不足。初为子，有幼童之象，故曰："童观。"

初六与阳爻无应无比，距阳最远，对阳的认识比较肤浅。若是幼童，他还有发展前途，若是成年人就是愚昧的表现。小人影响范围小，君子影响范围大，影响越大，后果越严重。故曰："小人无咎，君子吝。"

象曰："小人道也。"初六是思想观念、思想体系不成熟的表现。

**六二：窥观，利女贞。**

**象曰：窥观女贞，亦可丑也。**

**【注释】**

窥：从小孔缝隙或隐蔽处察看。

贞：坚定有节操、正。

**【解说】**

六二以阴居阴，居下卦之中，与九五相应。六二阴柔，为坤爻，有女象。坤为闭、为静、为安。互卦中有艮，艮为门，有安守门内之象。

六二与九五相应，专心依靠九五，又存羞怯之心，不敢大胆表现。六二在内卦，九五在外卦，由内向外看，故曰："窥观。"但六二专心于九五，心无旁骛，故曰："利女贞。"

象曰："亦可丑也。"思路狭窄，裹足不前，安于现状，不利于事业的发展进步，虽无过错，但不是什么光荣的事情。

**六三：观我生，进退。**

**象曰：观我生，进退，未失道也。**

**【注释】**

我：自我、自身。

生：行为举止。

失道：失去观的本意。

**【解说】**

六三居下卦之终，可进可退之地。六三外阴内阳，位不中正，志大而才能不足。六三为艮爻，六三阴变阳，下卦变为艮，艮为求，有探索之意。艮为身，有反躬自省之意。艮为止，六三是进还是退，要看自己的行为，以及时机是否成熟，故曰："观我生，进退。"

象曰："未失道也。"观就是考察、观摩，提高认知水平。知彼知己百战百胜，能有自知之明，看到自己的长处和短处，就不失观的本意。

**六四:观国之光,利用宾于王。**

**象曰:观国之光,尚宾也。**

**【注释】**

国:国家。

光:光彩、光芒。

宾:客人。

王:领导人。

尚:尊崇。

**【解说】**

六四以阴居阴,上比九五与九五最近。九五阳刚中正为观之主。九五居尊得正,有德有才,光芒四射,故曰:“国之光。”九五为乾爻,乾为光;下卦为坤,互卦为坤,坤为国,光照国家。六四在九五的光环之中,看得最清楚,故曰:“观国之光。”

九五为尊、为王,六四阴柔为臣。六四要把握好与九五的关系,即主与宾的关系,做到距离适当,行为适当,故曰:“利用宾于王。”

象曰:“尚宾也。”六四要以宾客的态度处理与九五的关系,才是高明之举。

**九五:观我生,君子无咎。**

**象曰:观我生,观民也。**

**【注释】**

我:自己。

生:做出的事情。

**【解说】**

九五阳刚中正居尊位,为观卦之主,是众阴观摩的对象。九五要保持始终正确的形象,就要时常对自己的行为进行修正。检查自己做过的事情,做出判断和总结,故曰:“观我生。”

有自知之明,能正确判断自己得失的人,善于改正自己的过错,故曰:“君子无咎。”

象曰:“观民也。”九五是执政者,他的行为、政策是否正确,是否符合民意,可以看民众的反应。

**上九:观其生,君子无咎。**

**象曰:观其生,志未平也。**

**【注释】**

其:代词,指九五。

平:安定、安静。

**【解说】**

上九阳刚在上,上九居卦外之地。但他身退心不退,依然关注着九五的行为,依然保持着监督的责任,故曰:“观其生。”出于公心,不谋私利,正直、大度、公平才会有好结果,故曰:“君子无咎。”

象曰:“志未平也。”上九虽不在其位,但仍尽力做事。

## 第二十一卦　噬嗑

**震下离上,卦画☲☳读曰:火雷噬嗑。**

**序卦曰:可观而后有所合,故受之以噬嗑。嗑者,合也。**

**【注释】**

噬嗑:除去中间的阻梗,上下得以相合。

**【解说】**

从卦象上看,上下两阳爻象嘴唇,阴爻象牙齿,中间一阳爻象一根骨头,使上下不能相合,若要相合必须咬碎骨头,故曰:“噬嗑。”

噬嗑卦,上卦为离、为附,嘴的上颌附在头骨上。下卦为震,震为动,嘴咀嚼时上颌不动下颌动,故卦为“噬嗑”。

**卦辞:亨。利用狱。**

**象曰:颐中有物曰噬嗑,噬嗑而亨。刚柔分,动而明,雷电合而章。柔得中而上行,虽不当位,利用狱也。**

**【注释】**

亨:通达、顺利。

颐:口。

章:通“彰”,显著。

利:适宜。

用:使用。

狱:监狱、官司,引申为刑罚。

【解说】

噬嗑卦象口中有物,下卦为震,震为动,上下咬合梗阻被除,上下得以相合,相合则相通,故曰:"亨。"

互卦中有艮,有坎。艮为止、为囚,坎为盗、为匪人。坎又为法、为公平。利用刑罚消除犯罪之象,故曰:"利用狱。"

彖曰:"颐中有物曰噬嗑。"口中有物是噬嗑的卦象。

"噬嗑而亨。"上下牙齿咀嚼除去口中之物,上下相合、相通。

"刚柔分。"下卦为震为刚,上卦为离、为柔,刚柔不通。

"动而明,雷电合而章。"下卦为震雷,上卦为离明,雷动而电明,雷电不能分,电闪必有雷鸣,事业必将光大。

"柔得中而上行,虽不当位,利用狱也。"柔指六五爻,居尊位,积极行动不因循守旧。六五阴居阳位,有柔弱的一面,但外柔内刚,使用刑罚,铲除阻碍,从而使事业通达顺利。

**大象:雷电,噬嗑,先王以明罚敕法。**

【注释】

先王:指过去开明的君王。

敕:公布命令。

【解说】

下卦为震为雷,雷威震天下;上卦为离火、为明、为电。只威不明,则刑罚过滥;只明不威,则难以服众。要做到赏罚分明,恩威并施,就要制定法律,依法治国。互卦中有坎,坎为法、为公平,故曰:"明罚敕法。"

**初九:履校灭趾,无咎。**

**象曰:履校灭趾,不行也。**

【注释】

履:鞋,引申为脚上着物。

校:古代刑具。

灭:埋没。

趾:脚、脚趾头。

**【解说】**

噬嗑卦以用狱、刑罚为主题。初九居卦之初,站在犯罪的角度上来讲,罪行不大,是初犯;站在执法的角度上看,初爻以刚居刚,当位,能正确行使职权,用刑适当。因为罪轻只给脚上了刑具,刑具盖住了他的脚。初爻为震爻,下卦为震,震为足。噬嗑卦就像一个刑具夹在人身上,故曰:"履校灭趾。"

罪犯因是初犯,而且罪小,被轻微地惩罚一下后改邪归正,避免犯大错,故曰:"无咎。"用刑者,用刑适当,尽到了责任,故曰:"无咎。"

象曰:"不行也。"使犯罪行为不再发展下去,终止了犯罪。

**六二:噬肤灭鼻,无咎。**

**象曰:噬肤灭鼻,乘刚也。**

**【解说】**

六二阴柔,如果把它比作官司,那么这个官司(或事情)很容易解决。六二为坤爻,坤为肤,故曰:"噬肤。"由于用力过猛,肤柔软好咬,咬得很深,甚至埋没了鼻子。六二阴变阳,下卦变为兑,兑为口,互卦中有艮,艮为鼻,故曰:"灭鼻。"

就像杀鸡用了宰牛刀,虽然有些鲁莽,但也不是过错,故曰:"无咎。"

象曰:"乘刚也。"六二与初九的关系是柔乘刚,质柔而用刚,做事太急,行为有些过分。

**六三:噬腊肉,遇毒,小吝,无咎。**

**象曰:遇毒,位不当也。**

**【注释】**

腊肉:冬天腌制后风干的肉。

**【解说】**

六三以阴居阳,外柔内刚,就像一块腊肉,硬而难咬,用来比喻这个官司,搁置时间长了,看似简单容易,实际错综复杂,在解决过程中,不但不顺利,还会受到伤害。六三为艮爻,艮为止,为放置时间长。互卦中有坎,坎为毒,故曰:"噬腊肉,遇毒。"

但腊肉毕竟硬不过牙齿,到嘴的腊肉终究会被吃掉,故曰:"小吝,无咎。"

象曰:“位不当也。”《象传》是站在办案人员的角度看问题的。六三阴居阳位,为不当位。没有及时处理,错过了解决问题的好时机,使事情变得复杂。

**九四:噬干胏,得金矢,利艰贞,吉。**

**象曰:利艰贞,吉,未光也。**

**【注释】**

胏:带骨的肉。

金:金属,引申为坚硬、刚强。

矢:箭镞,引申为直、不达目的不罢休。

贞:坚定有节操。

**【解说】**

九四外阳内阴,外刚内柔,象带骨头的干肉,故曰:“噬干胏。”要想解决它,就需要坚强的意志以及坚持到底和不达目的不罢休的决心。

从另一个角度来看,问题解决了,必然有所得。阳爻为刚,有金象,上卦为离,离为矢;九四爻为巽爻,巽为利、为得,故曰:“得金矢”。

带骨头的干肉很难咬,事情不容易做,要想获得成功,就要付出艰苦的努力,故曰:“利艰贞。”有耕耘,有收获,故曰:“吉。”

象曰:“未光也。”上卦为离、为光明,九四爻居上卦之下,前途光明。九四爻遇到的问题比较难办,正在做艰苦的奋斗,事业还未光大,故曰:“未光也。”

**六五:噬干肉,得黄金,贞厉,无咎。**

**象曰:贞厉无咎,得当也。**

**【注释】**

黄:黄色,代表中正。

金:金属,代表刚强、稳重。

贞:坚定有节操。

厉:警惕之心。

**【解说】**

六五外阴内阳,外柔内刚,居中位,象干肉。六五居高位尊位,官司初审已完成,需送给六五进行复核。六五柔中有刚,中而不偏,对下属呈送的案件,就像咬食干肉一样,用坚硬的牙齿细嚼慢咽,仔细品味,发现问题及时纠正,故曰:

"噬干肉。"

六五对复审的案件认真对待,避免了、纠正了冤假错案,是一个称职的有作为的领导,可谓成绩卓著,前途光明,故曰:"得黄金。"

六五做事刚而中,故曰:"贞。"其会因此而触及某些人的利益,受到某些人的嫉妒或攻击,有危险的一面,故曰:"厉。"但六五行事正大光明,又合理合规,故曰:"无咎。"

象曰:"得当也。"六五以柔居中位,做事适当。

**上九:何校灭耳,凶。**

**象曰:何校灭耳,聪不明也。**

**【注释】**

何:通"荷",负载的意思。

校:刑具。

灭:埋没。

**【解说】**

"何校灭耳",是上爻的象,就像一个人戴着又厚又大的大枷,把耳朵都埋住了,怎能不凶险呢?

上九阳刚居卦之极,用刑太过;被刑者肩扛大枷,所以会有凶险。但用刑者刚愎自用,堵塞视听,不听劝告,滥用刑罚,最后重重的木枷可能会戴在他自己的脖子上,故曰:"何校灭耳,凶。"

象曰:"聪不明也。"耳朵被埋住了,听不进不同的意见。

## 第二十二卦　贲

**离下艮上,卦画☶☲读曰:山火贲**

**序卦曰:物不可以苟合而已,故受之以贲。贲者,饰也。**

**【注释】**

贲:装饰得很好。

**【解说】**

下卦为离、为火、为光明、为文采,上卦为艮、为山。山生草木,草木生火,火光照彻,色彩斑斓,有贲之象,故曰:“贲。”

**卦辞:亨。小利有攸往。**

**彖曰:贲,亨。柔来而文刚,故亨。分,刚上而文柔,故小利有攸往。刚柔交错,天文也。文明以止,人文也。观乎天文,以察时变;观乎人文,以化成天下。**

**【注释】**

亨:通达、顺利。

攸:所。

文:文饰。

分:本分。

察:仔细看。

化:变化、使改变。

**【解说】**

贲下卦为离、为丽、为文,上卦为艮、为山、为止、为实质。文附于质,质外有文、文内有质。文质相助、相通,故曰:“亨。”

但以文饰质不可太过,华而不实是饰之过,贲之过。艮为止、离为文明,文明以止,适可而止,故曰:“小利有攸往。”

彖曰:“柔来而文刚。”离为阴卦、为柔,艮为阳卦、为刚,以阴助阳,故曰:“亨。”

“分,刚上而文柔。”离明在下,艮止在上,各安其分,文明以止,故曰:“分。”上九阳刚在上为贲之主爻,与六五阴阳相比,文饰六五但不过分,故曰:“小利有攸往。”

“刚柔交错,天文也。”天地自然现象是刚柔交错、阴阳交错。

“文明以止,人文也。”人类的文化现象也是虚与实的交错。

“观乎天文,以察时变。”详细考察、研究自然现象,就能发现自然现象的变化趋势。

“关乎人文,以化成天下。”仔细考察、研究社会现象,就能发现社会发展规律,从而可以找到好的办法,引导社会进步。

**大象:山下有火,贲。君子以明庶政,无敢折狱。**

【注释】

庶政:政治,国家、集体的事务。

折狱:枉法。

【解说】

贲下卦为离、为明、为文明,上卦为艮、为止。文明以止,文质相符。互卦中有坎,坎为法、为狱。在国家或集体事务中应当政治清明,不能文过饰非,甚至枉法。

**初九:贲其趾,舍车而徒。**

**象曰:舍车而徒,义弗乘也。**

【注释】

趾:脚、脚趾头。

舍:放弃。

徒:步行。

义:公正合宜的道理或举动。

【解说】

初九当位,居卦之始。初爻为震爻,震为足,故曰:"贲其趾。"

初九文饰自己的脚,穿上结实而漂亮的鞋子,不用借助车子,就可以脚踏实地去远行,不受环境束缚,也不受制于人。互卦中有坎,坎为车。初在坎下,故曰:"舍车而徒。"

象曰:"义弗乘也。"乘车本不是初九应该享受的。初为事之初,就应当踏踏实实做事。不乘车而徒步的行动是正确的。

**六二:贲其须。**

**象曰:贲其须,与上兴也。**

【注释】

须:胡须。

兴:起来。

【解说】

六二与九三阴阳相比,六二以阴承阳,以阴随阳。六二阴柔,有须象。须附在身上,以身为主,随身而动。

象曰:“与上兴也。”六二要修饰得很漂亮,时刻准备随九三而动,九三动则六二动。

**九三:贲如濡如,永贞吉。**

**象曰:永贞之吉,终莫之陵也。**

**【注释】**

濡:沾湿,湿润而有光泽。

终:末了、到底。

莫:不要、没有、不。

陵:大土山。

**【解说】**

九三处在贲卦的中间阶段,以阳居阳,当位但不中。文饰得非常华丽,且沉溺其中,不愿自拔。离为光明,互卦中有坎,坎为润泽,为险陷,故曰:“贲如濡如。”

卦辞曰:“永贞吉。”这是提出忠告,让九三长久保持正确的贲饰观,不要过分修饰。

象曰:“终莫之陵也。”九三为艮爻,艮为止,有停止之意。从始至终不要到达最高处,比喻始终坚持不过分修饰自己。

**六四:贲如,皤如,白马翰如,匪寇婚媾。**

**象曰:六四当位,疑也。匪寇婚媾,终无尤也。**

**【注释】**

皤:白色。

翰:长而坚硬的羽毛。

匪:不。

媾:亲上加亲,婚姻。

疑:疑心。

尤:过失。

**【解说】**

六四穿着白衣服,骑着白马,头上戴着有长羽毛的帽子。六四进入上卦,地位高而富有,但又很谦虚,不张扬,衣着朴素。六四为巽爻,巽为白,为马。六四阴变阳,上卦变为离,离为羽毛,故曰:“贲如,皤如,白马翰如。”

六四阴柔,遇到了疑难问题。六四与初九相应,初九阳刚有才德,六四欲往而求助,但遇到九三的阻碍。九三当位有才德,并未侵犯六四,而是想与六四结成友好,故曰:“匪寇婚媾。”

象曰:“疑也。”六四为巽爻,巽为进退不果、为疑。六四以阴居阴,过于柔弱,遇到疑难问题,需要求得别人的帮助。

“终无尤也。”阻碍变成了结盟,六四如愿以偿,问题得到解决,没有受到责难。

**六五:贲于丘园,束帛戋戋。吝,终吉。**

**象曰:六五之吉,有喜也。**

**【注释】**

丘园:指田地。

束:量词。

帛:丝织物的总称。

戋戋:很少。

**【解说】**

六五阴居尊位,是谦虚而朴素的君王,不尚奢华,不修饰自己的宫殿,而修饰田园。上卦为艮、为丘,六五阴变阳,上卦变为巽,巽为菜园。六五与上九阴阳相比,六五以阴承阳,关心上九,故曰:“贲于丘园。”

六五为阴爻,本性吝啬,但不奢侈不铺张,能够节约资财是好事,故曰:“吝,终吉。”

象曰:“有喜也。”勤俭节约是国家之福,是值得庆贺的事。

**上九:白贲,无咎。**

**象曰:白贲,无咎,上得志也。**

**【注释】**

白:白色。

**【解说】**

上九阳刚居卦之极,极则变。返璞归真,由华丽变为朴素,故曰:“白贲。”上九能改奢华之过,故曰:“无咎。”

象曰:“上得志也。”上九阳刚在上,以朴实无华为修饰的最高境界。上九与六五阴阳相比,受到六五的支持,理想得以实现,故曰:“上得志也。”

## 第二十三卦 剥

**坤下艮上,卦画䷖读曰:山地剥。**

**序卦曰:致饰然后亨则尽矣,故受之以剥。剥者,剥也。**

**【注释】**

剥:去掉外面的皮、壳或其他东西。

**【解说】**

剥卦五阴在内,一阳在外像壳、像皮。阴盛阳衰,五阴剥一阳,故卦名为“剥”。

**卦辞:不利有攸往。**

**彖曰:剥,剥也,柔变刚也。不利有攸往,小人长也。顺而止之,观象也。君子尚消息盈虚,天行也。**

**【注释】**

攸:所。

尚:尊崇。

消:减少。

息:滋生。

盈:满。

虚:空。

天行:自然规律。

**【解说】**

阴盛长只剩一阳高居卦上,象征小人势大,君子势孤。按六十四卦配季节,剥为九月卦。九月是深秋季节,秋风萧瑟,万物凋零,仅存果实。这也是大势所趋,非人力所为。在这种环境下,宜韬光养晦,保存实力,故曰:“不利有攸往。”

彖曰:“剥,剥也。”剥就是剥落、剥削、剥夺。

“柔变刚也。”阴爻势力逐渐变大,由弱小变强大。

“不利有攸往，小人长也。”在阴盛阳衰、小人当道的环境中，不可妄动。

“顺而止之，观象也。”下卦为坤顺，上卦为艮止。君子看到这个卦象，受到启发，不做徒劳的牺牲。

“君子尚消息盈虚，天行也。”阴阳消长，冬去春来，是自然规律。尊重规律，顺时而动，才能有所作为，才能取得成功。

**大象：山附于地，剥。上以厚下安宅。**

**【解说】**

从另一个角度看卦象，下卦为坤、为地、为厚，上卦为艮、为山、为宅。山横卧在地上，房屋建在地上，山和房屋都以地为基础。地若不厚，则难以承托起山的重量，山必然崩塌。基础不牢，房屋就要倒掉。山要屹立，就不能破坏山根。屋要坚固，就要维护好基础，故曰：“上以厚下安宅。”

坤为众多、为弱小、为民众，艮为宫殿、为政府。民为国之本，本固则稳，稳则安。

**初六：剥床以足，蔑贞凶。**

**象曰：剥床以足，以灭下也。**

**【注释】**

蔑：无、没。

贞：正、正直阳刚。

**【解说】**

上卦艮为床，剥象一个高腿的床。初六居全卦之下，故为床足。床腿被剥伤，不能支撑，床必然会翻倒，故曰：“凶。”

以阴剥阳，阳被阴灭，没有了正直阳刚之气，就起不到支撑的作用，覆巢之下岂有完卵，故曰：“蔑贞凶。”

象曰：“以灭下也。”把基础剥坏了，剥没了。

**六二：剥床以辨，蔑贞凶。**

**象曰：剥床以辨，未有与也。**

**【注释】**

辨：床梁。

【解说】

六二位置比初高，床足以上为床梁，六二把床梁剥没了，故曰："剥床以辨。"六二以阴居阴，完全没有阳刚之气，故曰："蔑贞凶。"

象曰："未有与也。"阳刚被剥尽了，没有阳刚了。

**六三：剥之，无咎。**

**象曰：剥之无咎，失上下也。**

【解说】

六三与上九阴阳相应，相应则相助。六三爻为艮爻，六三阴变阳，下卦变成艮，艮为止。六三停止剥阳而助阳，故曰："无咎。"

象曰："失上下也。"六三与上九相应，而六二、六四极力剥阳，六三不与之同流合污。

**六四：剥床以肤，凶。**

**象曰：剥床以肤，切近灾也。**

【注释】

肤：皮肤、表面。

切：贴近。

【解说】

六四由下卦进入上卦，比六三又进了一步。上卦为艮，艮为背、为皮、为肤，故曰："剥床以肤。"剥到床上人的皮肤了，离心越来越近了，故曰："凶。"

象曰："切近灾也。"阴剥阳逐渐由基础转向主体，奔向核心，灾难就要到来了。

**六五：贯鱼以宫人宠，无不利。**

**象曰：以宫人宠，终无尤也。**

【注释】

宫人：王宫里的人，帝王身边的人。

宠：偏爱。

尤：过失。

【解说】

贯鱼就是鱼贯而入。六五在群阴之中地位最高，是众阴的榜样；鱼为阴物，贯鱼指众阴都追随六五，故曰："贯鱼。"

六五与上九阴阳相比，上九为全卦之主。六五以阴承阳，不仅不再剥阳却转而护阳。六五以上九为主，以受到上九宠爱为荣耀。上卦为艮，艮为宫室，故曰："以宫人宠。"

六五与上九阴阳和合；六五阴变阳，上卦变为巽，巽为利，故曰："无不利。"

象曰："终无尤也。"六五率众阴从阳护阳，阳不再受剥，凶险解除。

**上九：硕果不食，君子得舆，小人剥庐。**

**象曰：君子得舆，民所载也。小人剥庐，终不可用也。**

**【注释】**

硕：大。

舆：车。

庐：房舍。

**【解说】**

上九阳刚在上，阳为大，上卦艮为果，故曰："硕果。"剥为九月卦，深秋季节，万物凋零，树叶落尽，成熟的果子高挂枝头。果子就是种子，它能孕育出新的生命，明年春天就会发芽，这是秋天为春天留下的希望，故曰："硕果不食。"

上九与六五相比，六五以阴承阳，众阴也以六五为榜样，上九安居众阴之上。下卦为坤，互卦也为坤，坤为舆，故曰："君子得舆。"

上九为上卦艮之主爻，艮为庐，艮也为小人。上九像庐一样保护着众阴。但群阴之中暗藏着小人，以阴剥阳，不计后果，故曰："小人剥庐。"

象曰："君子得舆，民所载也。"下卦为坤，互卦为坤，坤为大舆、为民众，上九在全卦之上，有为民所载之象。

"小人剥庐，终不可用也。"是让君子提高警惕，防备暗藏的小人。

## 第二十四卦　复

**震下坤上，卦画☷☳读曰：地雷复。**

**序卦曰：物不可以终尽，剥，穷上反下，故受之以复。**

【注释】

复:返回、还原。

【解说】

复卦阴中有一点阳,初九一阳在下,初为始,阳始生,很微弱。阳本是乾体,姤之时阴渐长,至遁、否、观、剥一直到坤,阳被阴剥尽。阴极则阳生,剥尽则复来,故一阳生于阴下为“复”。

**卦辞:亨。出入无疾,朋来无咎。反复其道,七日来复,利有攸往。**

**彖曰:复亨,刚反。动而以顺行,是以出入无疾,朋来无咎。反复其道,七日来复,天行也。利有攸往,刚长也。复,其见天地之心乎?**

【注释】

疾:病痛、病。

朋:结伴。

攸:所。

【解说】

阳尽而又来曰“复”。阳复之后,逐渐强大,势不可挡,故曰:“亨。”

复下卦为震,震为行、为动,上卦为坤,坤为顺。动而能顺。顺者,遵循客观规律也。顺时而动,出入顺时顺势。当出则出,当入则入,就不会有过失,就不会有受阻之痛,故曰:“出入无疾。”

复卦阳虽微小,势弱而孤,但顺时而动,必将壮大而人多势众,故曰:“出入无疾,朋来无咎。”

阳气回复是有规律的。从姤开始,经过遁、否、观、剥至坤,阳气剥尽,至复阳气复来,经历了七个阶段。但阴阳气化的作用还会继续发展,阳气逐渐壮大。此时人们要顺时而动,有所行动,有所作为,成功的机会就大,故曰:“利有攸往。”

彖曰:“刚反。”指初九一阳来复。

“动而以顺行。”下卦为震、为动,上卦为坤、为顺。

“天行也。”天地自然运行的规律。

“刚长也。”初九由弱小逐渐壮大。

“复,其见天地之心乎?”复卦表现出来的现象,是天地自然的本质、本源。

天地之大德曰生，生生不息，剥尽复来，事物永远处在发展变化之中。

**大象：雷在地中，复。先王以至日闭关，商旅不行，后不省方。**

**【注释】**

至日：冬至这一天。

后：君王。

省：巡视。

方：地方、四面八方。

**【解说】**

上卦为坤、为地，下卦为震、为雷，雷在地中之象。按六十四卦圆图，复为冬至之卦。此时正是冬季，虽然震雷开始孕育，阳气开始生发，但由于能量微弱，还不能振奋而出，需要积蓄力量。藏之愈深，发之愈盛。

古代先王从卦象中得到启发，在冬至这一天封闭关口，禁止商人、行人活动。先王也待在宫中，不去地方巡视工作。休养生息是为了更好地工作。

复卦初九在下，一阳微弱，就像一棵幼苗，需要培养，需要保护，它才能长成大树。

**初九：不远复，无祇悔，元吉。**

**象曰：不远之复，以修身也。**

**【注释】**

祇：恭敬、小心谨慎。

**【解说】**

初九为复之始，阳气微弱，宜静而不宜动，更不可有大的活动，故曰："不远复。"初九阳气始生，要认识到自己的不足，做事要小心谨慎，否则就可能有麻烦，故曰："无祇悔。"

象曰："以修身也。"在力量不足的情况下，要韬光养晦，养精蓄锐。

**六二：休复，吉。**

**象曰：休复之吉，以下仁也。**

**【注释】**

休：歇息。

下：退让、由高到低。

仁:核心,指初九。

【解说】

六二与初九的关系是以柔乘刚,阴在阳之上。但六二当位,居下卦之中,能正确处理与主爻的关系。在行动过程中故意歇息,停止一会儿,甘愿居后而不为先。六二为坤爻,坤为顺、为静、为止。六二阴变阳,下卦变为兑。兑为口,为朋友讲习,故曰:“休复,吉。”

象曰:“以下仁也。”六二甘愿顺从初九。

**六三:频复,厉,无咎。**

**象曰:频复之厉,义无咎也。**

【注释】

频:连次、屡次。

厉:通“砺”,磨砺。

义:意义、意思。

【解说】

六三外阴内阳,外柔内刚,才弱而志强,决心复阳。因才弱而受挫,但屡挫屡复,故曰:“频复。”

六三为艮爻,处上下卦之间,行动不顺,受磨难之象。虽受磨难,但不会受到责难,故曰:“厉无咎。”

象曰:“义无咎也。”六三虽受磨难,但复阳之心坚定,屡挫屡复。这种行为是正确的,何咎之有?

**六四:中行独复。**

**象曰:中行独复,以从道也。**

【注释】

独:单一、只有。

道:道理、正当的事理。

【解说】

复卦,六二至上六共有五个阴爻,六四在中间位置,故曰:“中行。”六四以阴居阴,当位。五阴之中只有六四与初九相应,六四是初九复阳的坚定支持和拥护者,故曰:“中行独复。”

象曰:“中行独复,以从道也。”六四顺从、追随初九的复阳之道。

**六五:敦复,无悔。**

**象曰:敦复无悔,中以自考也。**

**【注释】**

敦:敦厚、厚道、诚心诚意。

考:考察。

**【解说】**

六五外阴内阳居上卦之中,外阴是谦虚的、敦厚的表现,内阳是诚心诚意的表现。六五柔居尊位,对待复阳的态度是诚而谦,故曰:“敦复。”

诚而谦,可以防过、补过,故曰:“无悔。”

象曰:“中以自考也。”六五居上卦之中,外虚内实,谦而诚。认真对待问题,善于研究思考。

**上六:迷复,凶,有灾眚。用行师,终有大败,以其国君凶,至于十年不克征。**

**象曰:迷复之凶,反君道也。**

**【注释】**

迷:分不清、迷失。

眚:灾祸、过错。

克:能够。

反:与原来不同。

征:远行、征伐。

**【解说】**

上六以阴柔居全卦之极,无应无比,距阳最远。阴柔则才弱,极则过分,远则理解不深刻,远则把握不准复阳的本质和核心。上六一意孤行,执迷不悟,沉迷其中不能自拔,故曰:“迷复,凶,有灾眚。”

上卦为坤,互卦为坤,坤为眚,上爻为兑爻,兑为毁折、为凶灾。上六居高位,有一定的权力和地位,有一定的势力,迷惑其中而用极端手段,故曰:“用行师。”在迷惑的状态下,必然全军覆没。坤为终、为败,故曰:“终有大败。”

上六与六五是上下级关系,五是君,六是臣。城门失火殃及池鱼,上六的错误必然会连累六五,并由此对整个单位造成影响。坤为单位、为国家,故曰:“以其国君凶。”

因为上六的失败，国家受其影响元气大伤，在很长的时间内一事无成，故曰：“至于十年不克征。”

象曰：“反君道也。”君道指复阳之道，上六不但没有把握住复阳的内涵，反而背离了复阳的本质，迷失了方向。

## 第二十五卦　无妄

**震下乾上，卦画䷘读曰：天雷无妄。**

**序卦曰：复则不妄矣，故受之以无妄。**

**【注释】**

妄：乱、荒诞不合理。

无妄：不乱动、不乱想、不乱说、真诚不虚。

**【解说】**

下卦为震、为雷，上卦为乾、为天，雷行天下之象。震雷冬天隐藏，而震于春，恒常不乱。震为动、为行，乾为健。动而健，威震天下能量充足而不虚，故卦名“无妄”。

**卦辞：元、亨、利、贞。其匪正有眚，不利有攸往。**

**彖曰：无妄，刚自外来，而为主于内。动而健，刚中而应。大亨以正，天之命也。其匪正有眚，不利有攸往。无妄之往，何之矣？天命不佑，行矣哉。**

**【注释】**

元：始、为首的、大。

亨：通达、顺利。

利：利于、适宜。

贞：坚定有节操。

匪：不。

眚：灾祸、过错。

攸：所。

佑：保护。

【解说】

震,动也,乾,健也,动而健,畅行无阻,故曰:“元亨。”

乾健行不止,一味用强;震为动、为威,一味用威。过强、过威而成淫威。若不正则会恃强凌弱,故诫之曰:“利贞。”

卦辞指出爻若不正则有眚。不正则惹祸,故曰:“其匪正有眚。”不正不可以行动,故曰:“不利有攸往。”

按照六十四卦的分类,无妄属于遁类。遁九三自上而下成无妄初九,初九为卦主,故彖曰:“刚自外来,而为主于内。”

“动而健”,震为动,乾为健。

“刚中而应”,九五,阳刚中正与六二阴阳相应。

“大亨以正”,就是元亨利贞。

“天之命也”,元亨利贞是无妄卦的本质。

“无妄之往,何之矣?天命不佑,行矣哉。”无妄之往为什么不利呢?无妄之往有灾眚,不正之行天不佑,得道多助,失道寡助。

**大象:天下雷行,物与无妄。先王以茂对时育万物。**

【注释】

茂:旺盛。

时:现在、当时。

育:养育、教育。

【解说】

春夏之际,雷行天下,这时万物生长茂盛,天下欣欣向荣。无妄卦动而健,真诚不虚,真诚相待。

先王受到启发,以饱满的热情、旺盛的精力、真诚的信念,从现在做起,去养育、教育民众,从而使天下繁荣昌盛。

**初九:无妄,往吉。**

**象曰:无妄之往,得志也。**

【注释】

往:行动。

【解说】

初九阳居阳位,当位为正,为无妄之主。按照卦辞确定的原则,正则无妄。初爻为震爻,震为往、为行,故曰:“往吉。”

象曰:“得志也。”初爻为卦主,动而健,无往而不胜。

**六二:不耕获,不菑畬,则利有攸往。**

**象曰:不耕获,未富也。**

【注释】

耕:从事劳动。

获:收获。

菑:初开垦的瘠田。

畬:耕种多年的肥田。

富:富裕、强大。

【解说】

六二当位而中,故为不妄。六二爻为坤爻,坤为田;下卦为震,震为耕、为禾苗;互卦中有艮,艮为收获。

“不耕获。”在刚刚开始耕耘的时候,专心劳作,而不妄想有巨大的收获或不切实际的收获。

“不菑畬。”要好好种田开荒,而不要妄想一下子就种上肥田。

能够保持无妄的心态,则为人做事合乎情理,做任何事情就容易成功,故曰:“利有攸往。”

象曰:“未富也。”六二以阴居阴,虽正但才弱志弱,势力还不强大,正处在事业发展的初级阶段,应踏踏实实,专心做事。

**六三:无妄之灾,或系之牛,行人之得,邑人之灾。**

**象曰:行人得牛,邑人灾也。**

【注释】

或:文言代词,某人、有人。

系:拴。

邑:众人居住的聚落。

【解说】

六三阴居阳位,位不中正,不正则妄,妄则有灾。六三是无妄之妄,其妄与六三如影随形,故曰:“无妄之灾。”

六三阴变阳,下卦变成离,离为牛。互卦中有巽,巽为系,故曰:“或系之牛。”

上卦为乾,乾为行人。六三与九四阴阳相比,有以阴随阳之象。有人在路边拴了一头牛,被行人牵走了,故曰:“行人之得。”

六三未得牛,却被无端怀疑,故曰:“邑人之灾。”互中有巽,巽为疑,无故被冤枉,故曰:“无妄之灾。”

象曰:“行人得牛,邑人灾也。”邑人与行人相对,邑人指本地居民,行人指过往之人。邑人指六三,六三为艮爻,艮为居、为止,故曰:“邑人。”行人指上卦乾,乾为行。

**九四:可贞,无咎。**

**象曰:可贞无咎,固有之也。**

【注释】

可:能够。

贞:坚定有节操。

固:本、原来。

【解说】

九四以阳居阴,位不中正。但九四为巽爻,九四变,上卦变为巽,巽有巽顺之德。九四与九五比邻,九五为君,九四为臣。九四外阳内阴,才强志弱,能守为臣的本分而不妄为,故曰:“可贞,无咎。”

象曰:“固有之也。”九四本分而不妄为,是由他本身的素质决定的。

**九五:无妄之疾,勿药有喜。**

**象曰:无妄之药,不可试也。**

【解说】

九五阳刚中正居尊位,无妄之至。动而健,才强志刚。但任何事情不可能一帆风顺,必然会出现一些问题。由于自身功夫过硬,所遇问题均可迎刃而解。就像健康的人得了感冒,不用吃药也能康复,故曰:“无妄之疾,勿药有喜。”

象曰:“不可试也。”不用吃药就能康复,吃药反而损害了自己的身体,比喻能自然解决的问题,就不能用毒招。

**上九:无妄,行有眚,无攸利。**

**象曰:无妄之行,穷之灾也。**

**【注释】**

行:行动。

眚:灾祸。

穷:达到极点、推究到极限。

**【解说】**

上九阳刚居卦之上,上为穷极之地。无妄卦每一爻都是无妄,但上爻不正,做事好走极端,容易出问题,故曰:“行有眚,无攸利。”

象曰:“穷之灾也。”上九为卦之极,阳刚在上,一味用强,态度激烈,不冷静。如此行动必然坏事,灾害随之到来。

## 第二十六卦 大畜

**乾下艮上,卦画☶读曰:山天大畜。**

**序卦曰:有无妄,物然后可畜,故受之以大畜。**

**【注释】**

畜:饲养,有畜德、畜养、畜止之意。

大畜:大有畜积。

**【解说】**

畜卦,上卦为艮、为山、为止、为少男、为阳;下卦为乾、为天、为健、为德、为阳、为父。天气上行为艮山所畜止,以少男畜止老父,以阳畜阳,阳为大,故曰:“大畜。”与大畜相似的是小畜,小畜是以风畜天、以阴畜阳,故曰:“小畜。”

**卦辞:利贞,不家食,吉。利涉大川。**

**彖曰:大畜,刚健,笃实,辉光,日新其德。刚上而尚贤,能止健,大正也。不家食吉,养贤也。利涉大川,应乎天也。**

【注释】

利:宜。

贞:正。

食:吃东西。

涉:渡过。

大川:大河,引申为险阻、困难。

应:适应、适合。

天:自然规律。

【解说】

大畜卦下乾上艮,乾健艮止。止与健是相互制约相互合作的两种力量,两种力量完美结合,是最正确的选择,故曰:“大畜,利贞。”

卦中乾为健行,为有德才之人。艮为门、为家。互卦中有兑有震,兑为口、为食,震为行、为出。有出门求食之象,故曰:“不家食。”家是分散的小集体。走出个人小圈子,来到集体大家庭,报效祖国,服务人民,同时也增长了才干,故曰:“不家食,吉。”

集体的力量是强大的,团结起来,可以战胜任何困难,故曰:“利涉大川。”

彖曰:“刚健,笃实,辉光。”这是卦中之乾、艮的本性。

“日新其德。”大畜每天都在增加自己的德行。

“刚上而尚贤。”上九爻阳刚居卦上。上九为卦主,他止健畜健。因为他尊崇贤才,止得其所,故曰:“大正。”

上九尊崇贤才,畜止贤才,有养贤之德。贤才之士,慕名而来,故曰:“不家食吉,养贤也。”

“应乎天也”。大畜能止健,符合自然规律,所以能战胜困难。

**大象:天在山中,大畜。君子以多识前言往行,以畜其德。**

【注释】

识:记住。

前言:前辈的言论。

往行:先贤的行为。

【解说】

大畜卦象为艮山高大敦厚，乾天能量无边。乾天为艮山所畜止，故曰："天在山中，大畜。"

乾为内卦，乾为旧、为德、为往、为先贤。艮为君子。有前辈先贤在我心中之象。多向前辈、先贤学习，记住他们美好的言行和德行，就能增长才干，使自己德才兼备。故曰："君子以多识前言往行，以畜其德。"

**初九：有厉，利已。**

**象曰：有厉，利已，不犯灾也。**

【注释】

厉：通"砺"，磨砺。

已：止。

犯：遭遇。

【解说】

初九阳刚，与六四相应，但阴在上，阳在下。初九不甘心被六四畜止，搞小动作，有内乱，大畜之道难成，故曰："有厉。"

"利已"是告诫初九，要想有所成，就不能擅自行动。

象曰："不犯灾也。"初九若擅自行动，破坏了大畜的环境，就会受到惩罚。初九阳刚当位，有自知之明。不做无谓的抗争，积累才德，才能避开灾祸。

**九二：舆说輹。**

**象曰：舆说輹，中无尤也。**

【注释】

舆：大车。

说：通"脱"。

輹：车伏兔，即垫在车箱和车轴之间的木块。

尤：同"忧"，忧虑、发愁。

【解说】

九二与六五相应，九二为六五所畜。九二为坤爻，坤为大舆。九二居乾体，有健行之性，六五难以驾驭。但九二居下卦中位，有才德却谦虚，有自知之明。能自动停下来，甘心被六五畜止，故曰："舆说輹。"

象曰:“中无尤也。”九二居下卦之中,能正确处理与六五的关系,使六五无忧,从而也使自己无忧。

**九三:良马逐,利艰贞。曰闲舆卫,利有攸往。**

**象曰:利有攸往,上合志也。**

**【注释】**

逐:追赶。

闲:练习。

舆:车。

卫:保护。

合志:同心同德。

**【解说】**

九三阳刚居乾体,有才德与上九相应。上九尊崇贤才,九三为上九所畜,受到上九的尊重。初九、九二也以九三为榜样,追随而来。乾为马,故曰:“良马逐。”

但众阳相聚,势力盛大,则难以畜止。此时要有清醒的头脑和坚定的信念,故曰:“利艰贞。”

对各路英雄要时刻小心对待,不断熟练车马防卫技能。故曰:“曰闲舆卫。”

有充分的思想准备、周密的计划及防范措施,则可以大展宏图,大有作为,故曰:“利有攸往。”

象曰:“上合志也。”九三与上九相应,以阳畜阳符合大畜之道。九三与上九同心同德,畜止众阳。

**六四:童牛之牿,元吉。**

**象曰:六四元吉,有喜也。**

**【注释】**

童牛:小牛,指初九。

牿:绑在牛角上的横木。

**【解说】**

六四与初九相应,初为始、为小、为童牛。六四为巽爻,巽为绳、为木。六四阴变阳,上卦变为离,离为藩篱,故曰:“童牛之牿。”

六四居艮体，艮为止。六四能畜止初九，符合大畜之道，能畜养，能畜德，故曰："元吉。"

象曰："有喜也。"六四能畜止初九，有收获，有成就。

**六五：豮豕之牙，吉。**

**象曰：六五之吉，有庆也。**

**【注释】**

豮豕：雄性的猪。

庆：可祝贺的事。

**【解说】**

六五居艮体与九二相应。六五阴变阳，上卦变为巽，巽为绳、为木，有围栏之象。九二为坤爻，坤为豕；九二为阳性，故曰："豮豕之牙。"六五能畜九二，符合大畜之道，故曰："吉。"

象曰："有庆也。"六五能畜止九二，有成绩有功劳。

**上九：何天之衢，亨。**

**象曰：何天之衢，道大行也。**

**【注释】**

何：担负、承受。

衢：四通八达的路。

道：指大畜之道。

行：通行、畅行无阻。

**【解说】**

上九为大畜之主，阳刚在上，大畜之道已成。彖辞所说"刚上而尚贤"即指上九。上九与九三相应，上九以阳畜阳，畜养贤才，同时又为贤才提供干事创业的平台。上卦为艮，艮为路，有天衢之象，故曰："何天之衢。"

上九就是一条四通八达的通天之路，任你驰骋，故曰："亨"。亨者，通也。上爻阳变阴，上卦变为坤，大畜卦变为泰，上下交泰，君子当道，故曰："亨。"

象曰："道大行也。"上九为大畜成功之时，站在个人角度上讲，是经过畜养，才德升华了，可以大有作为。站在社会的角度讲，是成功培养了大批的人才，又为这些人才提供了施展才华的环境。大畜之道风行天下。

# 第二十七卦　颐

**震下艮上，卦画☶☳读曰：山雷颐。**

**序卦曰：物畜然后可养，故受之以颐。颐者，养也。**

**【注释】**

颐：面颊、腮。

**【解说】**

颐卦下为震、为动，上为艮、为止。口有上颌也有下颌，下颌动上颌不动，故颐象口。从卦象上看，上下两阳爻象唇，中间四阴爻象牙齿。人所需要的一切营养都要从口进入，口有养人之功。颐卦外实而中虚，象口，故卦名为“颐”。

**卦辞：贞吉。观颐，自求口实。**

**彖曰：颐，贞吉，养正则吉也。观颐，观其所养也。自求口实，观其自养也。天地养万物，圣人养贤以及万民，颐之时大矣哉！**

**【注释】**

贞：正、坚定有节操。

观：观看。

口：嘴。

实：满。

**【解说】**

颐卦象口，下卦为震、为动，上卦为艮、为止。动有主动争取之意，但动而不止则贪。病从口入，祸从口出。只有正当适合才可获吉，故卦辞诫之曰：“贞吉。”

“观颐”是站在卦外看卦象：下动上止，动而止。这提示人们养人或求养要适可而止。

“自求口实。”求养要主动，要勤奋；懒惰和死板将一无所获，自力更生是丰衣足食的必由之路。

彖曰：“养正则吉也。”养人或求养要正当，适可而止。

“观颐，观其所养也。”看颐养的态度是养人或是自养，养人为公，自养为私。

“自求口实，观其自养也。”颐养要自力更生。

“天地养万物，圣人养贤以及万民，颐之时大矣哉！”颐养的意义非常大。没有太阳和大地，万物不能生存。伟大的人就像天和地一样，以天下为己任，使人民生活幸福安康。

**大象：山下有雷，颐。君子以慎言语节饮食。**

**【注释】**

慎：小心。

节：省俭、限制。

**【解说】**

上卦为艮、为山，下卦为震、为动。震动为山所止，有知行知止之象。颐有养之意，颐卦象口，口能养人，但过量饮食或吃了有毒的物质反而伤人。口可以说话、唱歌，抒发感情，但恶语会伤人。震为雷为言语，故曰：“慎言语节饮食。”

**初九：舍尔灵龟，观我朵颐，凶。**

**象曰：观我朵颐，亦不足贵也。**

**【注释】**

舍：放弃。

尔：代词，你的，指初九。

我：指六四。

朵颐：表示吃饭时腮鼓起的样子。

足：值得。

贵：重视。

**【解说】**

初九居卦的最下部，上卦为艮、为山；颐卦象大离，离为龟。初九阳刚能自养，像卧在山下的大龟，故曰：“灵龟。”

初九与六四相应，六四位高而富有，嘴里塞满了食物，故曰：“观我朵颐。”

初九为震爻，震为动。初九不甘寂寞，丢掉自己的本质和理想，欲夺六四之食，故曰：“舍尔灵龟。”

初九违反颐养之道，故曰：“凶。”

象曰：“亦不足贵也。”不要这山望着那山高，不要羡慕人家的富有。丢掉自己的本质和理想，是很不值得的。

**六二：颠颐，拂经，于丘颐，征凶。**

**象曰：六二征凶，行失类也。**

**【注释】**

颠：上下倒置。

拂：违背。

经：正常。

丘：山丘、高处。

征：远行。

类：同类、类别。

**【解说】**

六二阴柔不能自养，与初阳最近。但初为下，求养于下，违背颐养的常理，故曰："颠颐，拂经。"

若求养于上，但六二与上九不相应，求则不成。上卦为艮，艮为山丘，故曰："于丘颐，征凶。"

象曰："行失类也。"六二与初九、上九非应非比，皆非其类，不会得到他们的支持。

**六三：拂颐，贞凶。十年勿用，无攸利。**

**象曰：十年勿用，道大悖也。**

**【注释】**

拂：违背。

贞：正。

攸：所。

悖：相反、违背。

**【解说】**

六三外阴内阳，居下卦之极（即居动之极）；六三与上九相应，求养于上。但求而不止，索而不厌。虽然正应，应该求养上九，但因求得太过，违背了颐养之道，故曰："拂颐，贞凶。"

贪得无厌，上九深恶痛绝，长时间不与之交往。互卦中有坤，坤为十年，故曰:“十年勿用,无攸利。”

象曰:“道大悖也。”六三索而不止,违背了颐养之道,遭到封杀。

**六四:颠颐,吉。虎视眈眈,其欲逐逐,无咎。**

**象曰:颠颐之吉,上施光也。**

**【注释】**

颠:倒过来。

眈眈:注视的样子。

欲:欲望。

逐逐:急迫的样子。

施:给予。

**【解说】**

六四与六五比邻,六五为君,六四为巽顺之臣。六四与初九相应,求养于初。向下求养,故曰:“颠颐。”

但六四是为国求财,为国选贤,故曰:“吉。”

上卦艮为虎,六四阴变阳,上卦变为离,离为目、为视。六四像老虎一样注视着下面,求索的欲望非常强烈,但为公而不为私,故曰:“无咎。”

象曰:“上施光也。”上指六五,六五给予的权力和使命使得六四精神饱满,斗志昂扬,工作非常投入。

**六五:拂经,居贞吉,不可涉大川。**

**象曰:居贞之吉,顺以从上也。**

**【注释】**

拂:违背。

经:常理。

居:停留、处于。

贞:正。

涉:渡过。

大川:大河,比喻艰难险阻。

上:指上九。

【解说】

六五居尊位,但阴柔不能自养。六五与上九阴阳相比,而求养于上九,违背了自养之道,故曰:“拂经。”但求养要适可而止,不可过分。六五为上卦之中,又居艮体;艮为居、为止,中为正,故曰:“贞吉。”

六五自身能力不足,需要依赖于人。只能维持,但不能解决大问题,故曰:“不可涉大川。”

象曰:“顺以从上也。”六五阴变阳,上卦变为巽,巽为顺。六五与上九阴阳相比,阴下阳上,以阴顺阳。其能够理解上九,而不过分要求。

**上九:由颐,厉,吉。利涉大川。**

**象曰:由颐厉吉,大有庆也。**

【注释】

厉:严肃、严格。

庆:可祝贺的事、喜事。

【解说】

上九阳刚居全卦之上,与六五相比,与六三相应。全卦皆由上九所养,故曰:“由颐。”

对待求养者,上九不是无原则的施舍,而是严格按照规章办事,取得了很好的颐养效果,故曰:“厉,吉。”

上九做事正确、恰当,得到众人拥护,再大的问题也能解决,故曰:“利涉大川。”

象曰:“大有庆也。”颐养的成绩很大,效果很好,是非常值得庆贺的事情。

## 第二十八卦　大过

**巽下兑上,卦画䷛读曰:泽风大过。**

**序卦曰:不养则不可动,故受之以大过。**

【注释】

大过:大大超出、大大超越。

【解说】

从爻象上看，中间四阳，上下两爻为阴，本末太弱，中间太实；阳多阴少，阳太盛。从卦象上看，下卦为巽、为木，上卦为兑、为泽，木得泽润而生长，但泽深淹没木顶，木反被灭，故曰："大过。"

**卦辞：栋桡。利有攸往，亨。**

**彖曰：大过，大者过也。栋桡，本末弱也。刚过而中，巽而说行，利有攸往，乃亨。大过之时大矣哉！**

【注释】

栋：房屋的脊檩。

桡：通"挠"，弯曲。

攸：所。

往：行动、往来。

亨：通达、顺利。

【解说】

大过卦四阳在中间，阳为实，两阴爻在两端，象房屋的脊檩支撑在房梁上，故曰："栋。"阴爻为柔弱，难以承重从而使栋梁弯曲，故曰："栋桡。"

但大过下卦为巽、为顺，上卦为兑、为悦，顺、悦相辅相成，顺则悦，故曰："利有攸往。"

卦中初六与九四相应，上六与九三相应。上下往来，阴阳互助，则有利；虚实相济，则栋梁不挠。阴阳相通，故曰："亨。"

彖曰："大者过也。"阴爻柔、阴爻少，阳过于阴。

"本末弱也。"两阴爻在两端过弱，四阳在中间过刚，过刚而中是栋桡的原因。

"巽而说行。"就上下卦的卦德来说，下卦为巽、为顺，上卦为兑、为说、为悦，阴阳往来为行。

"利有攸往，乃亨。"行则顺而悦，行则通，通则亨。

"大过之时大矣哉！"在大过这段时间内是大有作为的。

**大象：泽灭木，大过。君子以独立不惧，遁世无闷。**

【注释】

灭:被水漫过。

遁:逃走。

闷:心里不痛快。

【解说】

泽水润木,木得以生长,但泽水漫过木顶,木反被泽灭,是泽太过,故曰:“大过。”

巽木有大梁之象。大过卦四阳在中,阳为实,勇敢地支撑起大厦,故曰:“独立不惧。”

互卦中有乾,乾为健行,为刚健,为光辉、光明。不与世俗同流,不自我封闭;心中充满希望,积极寻求光明,故曰:“遁世无闷。”

**初六:藉用白茅,无咎。**

**象曰:藉用白茅,柔在下也。**

【注释】

藉:衬垫。

咎:过错。

【解说】

初爻为震爻,震有草象;初六阴柔在下,象垫在下面的茅草。下卦为巽,巽为白,故曰:“藉用白茅。”

白茅处处都有,很普通,不是贵重之物,但它可以保护放在它上面的贵重器材,免受污染和损坏。初六与九二相比与九四相应,刚柔相济,阴阳互补,故曰:“无咎。”

象曰:“柔在下也。”初六以阴居全卦之下。阴为柔,象垫底的茅草。

**九二:枯杨生稊,老夫得其女妻,无不利。**

**象曰:老夫女妻,过以相与也。**

【注释】

稊:杨柳新长出的嫩芽。

女:年轻的女人。

与:交往、交好。

【解说】

九二以阳居下卦之中,与初六相比。九二之阳能得到初六之阴的帮助。下卦为巽,巽为杨,互卦为乾,乾为老,故曰:“枯杨。”就像一棵老杨树,得到水的滋润,又生出嫩芽,故曰:“枯杨生稊。”

乾为老夫,巽为长女,阴阳相比,故曰:“老夫得其女妻。”

老夫娶了年轻的妻子,又生了孩子,生命得以延续,生生之谓易,故曰:“无不利。”

象曰:“过以相与也。”阳虽太过,但能与阴互相合作。

**九三:栋桡,凶。**

**象曰:栋桡之凶,不可以有辅也。**

【注释】

桡:通“挠”,弯曲。

辅:帮助。

【解说】

九三以阳居阳过刚而不中,与上六相应。但九三刚愎自用,上六之阴难以助九三之阳,过刚而易折,故曰:“栋桡,凶。”

象曰:“不可以有辅也。”九三以刚居刚,不接受上六的帮助。

**九四:栋隆,吉。有它吝。**

**象曰:栋隆之吉,不桡乎下也。**

【注释】

隆:高起。

它:其他、别的。

下:指初六。

【解说】

九四外阳内阴,外刚内柔,与初六相应。能够虚心接受初六的支持和帮助,从而使自己变得更加强大、旺盛,就像栋梁有了坚实的基础,从而支撑起大厦,故曰:“栋隆,吉。”

上六位高、势大,九四若轻视初六,舍本逐末,而妄想得到上六的支持和帮助,将徒劳无益,故曰:“有它吝。”

象曰:“不桡乎下也。”九四不弯曲是因为有初六的支撑。

**九五:枯杨生华,老妇得其士夫,无咎,无誉。**

**象曰:枯杨生华,何可久也?老妇士夫,亦可丑也。**

**【注释】**

华:同“花”。

士夫:年轻的丈夫。

丑:不光彩。

**【解说】**

九五阳居阳位,刚太过,九五与九二相似,故曰:“枯杨。”九五与上六阴阳相比,但阴上阳下,不合常规。上六之阴就像雨露一样只能给其有限的润泽,使枯杨发芽开花,但不能生根结果。就像一个老妇人找了个年轻的丈夫,但不能再生孩子了,故曰:“枯杨生华。”

阴阳和合,又有何咎。但阴上阳下,阴阳颠倒,不合常规,此事不会受到人们的称赞,故曰:“无咎,无誉。”

象曰:“何可久也?”没有坚定、可靠的支持,就像无根之花,怎么能长久呢?“亦可丑也。”老妇人找了个年轻的丈夫,也算是不光彩的事情。

**上六:过涉灭顶,凶,无咎。**

**象曰:过涉之凶,不可咎也。**

**【解说】**

上六阴柔居大过之极,极力救过者也。但上六才弱,非但不能救过,反被大过所灭。就像巽木浸于水中而遭灭顶之灾,故曰:“过涉灭顶,凶。”

上六为救过而义无反顾,有杀身成仁之志,故曰:“无咎。”

象曰:“不可咎也。”上六决心救过,有大无畏的献身精神,虽然没有成功,但精神可嘉,不能指责。

## 第二十九卦　坎

**坎下坎上,卦画䷜读曰:坎为水。**

**序卦曰:物不可以终过,故受之以坎,坎者,陷也。**

【注释】

坎:低洼不平的地方、不容易越过的关键地方或时刻。

【解说】

坎卦一阳陷于二阴之中,二阴为坤土、为岸;一阳为乾、为气、为渊。天一生水,水流其间,为险陷,故卦名曰:“坎。”水有质而无形,水滴石穿,外表柔弱而内涵刚强。坎卦外阴内阳,外柔内刚,故坎为水。

**卦辞:习坎,有孚,维心亨,行有尚。**

**彖曰:习坎,重险也。水流而不盈。行险而不失其信。维心亨,乃以刚中也。行有尚,往有功也。天险,不可升也。地险,山川丘陵也。王公设险以守其国。险之时用大矣哉!**

【注释】

习:练习、重叠。

孚:信用、诚信。

维:连接、维系。

亨:通达、顺利。

行:行为。

尚:崇尚。

升:向上、提高。

【解说】

坎卦两坎相重,上下皆坎,坎为险、为陷。面对坎险,人类从来就没有停止过,无论河多宽、山多高,都不能阻挡前进的步伐。但怎样征服困难,就要发挥自己的聪明才智。卦象提示了解决困难的方式方法。

两坎相重一险连着一险,因此不可掉以轻心。要想战胜困难,知己知彼是最好的办法。认识困难,了解困难,模拟解决困难的方法、程序,故曰:“习坎。”

坎卦九二、九五阳刚居中,中实为孚,是让人们在困难面前一定要诚实守信,而且要有必胜的信念,故曰:“有孚。”

坎为心、为智、为通,坎卦有两心相连之象。团结一致,众志成城,是战胜困难、事业通达顺利的必要条件,故曰:“维心亨。”

条件成熟了,就要勇敢前进,积极进取。敢于涉险救难,是光荣的、大有可为的,能够建功立业,故曰:“行有尚。”这是卦对爻提出的希望和要求,是六爻的行为准则。

彖曰:“重险也。”两坎相重,坎为险。

“水流而不盈,行险而不失其信。”坎为水,上下两坎,前后相继,水流不止之象。九二、九五在中位,为不盈之象。刚中为孚、为信,故曰:“行险而不失其信。”

“乃以刚中也。”九二阳刚居下卦之中,九五居上卦之中。两阳相应,两颗诚实的心相孚,相连相通。

“往有功也。”敢于迎难而上,涉险救难,能够取得事业的成功,受到人们的崇敬。

“天险,不可升也。”非常遥远、非常巨大的危险,先不要跨越,条件还不成熟。

“地险,山川丘陵也。”近处的、与我们相关的险阻是山川丘陵,我们可以跨越它。

“王公设险以守其国。险之时用大矣哉。”这是对险的作用的认识,水可以载舟也可以覆舟。险是一把双刃剑,既可以阻碍自己,也可以阻挡别人,保护自己。

**大象:水洊至,习坎。君子以常德行,习教事。**

**【注释】**

洊:再次。

常:经常。

**【解说】**

坎卦后水接前水,有水流不止之象,故曰:“水洊至。”流水不腐,户枢不蠹,君子要保持高尚的品德,就要不断修行。良好的社会风尚需要不断培育、引导。

**初六:习坎,入于坎窞,凶。**

**象曰:习坎入坎,失道凶也。**

**【注释】**

窞:深坑。

道:习坎之道。

【解说】

初六以阴居卦初，才弱而志强。战胜坎险的心情很迫切，对坎险不熟悉的情况下就急于行动，结果事与愿违，反而陷于坎穴之中，故曰："入于坎窞，凶。"

象曰："失道凶也。"初六未严格按照习坎的要求去做，虽习而不熟不精。

**九二：坎有险，求小得。**

**象曰：求小得，未出中也。**

【解说】

九二阳刚，有才德，陷于二阴之中，是奋不顾身而入险救险者。九二身陷险中，与险为伍，距险最近，故曰："坎有险。"

环境恶劣，困难重重，虽付出了很多的努力，但是成效不大。不要有太大的希望，有点收获就不错了，故曰："求小得。"

象曰："未出中也。"九二居下卦之中，能正确把握自己，虽处险中，努力奋斗仍可有一定的收获和成就。

**六三：来之坎坎，险且枕，入于坎窞，勿用。**

**象曰：来之坎坎，终无功也。**

【注释】

之：去。

且：暂时、姑且。

枕：躺着，头下垫着东西，指休息。

勿用：不要行动。

【解说】

六三外阴内阳，处上下卦之间，前后都是险。六三有救险之志，但才力不够。来到坎险之中，身体疲惫。此时六三不盲目涉险，而是停下来休整一番，积聚力量，故曰："险且枕。"

六三为艮爻，艮为止，有休整之象。六三来到重险之中，六三阴变阳，下卦变为巽，巽为入，故曰："入于坎窞。"巽为进退不果，救险难以奏效，故卦诫之曰："勿用。"

象曰："终无功也。"来到重险之中，困难多、阻力大，事业难以成功。

**六四：樽酒，簋贰，用缶，纳约自牖，终无咎。**

**象曰:樽酒簋贰,刚柔际也。**

**【注释】**

樽:酒器。

簋:盛食物的器具。

贰:双数,表示重视、尊敬。

缶:瓦器。

纳:放进。

约:俭省、简单。

自:由、从。

牖:窗户。

**【解说】**

六四与九五阴阳相比,四为臣,五为君。六四为巽爻,巽为顺,六四有巽顺之德,忠心事主。但君臣都处在坎险之中,六四对九五不离不弃,在物质条件困乏的情况下,依然用双份的酒和食品侍奉九五。坎为酒食,六四阴变阳,上卦变为兑,兑为口、为樽、为簋,故曰:“樽酒簋贰”。

但艰难时期,条件有限,只能用瓦罐盛着。进献给九五时,礼节也很简单,甚至直接从窗户传递过去,故曰:“纳约自牖。”六四忠诚,礼仪简单,九五也不会责怪他,故曰:“终无咎。”

象曰:“刚柔际也。”六四阴柔,九五阳刚,六四与九五阴阳相比。六四忠心事主。

**九五:坎不盈,祗既平,无咎。**

**象曰:坎不盈,中未大也。**

**【注释】**

盈:满。

祗:恭敬。

既:已经。

平:平安。

**【解说】**

九五居上卦之中,中则不张扬,故曰:“坎不盈。”

九五阳刚中正居上卦，有水势浩大之象。九五深知水能载舟亦能覆舟，险陷既可杀人，亦可保护自己。面对坎险，九五能保持恭敬谨慎之心。有危心无危地，则平安。九五为乾爻，乾为恭、为敬，九五阳变阴，上卦变为坤，坤为平安，故曰："祇既平。"

象曰："中未大也。"九五居中不狂，不骄，不自大。

**上六：系用徽纆，置于丛棘，三岁不得，凶。**

**象曰：上六失道，凶三岁也。**

**【注释】**

系：绑。

徽纆：绳索。

置：安放、放置。

失：丢掉、失去。

**【解说】**

上六阴柔居坎险之极，才弱志弱。处极险之地，为坎所陷，难以脱身。上爻阴变阳，上卦变为巽。巽为入、为绳、为系，故曰："系用徽纆。"坎为荆棘，重坎为丛棘，故曰："置于丛棘。"

上六被艰难缠绕，自身难保，一事无成，故曰："三岁不得。"

象曰："上六失道。"上六阴柔处险之极而不能自拔，丢掉了习坎之道。"凶三岁也"。这里是说凶险伴随的时间很长。

## 第三十卦　离

**离下离上，卦画☲读曰：离为火。**

**序卦曰：陷必有所丽，故受之以离。离者，丽也。**

**【注释】**

离：附丽、附着、依附。

**【解说】**

卦象一阴陷于二阳之中，外阳内阴。火，外明内暗、外实内虚，物燃而成灰，由实而虚、而陷，故离象火。

火附物而燃，无物则无火；光附物而可见，无物则无光，故离为附、为丽。火光艳丽，故离为漂亮、美丽。

离卦一阴将二阳隔开，故“离”有离开之象。物不可终离，亦不可终合，当离则离。故离为上经之终，是上下经的分界。

**卦辞：利贞，亨。畜牝牛吉。**

**彖曰：离，丽也。日月丽乎天，百谷草木丽乎土，重明以丽乎正，乃化成天下。柔丽乎中正，故亨，是以畜牝牛吉也。**

**【注释】**

利：利于、适合。

贞：坚定有节操。

亨：通达顺利。

畜：畜养。

牝：雌性的，指柔顺。

化成天下：使民众的思想行为变得美好。

**【解说】**

离为火、为日、为电，为光明。卦上下皆离，下离为日之明，上离为月之明。月光来自日光，月之明依附于日之明，故离为丽、为附。上卦附于下卦。

从爻象上看一阴附于二阳，离火附于正则带来光明、温暖和美丽；附于邪则大地变焦土，变瓦砾，变干涸，故曰：“利贞，亨。”

依附得正的莫过于牝牛，牝牛柔顺忠贞，任劳任怨。离为牛，故曰：“畜牝牛吉。”要依附于人，就要把自己修养成牝牛的性格。人若来依附于我，则选择那些具有牝牛性格的人，故曰：“畜牝牛吉。”

《彖传》对卦辞做了进一步的解释和说明，以丽释离，丽有附着之意。日月附着在天上才能光照大地，光芒四射。百谷草木生长在大地上，才能开花结果。

日月之明相继，是由于月亮依附于太阳，使人们在夜晚可以看到皎洁的月光。道德高尚的人，心灵充满阳光，社会就会变得美好。六二为卦主，它柔顺中正，象牝牛，牝牛附丽于人，为人们带来动力和财富，所以畜养牝牛会带来吉祥。

**大象：明两作，离。大人以继明照于四方。**

【注释】

作:起、兴起。

大人:高尚的人、有才德的人。

【解说】

重离上下皆离,下离为日之明,上离为月之明。日往月来,太阳西落,月亮又升起,故曰:“明两作。”

这个卦象告诉我们:有才德的人,为社会为民众谋福利,就要像日月相继一样,明而又明、薪火相传、坚持不懈。黑暗中的人们也能看到希望,对美好的明天更加向往。

**初九:履错然,敬之,无咎。**

**象曰:履错之敬,以辟咎也。**

【注释】

履:脚步。

错:交叉着。

然:词尾,表示状态。

敬:有礼貌。

辟:同“避”,躲、设法躲开。

【解说】

初九阳刚居离之始,为日出之离。初九光芒万丈,前途无量,附丽者纷至沓来,故曰:“履错然。”但鱼龙混杂,初九必须小心谨慎对待,故曰:“敬之无咎。”

象曰:“以辟咎也。”初九只有采取小心谨慎、恭敬的态度才能排除认识上的错误,认清牝牛,畜养牝牛。

**六二:黄离,元吉。**

**象曰:黄离元吉,得中道也。**

【注释】

黄:黄色,黄为中色,有中的意思。

元:大。

【解说】

六二为离爻、坤爻,坤为黄,故曰:“黄离。”六二以柔居下卦之中,彖辞曰“柔丽乎中正”,即指六二。六二为日中之离,行事中正,阳光普照,无偏无私,故曰:“元吉。”

象曰:“得中道也。”六二以阳居下卦之中,中而正。

**九三:日昃之离,不鼓缶而歌,则大耋之嗟,凶。**

**象曰:日昃之离,何可久也。**

**【注释】**

昃:太阳偏西。

鼓:敲打。

缶:古代的瓦器,可当乐器。

耋:年老,七八十岁的年纪。

嗟:叹息、嗟叹。

**【解说】**

九三为下卦之终,故曰:“日昃之离。”太阳偏西,夕阳西下,就像人过中年,旺盛的时候过去了。好汉不提当年勇,不要沉浸在过去的辉煌里。要敢于面对现实,服从大形势。虽是黄昏,但夕阳无限好。要顺应形势,学会欣赏,以愉快的心情,享受眼前的美景。

“鼓缶而歌”是按照音乐的节拍、节奏唱歌,比喻要有目的、有计划地做事。稳扎稳打,即使年老也能有所成就。乱弹琴而不珍惜最后的机会,到老则一事无成,徒自嗟叹,故曰:“大耋之嗟。”其凶可知矣。

象曰:“何可久也。”太阳偏西了,时间不会太长。要老有所为,才不辜负夕阳的美好。

**九四:突如其来如,焚如,死如,弃如。**

**象曰:突如其来如,无所容也。**

**【注释】**

突:忽然。

如:在词尾,表示状态。

焚:烧。

**【解说】**

九四阳居阴位,无应无比,由下卦进入到上卦,来到六五身边。离为火,火性猛烈，故曰：“突如其来如。”

九四位不中正，不合附丽之道。附而不正，位置越高越危险。离为火、为焚；九四变，上卦变为艮，艮为死、为弃，故曰：“焚如，死如，弃如。”

象曰：“无所容也。”九四不正与六五不能相比，不为六五所容。

**六五：出涕沱若，戚嗟若，吉。**

**象曰：六五之吉，离王公也。**

**【注释】**

涕：眼泪。

沱若：下大雨的样子。

戚：忧愁。

嗟：叹息。

**【解说】**

六五以阴居尊位，外柔内刚，胸有大志，而表现得非常谦虚。六五一阴陷于二阳之中，而附丽于二阳，六五忧国忧民，故曰：“出涕沱若，戚嗟若。”六五为乾爻、坎爻，离为目，坎为泪。看到民间疾苦，泪如泉涌，忧愁叹息。六五的善心善行使二阳感动而决心附丽六五。君臣相辅，故曰：“吉。”

象曰：“离王公也。”六五为君、为王，上九为公侯，有王公之象。六五与九四、上九相附丽。

**上九：王用出征，有嘉折首，获匪其丑，无咎。**

**象曰：王用出征，以正邦也。**

**【注释】**

用：使用、利用。

嘉：赞美。

折：弄断。

获：得到。

匪：通“非”。

丑：同类。

正：改正。

邦：国。

**【解说】**

上九为离卦之终,有附丽者,也有背离者。上九与六五阴阳相比相附,上九能为六五所用,而征讨不服者,故曰:“王用出征。”

上九阳刚有才,有万军之中取上将首级之勇,一战而胜,抓住众匪和匪首,故曰:“有嘉折首,获匪其丑。”

上九位不正,只有忠心事主,为王所用才可“无咎”。

象曰:“以正邦也。”上九为六五平定不附者。

# 第四章　下　经

## 第三十一卦　咸

**艮下兑上，卦画䷞读曰：泽山咸。**

**序卦曰：有天地然后有万物，有万物然后有男女，有男女然后有夫妇。有夫妇然后有父子。有父子然后有君臣，有君臣然后有上下。有上下然后礼义有所错。**

**【注释】**

咸：感动、感应。

**【解说】**

无心之感为咸。感人感物，出自无心是诚，出自有心则伪。无心之感才是真情。

从卦象上看，上卦为兑泽、为少女，下卦为艮山、为少男。在先天八卦中兑艮相对，曰："山泽通气。"山多高水多长，山水相应相感，少男少女就像山和水一样，自然而然相应相感。

从爻象上看，三个阴爻三个阳爻各自相应、相感。男在下，女在上，男方以真诚礼聘女方。真诚相感为咸。物物相感则万物化生，男女相感婚姻始成。咸为夫妇之始、人伦之始，故"咸"为下经之首。

**卦辞：亨。利贞。取女吉。**

**彖曰：咸，感也。柔上而刚下，二气感应以相与。止而说，男下女，是以"亨，利贞，取女吉"也。天地感而万物化生，圣人感人心而天下和平。观其所感，而天地万物之情可见矣。**

【注释】

亨:通达、顺利。

贞:坚定有节操、正。

取:娶。

柔:指兑,兑为泽、为少女、为柔。

刚:指艮,艮为山、为少男、为刚。

相与:相互交往。

止而说:艮为止,兑为说。

万物化生:万物发展、变化、繁衍生息。

感:使在意识或情绪上起反应。

情:状况。

【解说】

咸卦下山上泽,山泽通气,通则亨。艮为少男为阳,兑为少女为阴,阴阳相感,感而通,通则亨,故曰:“咸,亨。”

咸卦下卦为艮、为止,上卦为兑、为说、为悦。悦而不止,沉溺于悦中不能自拔,则玩物丧志。止而不悦,死板乏味,生活工作没有情趣,不利于发展进步。咸要适度,故曰:“利贞。”

咸为婚姻之始,男下女上,男子屈尊而向女子求婚,是为了娶女而组成家庭,而不是为了取悦对方,始乱终弃,故曰:“取女吉。”

彖曰:“柔上而刚下,二气感应以相与。”兑柔艮刚,刚以礼对柔,刚柔相感相通。

“止而说,男下女。”艮为止,兑为说、为悦,悦而能止,适可而止。艮为少男,兑为少女,女在上,男在下。

彖辞的后半部分对卦辞做了进一步的解析。天地相感,阳光雨露滋润大地。伟大的人能够和人民心心相通。相感是天下平安和谐的根本。要想了解事物的发展状态、状况,通过观察与它相感相应的对象,分析他们之间的关系,就能得到结果。

**大象:山上有泽,咸。君子以虚受人。**

**【注释】**

虚:虚心、不自满、不骄傲。

受:接纳、接受。

**【解说】**

山上有泽,山能承泽,泽能润山,万物才能在山上生长。郁郁葱葱,生机勃勃。山水相伴,山得泽润,山泽相应,故为“咸”。

山高泽低,山欲承泽,山中必有一凹地,泽水才能留住。咸的卦象给人们的启示是:态度谦虚,胸怀宽广,才能得到人们的拥护和支持。

**初六:咸其拇。**

**象曰:咸其拇,志在外也。**

**【注释】**

拇:手、脚的大指。

外:指九四在外卦。

**【解说】**

初六居卦之下,初爻为震爻,震为足,故初六有足指之象。初六居艮体,艮为止。指动而足未动、心未动,感应尚浅,故曰:“咸其拇。”但初六与九四相应,用情专一、真诚,故未言吉凶。

象曰:“志在外也。”虽然所感不深,但初六真诚,志在与九四相应。

**六二:咸其腓,凶,居吉。**

**象曰:虽凶居吉,顺不害也。**

**【注释】**

腓:小腿肚。

居:停住、静。

**【解说】**

六二在足之上,六二爻为坤爻。坤为多肉,有小腿肚之象,故曰:“腓。”腓附在小腿上,随股而动,不能自主。六二与九五相应又与九三相比,用情不专,有腓之象,故曰:“凶。”但六二中正,洁身自好,而不妄动,不动则吉,故曰:“居吉。”

象曰:“顺不害也。”六二阴变阳,下卦变为巽,巽为顺。六二坤爻,坤为顺。

六二能认清形势，顺势而为，不为利益所动，则不会被伤害。

**九三：咸其股，执其随，往吝。**

**象曰：咸其股，亦不处也。志在随人，所执下也。**

**【注释】**

执：执着、执意。

随：随从的、跟着的。

吝：过失。

亦：也、同样。

处：相处、交往。

**【解说】**

腓上为股，九三在下卦之上，互中有巽，巽为股，九三有股象。九三与上六相应，与六二相比。九三居下卦之极，欲进到上卦。九三与六二亲密，如影相随，不愿分离，故曰："执其随。"这使九三拖泥带水，不能专心与上六相应。上六见其不专，也不会好生相待，故曰："往吝。"

象曰："亦不处也。"上六因九三与六二关系密切，也就不愿与九三交往。

**九四：贞吉。悔亡。憧憧往来，朋从尔思。**

**象曰：贞吉悔亡，未感害也。憧憧往来，未光大也。**

**【注释】**

贞：中正有节操、正当。

悔亡：坏事走了，不好的事情不会发生。

憧憧：心神不定。

从：顺从。

尔：代词，指九四。

思：思路、思想、理念。

**【解说】**

九四由下卦进到上卦，股之上为腹、为心。从卦象上看九四在三阳之中，为中心之象。心为万感之源，初之拇，二之腓，三之股，五之脢，六之口颊辅舌，皆以心为主，与心有感。这个世界上没有不偏的心。九四以阳居阴位不中正，偏则不公。不公为是非之源、矛盾之源。坚持正道公道是解决矛盾、化解危机的必由之路，故爻辞诫之曰：“贞吉悔亡。”

九四阳变阴，上卦变为坎，坎为心。九四上上下下匆匆忙忙，欲与众人相交感。但很多人对九四持怀疑态度，并不信任他。故曰：“憧憧往来。”九四爻为巽爻，巽为入为进退，有憧憧之象。九四阳变阴，上卦变为坎，坎为心、为劳，为不停流动，为憧憧之象。

只有为数不多的朋友、亲信，认同他的思想而追随他，与他相感相应，故曰：“朋从尔思。”

象曰：“未感害也。”九四不当位，心若不正百害丛生。认识到自己的不足后能坚持正道，不受污染，不受腐蚀。

“未光大也。”九四位不当，本身有私心，还不够光明正大，不够伟大；九四为上卦之始，力量也还不够强大。既不伟大又不强大，故心志不坚，心意不定。

**九五：咸其脢，无悔。**

**象曰：咸其脢，志末也。**

**【注释】**

脢：脊背肉。

悔：过失。

**【解说】**

九五阳刚中正与六二相应，得咸之正。脢附在背上，与背相应。背不动则脢不动。下卦为艮，艮为止、为背。九四为心，九五在心之后，故曰：“脢。”

九五居尊位、高位，应胸怀天下，感格万邦，爱美人更爱江山，家庭事业两兼顾。故不言吉，只言无悔。

象曰：“志末也。”九五与六二相应，专心与六二相感，思路狭隘，没能充分发挥自己的优势，承担相应的责任和义务。

**上六：咸其辅颊舌。**

**象曰：咸其辅颊舌，滕口说也。**

**【注释】**

辅：人的颊骨。

滕：通“腾”，空出来。

滕口说：说空话。

【解说】

上六居咸之极,感应过分。过分而失去了真情,就转化为虚妄。上六为兑之主爻,兑为口有辅颊之象。故曰:“咸其辅颊舌。”

象曰:“滕口说也。”上六说空话、大话、虚话,只说不做无实际行动。

## 第三十二卦　恒

**巽下震上,卦画䷟读曰:雷风恒。**

**序卦曰:夫妇之道不可以不久也,故受之以恒。恒者,久也。**

【注释】

恒:持久、经常。持久是指长时间不变,经常是指常常、时常。

【解说】

恒有不易之恒,有不已之恒。不易之恒就是持久,不已之恒就是经常。太阳从东方升起,从西方落下,亘古不变。但太阳每天都是新的,它一刻也未停止过变动,始终处在变化中。

乾坤生六子:兑离震巽坎艮。震为长男,巽为长女。恒卦震在外,巽在内。男主外,女主内,夫妇之象。从爻象上看,三阳三阴,阴阳相应,为夫妇和谐长久之象,故卦名曰:“恒。”

**卦辞:亨,无咎,利贞。利有攸往。**

**彖曰:恒,久也。刚上而柔下,雷风相与,巽而动,刚柔皆应,恒。恒亨,无咎,利贞,久于其道也。天地之道恒久而不已也。利有攸往,终则有始也。日月得天而能久照,四时变化而能久成,圣人久于其道而天下化成。观其所恒而天地万物之情可见矣。**

【注释】

亨:通达、顺利。

咎:过失。

贞:正、坚定有节操。

攸:所。

往:行动。

【解说】

恒并不是一成不变，不变怎能长久？若要长久，就必须不断改革、创新。

恒有长久之意，做任何事情若不能坚持，必然半途而废。凡事通则久，久则变，变则通。恒能久能变，故曰："亨。"变是自我纠正、完善，故曰："无咎。"

恒卦上震下巽，上动下顺，上刚下柔，动静相因，刚柔相济。恒卦为夫妇之道，男动主外，女顺主内。所以恒卦表现的是正道，坚持或遵循这种正道就能长久，故曰："利贞。"

恒卦上动下顺，动就是变化、改良、改革、创新。只有运动才能保持平衡，平衡是一种相对的静，是恒的表现，故曰："利有攸往。"

彖曰："刚上而柔下，雷风相与，巽而动，刚柔皆应。"此为卦象。

"久于其道"，即长久地坚持恒之道。

"终则有始。"事物从始至终都在变化，一个事件的结束，就是另一个事件的开始。

日月在天上不停转动，才能永远高挂天空。冬去春来，寒暑交替，万物生、长、收、藏，人类才能一年一年延续下来。圣明而伟大的人，坚持宣传教育，弘扬先进文化，使人类走向文明。恒卦体现了万物和人类发展、进步的根本原因。

**大象：雷风，恒。君子以立不易方。**

【注释】

立：树立。

易：改变。

方：正直之心。

【解说】

八卦中乾为天，坤为地，兑为泽，离为火，坎为水，艮为山。这六卦有形有质，随着时间的推移，必然会发生变化。

震为雷，巽为风。天上雷地上风，无形无质，是一种能量，不会因为时间地点的变化，而改变性质。雷风相薄，风雷激荡，宽猛相济，宇宙长新，永远如此。故曰："恒。"

这个卦象提醒人们，做事要树立正直之心，能刚能柔，并要长久保持下去。

**初六：浚恒，贞凶，无攸利。**

**象曰:浚恒之凶,始求深也。**

**【注释】**

浚:疏通、挖深。

贞:正、坚定有节操。

攸:所。

**【解说】**

初六为恒之始,为事之始,才弱而志刚,急于求成。下卦为巽,巽为入。初爻居全卦之下,有深入而不出之象,故曰:“浚恒。”

深陷其中而不能自拔,越努力效果越差,欲速而不达,故曰:“贞凶,无攸利。”

象曰:“始求深也。”事情刚开始就盼望有很大的收获。期望过高,希望越大,失望越大。

**九二:悔亡。**

**象曰:九二悔亡,能久中也。**

**【注释】**

悔:悔恨、懊恼。

**【解说】**

九二阳居阴位,位不正,不正则难守恒道,故有“悔”。但九二居下卦之中,外阳内阴,外刚内柔,做事不偏激能适时改正,故曰:“悔亡。”

象曰:“能久中也。”九二处下卦之中,能长久持守中道,中为正,能随时纠正自己。

**九三:不恒其德,或承之羞,贞吝。**

**象曰:不恒其德,无所容也。**

**【注释】**

或:也许。

承:承受、接受。

羞:耻辱。

吝:困难。

容:包容。

【解说】

九三阳刚居上下卦之间,刚而易动,有得陇望蜀之象。九三为艮爻,艮为止,九三阳变阴,下卦变为坎,坎为流动,止而又动为不恒之象,故曰:“不恒其德。”

意志不坚定,朝三暮四,事业难成,也许会被耻笑。故曰:“或承之羞。”

九三阳居阳位,当位为贞、为正,虽正但“不恒其德”,故曰:“贞吝。”

象曰:“无所容也。”信仰不坚定,没有立场,就没有市场,没有容身之所、立足之地。

**九四:田无禽。**

**象曰:久非其位,安得禽也。**

【注释】

田:通“畋”,打猎。

禽:鸟兽的总称。

【解说】

九四由下卦升进到上卦,由巽入震。震为猎人,巽为禽,有田猎之象。猎人在前,禽在后,怎能猎到禽?故曰:“田无禽。”九四阳居阴位,为失位,九四为巽爻,巽为进退不果,劳而无获之象。

象曰:“久非其位。”九四位不当,这个位置不适合,难以发挥自己的作用。长时间坚持在这里,也不会有好的结果。

**六五:恒其德,贞,妇人吉,夫子凶。**

**象曰:妇人贞吉,从一而终也。夫子制义,从妇凶也。**

【注释】

贞:中正有节操。

制:规定。

【解说】

六五以阴居尊位、高位,外柔内刚。柔则和气而平易近人,刚则意志坚强立场坚定,中则做事恰当。六五有谦虚、坚定、恰当之德,能恒能贞,故曰:“恒其德,贞。”

六五与九二相应,恒为夫妇之道,六五为妇,则九二为夫。六五以恒德对待九二之夫（九二在内卦为家庭）。用情专一，全心全意，则家庭和睦，幸福长久，故曰："妇人吉。"

但阴阳都是相对的，若六五为夫，则九二为妇为家庭。六五以恒德对待家庭也不为错。但是作为一家之主，要想家庭兴旺发达，就不能近视，不能只看到自己的内部。要扩大视野，抬起头来向外看、向前看，要为自己的家庭指明正确的发展方向。只看内部是一种短视行为，对今后的发展不利。闭关自守，故步自封，时间越长越危险，故曰："夫子凶。"

象曰："从一而终也。"恒为夫妇之道，是家庭和睦幸福的根本原因。夫妇之间也要有明确的分工，恒卦下卦为巽、为顺、为贞，女顺于内而利贞，妇忠于夫而一心持家是家庭兴旺的前提。

"夫子制义，从妇凶也"。恒上卦为震、为动，男动于外，利有攸往。作为一家之主，最主要的责任是为家庭谋福利，为家庭成员指明前进的方向，确定奋斗目标。六五与九二相应，专心于家庭也不为错，但越俎代庖，势必造成矛盾。

**上六：振恒，凶。**

**象曰：振恒在上，大无功也。**

**【注释】**

振：振动。

**【解说】**

上六居恒卦之终，应为恒道已成之时。但上卦为震、为振，上六为震之极。震而不止、震而频，为振。恒之道是动静有常、有序、有规律，振违反恒道，故曰："凶。"

象曰："大无功也。"频繁动摇，怎能成功？

## 第三十三卦　遁

**艮下乾上，卦画䷠读曰：天山遁。**

**序卦曰：物不可以久居其所，故受之以遁。遁者，退也。**

**【注释】**

遁：逃避、逃走。

【解说】

遁卦上乾下艮,乾为天、为健行、为高、为远,艮为山、为小人。艮山高耸而侵凌天,天退而避之,为遁之象。

从爻象上看,二阴在下浸长而逼阳,阳见阴势渐大,不与之争锋,退而避之,为遁之象。

**卦辞:亨。小利贞。**

**彖曰:遁亨,遁而亨也。刚当位而应,与时行也。小利贞,浸而长也。遁之时义大矣哉!**

【解说】

遁卦阴渐长,阳渐消,阴逼阳,这是大势所趋。阳能看清形势,不做无谓的抗争,顺势而为,保存实力等待时机、等待复兴。就像草木百果,秋天来了,它不再争奇斗艳,而是将花变为种子,等待下一个春天。互卦中有巽,巽为顺、为进退,顺时而为,当进则进,当退则退。退而能保存实力,保存住复兴的种子。退是为了更好发展,故曰:"遁亨。"

卦中六二与九五相应,九五阳刚中正居尊位。虽然阴盛而逼阳,但阳仍有相当的实力、相当的影响力,还可以发挥自己中正的作用。但大形势不利,只能小有发挥,故曰:"小利贞。"

彖曰:"刚当位而应,与时行也。"九五阳刚当位,六二阴柔当位,九五与六二相应。九五对形势把握得非常正确,能顺势而为,顺应时势,保存实力,留得青山在,不愁没柴烧。

"浸而长也。"二阴在下,其势渐长渐大,阴进而阳退。

"遁之时义大矣哉!"顺势而为,当退则退,遁卦有很强的现实意义。

**大象:天下有山,遁。君子以远小人,不恶而严。**

【注释】

恶:讨厌、憎恨。

严:严肃。

【解说】

天下有山是遁的卦象。山势高耸而侵凌天,山比小人,天比君子,小人势盛。君子处在这样的环境中,不与小人同流合污,而是保持一定的距离,但并无憎恶之情状、恶狠之语言。貌似威严,不可侵犯,使小人敬畏。

**初六:遁尾,厉,勿用有攸往。**

**象曰:遁尾之厉,不往何灾也?**

**【解说】**

初六以阴居阳,才弱志强。言行不能一致,欲遁而不彻底,行动缓慢,留下了尾巴。初六为最下,也为最后,艮为尾,故曰:“遁尾。”遁而留尾则不为遁,故不能亨,不符合遁之道,故曰:“厉。”

遁而有尾,就会被发现,进而有人会阻止其遁,遁不成灾必来,故爻辞诫之曰:“勿用有攸往。”

象曰:“不往何灾也?”遁而有尾,故不能遁。虽不得遁,但洁身自好而不同流合污,可避灾。

**六二:执之用黄牛之革,莫之胜说。**

**象曰:执用黄牛,固志也。**

**【注释】**

执:捆绑。

革:皮革。

莫:不,不要。

胜:达到目的。

说:通“脱”。

固:牢固、牢靠、坚定。

**【解说】**

艮为手有执象,互中有巽,巽为绳。六二为坤爻,坤为黄牛。用黄牛皮做的绳子捆绑他,故曰:“执用黄牛之革。”

六二以阴居下卦之中,是逼阳的骨干和领导力量。但他也知道阳的重要作用,天下不能无阳,极力拉拢。六二与九五正应,见九五欲遁,用尽手段挽留,使他不能逃脱,故曰:“莫之胜说。”

象曰:“固志也。”九五欲遁,六二用手段使他不得遁,迫使他放弃逃遁的想法。

**九三:系遁,有疾,厉,畜臣妾吉。**

**象曰:系遁之厉,有疾惫也。畜臣妾吉,不可大事也。**

**【注释】**

系:捆绑。

疾:疼痛、外因造成的病痛。

厉:挫折。

臣:古时对奴隶的称呼。

妾:婢女。

惫:极度疲乏。

**【解说】**

九三与六二阴阳相比,九三欲遁,但六二牢牢地抓住他不放。互中有巽,巽为绳、为系,故曰:"系遁。"

九三欲遁不能,自己的愿望不能实现,郁郁寡欢,心情非常痛苦,非常矛盾,故曰:"有疾,厉。"

九三以阳居阳当位,既不能遁,又不愿为虎作伥。为了避免受到猜忌,故意收养一些奴隶、婢女,求财求乐,使人感到胸无大志,则可获吉。

象曰:"疾惫也。"九三和六二阴阳相比,九三欲遁,六二系之。九三遁也不能,留也不安,感到非常痛苦,身心疲惫。

"不可大事也。"九三与六二最近,六二挽留九三是表面现象,本质上是排挤逼迫。在六二处根本没有九三的用武之地,不能有大的作为,否则会生祸。

**九四:好遁,君子吉,小人否。**

**象曰:君子好遁,小人否也。**

**【注释】**

好:喜爱。

**【解说】**

九四与初六相应,从表面上看初六喜欢九四,故曰:"好遁。"而实际上阴迫阳是大形势,初六只是想利用九四之才,以达到沽名钓誉的目的。遁卦上卦为乾、为君子,下卦为艮、为小人,九四外阳内阴,阳为君子,阴为小人,九四既有君子的一面,也有成为小人的一面。九四若能认清形势,不为眼前现象和利益所迷惑,下决心遁去,则可避祸,故曰:"君子吉。"若目光短浅,执迷不悟,为初六利用，之后可能会带来灾祸，故曰："小人否。"

象曰："君子好遁，小人否也。"君子能认清形势，决心远遁，小人则目光短浅而不遁。

**九五：嘉遁，贞吉。**

**象曰：嘉遁贞吉，以正志也。**

**【注释】**

嘉：美好。

**【解说】**

九五阳刚中正，明察秋毫，知道事不可为，决然远去，思想坚定，行动果断，无丝毫犹豫，行为可嘉，故曰："嘉遁。"中正为贞，故曰："贞吉。"

象曰："以正志也。"九五与六二相应，但不为六二所利用，决心远遁，意志坚定，足以使六二感到可敬，足以正六二之志。

**上九：肥遁，无不利。**

**象曰：肥遁无不利，无所疑也。**

**【注释】**

肥：宽大、宽裕。

疑：疑虑。

**【解说】**

上九为卦之极，为遁道已成之时。上九居全卦之上，无应无比，无牵无挂，遁得从容自如。心宽自然体胖，故曰："肥遁。"

上爻为兑爻，上爻阳变阴，上卦变为兑，兑为悦、为朋友讲习，有从容自如之象。以从容的态度做事，又没有阻碍，自然无往不利，故曰："无不利。"

象曰："无所疑也。"上六高居卦外，坚决远遁；又因为远离群阴，也不会受到怀疑。

## 第三十四卦　大壮

**乾下震上，卦画䷡读曰：雷天大壮。**

**序卦曰：物不可终遁，故受之以大壮。**

**【注释】**

壮:健壮有力、有气魄。

**【解说】**

从卦象上看,下卦为乾天,上卦为震雷,雷震天上,声势浩大,为大壮之象。乾为刚健,震为动,刚健而动,雄壮有力,即大壮之象。

从爻象上看,四阳在下,阳长阴消,阳长到四,阳气旺盛,阳为大,故卦名曰:"大壮。"

**卦辞:利贞。**

**彖曰:大壮,大者壮也。刚以动,故壮。大壮利贞,大者正也。正大,而天地之情可见矣。**

**【注释】**

贞:正、中正有节操。

**【解说】**

大壮卦,阳气过盛,过壮。盛气凌人,恃强凌弱。欺人之柔,狂妄自大。刚愎自用,不再谦虚。这是错误的根源,也是衰败的根源。故卦辞诫之曰:"利贞。"大壮之时,做事要适宜、要正,才能持盈保泰,才能维持壮盛之势。

彖曰:"刚以动,故壮。"下卦乾为刚健,上卦震为动。乘刚而动,故壮。

"大者正也。"能保持壮大之势,是因为能正。

"正大,而天地之情可见矣。"从大壮卦可以发现,能正则能大能久,这是客观规律。

**大象:雷在天上,大壮。君子以非礼弗履。**

**【注释】**

礼:共同遵守的仪节、尊敬的态度或动作,礼是正的表现。

履:脚步、踩在上面,引申为涉及。

**【解说】**

雷在天上是大壮的卦象,气势雄壮。"非礼弗履",就是做事要正,就是卦辞所说的利贞。

**初九:壮于趾,征凶,有孚。**

**象曰:壮于趾,其孚穷也。**

【注释】

趾:脚。

征:征讨。

孚:信用、使人信服。

穷:达到极点、极限。

【解说】

初九阳刚居大壮之初,资历尚浅,能力尚小。初爻为震爻,震为足,有趾之象,故曰:“壮于趾。”只是脚很壮,比喻还不强大。

初九只是脚上功夫比较厉害,其他方面还不行,却要用刚用强,必然会遇到挫折,甚至失败,或有凶灾。初爻为震爻,震为动、为征,故曰:“征凶。”

初爻与四爻相应,初爻诚心追随九四,诚为孚,故曰:“有孚。”但躁动而鲁莽,不仅不能成事,反而会坏事。

象曰:“其孚穷也。”初九以刚居刚,诚信做事,以阳追阳,但态度极端,过刚易折。

**九二:贞吉。**

**象曰:九二贞吉,以中也。**

【注释】

贞:正、坚定有节操。

以:因、由于。

【解说】

九二以阳居下卦之中,外阳内阴,外刚内柔。有才德而内心谦虚,处壮而不用壮。做事情刚柔相济,不偏不倚,容易成功,故曰:“贞吉。”

象曰:“以中也。”九二在下卦之中,中为正、为贞。

**九三:小人用壮,君子用罔,贞厉。羝羊触藩,羸其角。**

**象曰:小人用壮,君子罔也。**

【注释】

罔:无、没有。

贞:正、坚定有节操。

厉:挫折、困难。

羝:公羊。

藩:篱笆。

羸:瘦弱。

【解说】

九三为艮爻,艮为小人。九三阳变阴下卦变兑,兑为小人。作为小人的一面,九三过刚而不中,用刚、用强,故曰:“小人用壮。”

下卦为乾,乾为君子,故九三既有小人的一面,又有君子的一面。作为君子的一面,他有刚而不用,有壮而不用,故曰:“君子用罔。”

九三以刚居刚,当位。但用刚、用壮反而会遭遇挫折,故曰:“贞厉。”

“羝羊触藩,羸其角”是爻象,九三为阳爻,九三阳变阴,下卦变为兑,兑为羊。上卦为震,震为篱笆。九三欲进到上卦,故曰:“羝羊触藩。”公羊欲用角顶破篱笆,结果被篱笆夹住,故曰:“羸其角。”

象曰:“小人用壮,君子罔也。”这是告诫人们不要恃刚用壮,否则就像公羊撞篱笆,角反被夹住了,自食其果。

**九四:贞吉。悔亡。藩决不羸,壮于大舆之輹。**

**象曰:藩决不羸,尚往也。**

【注释】

贞:正、中正有节操。

悔:懊悔、悔恨。

舆:大车。

輹:通“辐”,指车轮上的辐条。

决:冲开。

尚:尊崇。

往:行动、向前。

【解说】

九四由下卦进到了上卦,由乾入震,壮势已成。九四以阳居阴,外刚内柔,刚柔相济。此时九四不恃强用刚,故爻辞诫之曰:“贞吉。”持正则吉,正则无悔,故曰:“贞吉。悔亡。”

震为藩篱,九四阳变阴,震变坤,坤为平地,藩篱没了,故曰:“藩决不羸。”

九四阳刚壮势已成，九四变，上卦变为坤，坤为大舆。九四为巽爻，巽为木，有车之象、辕之象，比大车的辐条还要强壮，故曰："壮于大舆之輹。"

象曰："藩决不羸，尚往也。"九四由乾入震，阳的力量更加壮大，阻止进步的障碍也消除了。这时九四要继续发扬奋斗不息的精神，勇往直前，争取更大的胜利。

九四为巽爻，巽为进退不果，为犹豫不决。九四爻与阴爻最近，靠近阴爻。"尚往"是给九四鼓劲，为以阳胜阴而呐喊：宜将剩勇追穷寇，不可沽名学霸王。

**六五：丧羊于易，无悔。**

**象曰：丧羊于易，位不当也。**

**【注释】**

丧：去掉。

易：通"场"，广阔的地方。

**【解说】**

六五以阴居上卦之中，外柔内刚。大壮发展到五爻，由刚变为柔，不再显示壮的一面。改变了壮而鲁莽、冒失的做法。羊有角好触，有壮象。大壮互卦有兑，兑为羊，故曰："丧羊于易。"

六五由阳入阴，六五之下为乾，乾为郊，六五有郊外之象。郊外为场、为广阔的地方。客观决定主观，环境可以改变人的思想。不在群羊之中，也就放弃了大壮的态度，故曰："丧羊于易。"

过壮使人有悔，既然不壮，故曰："无悔。"

象曰："位不当也。"六五以阴居阳，不当位。但正是因为不当位，才使得六五能刚能柔，丢掉鲁莽的性格。

**上六：羝羊触藩，不能退，不能遂。无攸利，艰则吉。**

**象曰：不能退，不能遂，不祥也。艰则吉，咎不长也。**

**【注释】**

遂：前进。

艰：艰难、艰苦。

祥：吉祥。

咎：困难、凶。

【解说】

上六居卦之极,前面已经没有发展的空间,就像有藩篱挡住了前进的道路。上六阴变阳,上卦变为离,离为网,有藩篱象。上卦为震、为木、为藩篱。上六为兑爻,兑为羊,故曰:“羝羊触藩。”

上六阴柔,居大壮之极,才弱志弱,但为形势所迫,骑虎难下。上六为兑爻,兑为羊,就像羝羊触藩,有不能进退之象,故曰:“不能退,不能遂,无攸利。”

事业不能如意,何利之有?但上六当位,明白自己的艰难处境。艰苦奋斗,谨慎做事,不用壮则峰回路转,柳暗花明又一村,故曰:“艰则吉。”

象曰:“不祥也。”上六处大壮之极,刚愎自用而不仔细研究一下自身和客观条件,不能知己知彼。

“咎不长也。”上六处在即将变革的时机,认识到自己的不足之后,改正了不足,艰苦奋斗,也就迎来了希望和成功。

## 第三十五卦　晋

**坤下离上,卦画䷢读曰:火地晋。**

**序卦曰:物不可以终壮,故受之以晋。晋者,进也。**

【注释】

晋:进、向前。

【解说】

晋上卦为离、为日、为火,火炎上;下卦为坤、为地,日出地上,有升进之象。日出地上,阳光普照大地,万物皆因阳光而生长。离为牛,坤亦为牛,牛温顺而善行,有进之象,故卦名为“晋”。

**卦辞:康侯用锡马蕃庶,昼日三接。**

**彖曰:晋,进也。明出地上,顺而丽乎大明,柔进而上行。是以“康侯用锡马蕃庶,昼日三接”也。**

【注释】

康:安宁、富裕。

侯:爵位。

锡:通“赐”,赏赐。

庶:众多、数量多。

昼:白天。

接:接见、迎。

【解说】

晋上卦为离、为明,下卦为坤、为顺;晋为升进,是国家处在上升进步时期,社会处于良好的发展阶段。君明臣良,一派祥和景象,是和谐的小康社会。

在这样的环境中,尽职尽责地工作,能够取得显著成绩,贤明的领导者会给予正确的支持和鼓励。坤为平安、为丰裕,坤为侯,故曰:“康侯。”康侯因为成绩显著受到君王多次奖赏,得到了马匹等很多财物。坤为众、为蕃庶。有时一个白天要接受多次赏赐,故曰:“用锡马蕃庶。”离为日、为昼,离为三数,故曰:“昼日三接。”

象曰:“明出地上。”晋卦坤为地,离为日、为明。

“顺而丽乎大明。”坤为顺,离为丽、为附。

坤为柔、为牝马、为牛,柔顺而能远行,离为明、为日、为火,火上炎。故象曰:“柔进而上行。”

晋卦表现的是一个和谐文明的小康社会,国家富强,人民安居乐业。君臣同心同德,上下一心。

**大象:明出地上,晋。君子以自昭明德。**

【注释】

昭:表明、显示。

【解说】

晋上卦为离、为日、为明,下卦为坤、为地。日出地上,阳光普照大地。

万物生长靠太阳,太阳赶走了黑暗,给大地和人类带来了光明,给人间送来了温暖和希望,送来了绿洲、鲜花和果实。

世上的君子要像太阳一样用自己的德行和才能为社会做贡献,使人间充满阳光,充满温暖,充满爱。

**初六:晋如,摧如,贞吉,罔孚,裕无咎。**

**象曰:晋如摧如,独行正也。裕无咎,未受命也。**

**【注释】**

如:在词尾,表示状态。

摧:破坏、折断。

贞:正、坚定有节操。

罔:无。

孚:诚信。

裕:丰富、宽绰、使富足。

命:命令。

**【解说】**

初六外阴内阳,外柔内刚。初爻为震爻,初爻阴变阳,下卦变为震,震为行、为动。初六与九四相应,欲向上,故曰:"晋如。"

九四见初六之进有些急躁冒失,不仅不予帮助,反而加以阻止,使初六的行动计划受到破坏,不能实现,故曰:"摧如。"

晋以柔进而上行为正,若恃刚而进是为不正,必然会受到打击。只有柔进才能获吉,得到支持获得成功,故曰:"贞吉。"初六位不中正,行为不符合晋之道(柔进),故曰:"贞吉。"这是警诫初六要正。

初六受到九四的阻碍是因为初六急躁冒进,没有得到九四的信任,故曰:"罔孚。"

初六如果认识到自己的处境和缺点,改变心态,做好充分的准备,放松心情,循序渐进,则不会受到阻碍或伤害,故曰:"裕无咎。"

初六为震爻,急躁、速度快,其他人不理解,跟不上形势。初六的行为不能为九四所理解,受到九四的阻挠。初六孤军深入,故曰:"独行。"但初六能进的行为,大方向是正确的,故象曰:"独行正也。"

象曰:"未受命也。"初六居晋卦之初,功名还不显著,与六五无应无比,未受到六五的命令。

初六要增强才干,从精神和物质上丰富自己,故象曰:"裕无咎。"

**六二:晋如愁如,贞吉。受兹介福,于其王母。**

**象曰:受兹介福,以中正也。**

【注释】

愁:忧虑。

兹:这。

介:大。

以:因为。

福:福利,即卦辞中的“锡马蕃庶”。

【解说】

六二为下卦之主,在进的过程中不但要把握好自己,还要对初六和六三负责,因责任重大,要考虑到方方面面。坤为忧、为愁,故曰:“晋如愁如。”忧虑也是负责任的表现。

六二阴居阴位,居下卦之中,六二之进柔而能中,故曰:“贞吉。”

六二与六五相应,六五居尊位为王位,阴爻为母,故曰:“王母。”晋卦是王母当政。六二是一个负责任的中正之臣,王母对他厚爱有加。为表彰他的功绩,赏赐了大量的财物。六二恭敬地接受了。互中有艮,艮为手,坤为收受。六五爻为乾爻,乾为富、为福、为赐,故曰:“受兹介福,于其王母。”六二接受了王母的赏赐。

象曰:“以中正也。”六二以阴居下卦之中,当位而中。能中正是贤臣,在晋之世,必然有作为、有功绩,也必然受到上级的重视,受到表扬、奖励。

**六三:众允,悔亡。**

**象曰:众允之,志上行也。**

【注释】

允:允许、同意。

悔:懊恼。

【解说】

六三为下卦之终,处上下卦之间,有向上卦发展的趋势。初六和六二是六三的同类,九四与六三相比,上九与六三相应。六三向上发展受到众爻的支持,故曰:“众允。”

六三阴居阳位,位不正。不正则行为有偏差,所以有悔。但能得到众人的支持、帮助和理解,悔就消除了,故曰:“悔亡。”

象曰:“志上行也。”六三外柔内刚,志在从上,这种积极向上的态度获得了众人的支持。

**九四:晋如鼫鼠,贞厉。**

**象曰:鼫鼠贞厉,位不当也。**

**【注释】**

鼫鼠:鼯鼠,昼伏夜出,居在洞中。

贞:正、坚定有节操。

厉:警惕。

**【解说】**

九四外阳内阴,已经升进到上卦,居于高位,与六五相比,其本应积极辅佐六五,但九四不能正确对待阴上阳下的状态,就像鼯鼠藏在树洞里,昼伏夜出,不敢面对光明。

九四为巽爻,巽为伏、为进退不果。九四阳变阴,上卦变为艮,艮为止、为不动。巽为木,有树象,艮为鼠,晋卦互卦有艮、有坎,坎为鼠、为隐伏、为夜,故曰:“晋如鼫鼠。”

鼠性贪,居高位而贪而懒,无光明和进取之心,必然阻碍社会进步。故爻辞曰:“贞厉。”“贞”是让人遵循晋之道(柔进而上行,丽乎大明)。“厉”是警诫人们要怀有警惧之心,戒贪戒懒。

象曰:“位不当也。”九四阳居阴位,又居六五之下,为不当位。位不当则爻的行为不当。

**六五:悔亡,失得勿恤。往吉,无不利。**

**象曰:失得勿恤,往有庆也。**

**【注释】**

恤:忧虑。

往:前往、主动去做。

庆:祝贺、可贺的事情。

**【解说】**

六五居尊位,九四比近六五,贪而弄权(九四为巽爻,巽为行权),使得下情不能上达,隔绝视听。才德之士不能为六五所用,所以有悔。但是六五外柔内刚,居离明之体,能够洞察奸邪,不为九四所蒙蔽,故曰:“悔亡。”

六五远小人近君子。君子之交淡如水,小人之交甘若醴。原来的甜言蜜语、阿谀奉承没有了,安乐窝也没有了。但这是好事,塞翁失马,焉知非福。互卦中有坎,坎为心忧,为恤,故曰:“失得勿恤。”

六五有离明之德,居高位、尊位。六五欲晋,就必须有良好的群众基础。六五为乾爻,六五阴变阳,上卦变为乾,乾为健行。爻辞鼓励六五主动与群众打成一片,主动联系基层。走群众路线,才有前途,才能利国利民,故曰:“往吉,无不利。”

象曰:“往有庆也。”不要因为眼前的得失而忧虑,要勇敢地主动走出去,深入基层了解群众,奖励能人和功臣,就会收到可喜可贺的回报。

**上九:晋其角,维用伐邑。厉吉,无咎,贞吝。**

**象曰:维用伐邑,道未光也。**

**【注释】**

维:文言助词。

厉:磨难。

光:光大。

**【解说】**

上九阳刚在上,居晋之极,极为过。过刚而在上,有角之象。离为甲、为戈,上九为兑爻,兑为羊、为角,故曰:“晋其角。”

羊善触好斗。上九变,上卦变震,震为战斗、为伐,故曰:“维用伐邑。”上九与六五阴阳相比,邑指九四,九四与六五阴阳不和,上九奉六五之命讨伐九四。

战争是危险的事情,只有保持高度的警惕性才能避免伤害。战争还可以锻炼人、磨砺人,有它积极的一面。受到磨砺和挫折也是好事,故曰:“厉吉。”

是战争就有破坏和伤亡,但上九是奉命伐罪,故曰:“无咎。”

这场战争师出有名,但上兵伐谋,其次伐交,其次伐兵,其下攻城。出兵讨伐是下策,虽正也有咎,故曰:“贞吝。”

象曰:“道未光也。”晋之道是君明臣良,晋上九要用武力讨伐不顺之臣,是晋之道没有发扬光大。

# 第三十六卦 明夷

**离下坤上，卦画☷☲读曰：地火明夷。**

**序卦曰：进必有所伤，故受之以明夷。夷者，伤也。**

**【注释】**

明：光明。

夷：平、弄平、消灭。

**【解说】**

明夷上卦为坤、为地，下卦为离、为日、为明。日入地中，光明被掩，故卦名为“明夷”。

**卦辞：利艰贞。**

**彖曰：明入地中，明夷。内文明而外柔顺，以蒙大难，文王以之。利艰贞，晦其明也，内难而能正其志，箕子以之。**

**【注释】**

利：适宜。

艰：艰苦、艰辛。

贞：正、坚定有节操。

蒙：受。

**【解说】**

晋卦描述的是君明臣良的时代，而明夷则是暗主当道。离火在下为坤土所掩盖，火势不能上炎，光明得不到发挥。在这样的环境下，为避免受到伤害，为渡过时艰，就要敛光匿彩，韬光养晦。

日落于地还会升起，用晦是为了复明。日落于地但并没有停止运动，其始终在走向复兴，奔向光明。明夷下三爻为离，三爻均当位而正，故曰：“利艰贞。”

彖曰：“内文明而外柔顺。”内卦为离、为明，外卦为坤、为柔、为顺。

“以蒙大难，文王以之。”文王被纣王囚禁，身受大难，但他内有文明之德才，外有柔顺之态度，终于渡过难关。

“晦其明也。”不显摆自己，不故意显示自己，身处逆境，操守不变。

"内难而能正其志，箕子以之。"离卦在内为坤土所掩，有光明受难之象。离卦三爻皆正，故曰："内难而能正其志。"箕子正是这样做的。箕子是商纣王的皇族，佯装疯癫，才免受迫害，周灭商后被封为朝鲜王。

**大象：明入地中，明夷。君子以莅众，用晦而明。**

**【注释】**

莅：到。

晦：昏暗不明。

**【解说】**

大象从另一角度对卦象作了解释和引申。离火在下，离为明，离中虚，为谦虚之君子；坤土在上，坤为大众。深入基层，联系群众，要有一颗谦虚的心。

不炫耀，不恃才傲物，潜心学习，博采众长，兼收并蓄，积聚力量，就能再创辉煌。

**初九：明夷于飞，垂其翼。君子于行，三日不食。有攸往，主人有言。**

**象曰：君子于行，义不食也。**

**【注释】**

飞：指飞鸟。

翼：鸟翅膀。

攸：所。

言：不同的意见。

义：公正合宜的、合乎正义的。

**【解说】**

初九为明夷之始，刚刚受伤，且伤不重。但初九居离明之体，意识到在这个环境中还会受到更大的伤害，便毅然逃离。离为飞鸟，初为震爻，为足、为翅，初爻阳变阴，离变为艮，艮为止，有垂翼之象，故曰："明夷于飞，垂其翼。"此处比喻鸟儿受伤后，不再振翅高飞，而是垂翼滑翔，寻找能够安身的栖息之地。

这里把离比作明白事理的君子，君子受到伤害后，为逃避迫害，选择离开，去寻找安身之地，故曰："君子于行。"

离为大腹，离中虚，有空腹不食之象。离数为三，故曰："三日不食。"因行动仓促，三天没吃东西。

初九与六四相应,六四在高位为初九之主,六四见初九不告而别,便心生意见和看法,故曰:“有攸往,主人有言。”

象曰:“义不食也。”君子不食嗟来之食。初九既然选择了离开,也就不再留恋原来的事物。

**六二:明夷,夷于左股。用拯,马壮吉。**

**象曰:六二之吉,顺以则也。**

【注释】

股:大腿。

拯:援救。

壮:健壮、有力。

则:规则。

【解说】

六二为下卦之主,柔顺中正,居离明之体,有内明外顺之德。六二与六五相应而不相得为敌应,六二为臣,六五为暗主。六五不容六二,而伤害六二,故曰:“明夷。”六二为肱股之臣,按爻位,初爻为足,六二在足之上,故曰:“股。”古时君立于左,臣立于右,左为阳、右为阴,股之伤来自左,来自君,故曰:“夷于左股。”

但伤在股,未伤身,还没有伤到要害,用健壮的马可以救出。使用强有力的手段,可以摆脱困境,故曰:“用拯,马壮吉。”六二阴变阳,下卦变为乾,乾为健、为马,有马壮之象。

象曰:“顺以则也。”六二为坤爻,坤为顺。六二内文明外柔顺,能够顺应客观形势,最终摆脱大难,建功立业,成为天下人的榜样。

**九三:明夷于南狩,得其大首,不可疾贞。**

**象曰:南狩之志,乃大得也。**

【注释】

狩:打猎,古代指冬天打猎。

首:首领。

疾:急速。

贞:中正有节操。

志:意向、决心。

【解说】

九三阳刚居下卦之上,有才有德,能力出众,为上六所用(与上六相应)。下卦为离,离为南方、为兵戈、为箭矢;九三阳变阴,下卦变为震,互卦中有震,有狩猎之象,故曰:“南狩。”

九三武艺高强,捕获的猎物大,故曰:“得其大首。”

离为网,狩猎网开一面,小的让其逃脱,事情不能做绝,资源不可耗尽,要为后来的发展留下空间,故爻辞诫之曰:“不可疾贞。”

象曰:“乃大得也。”明夷是暗主当道,为免受伤害而去狩猎(玩物丧志),可消除猜忌,达到韬光隐晦的目的。

**六四:入于左腹,获明夷之心,于出门庭。**

**象曰:入于左腹,获心意也。**

【注释】

腹:肚子。

获:得到。

心:思想。

【解说】

六四由离入坤,坤为腹,坤为陪主,故曰:“入于左腹。”

六四为近臣,对主人的言行思想及当时的环境,六四都非常清楚,故曰:“获明夷之心。”

当此明夷之时,光明受到伤害,留则有祸,弃暗投明是保全自己的最好办法,故曰:“于出门庭。”

六四为巽爻,巽为进退;六四阴变阳,上卦变为震,震为行;离为明室,去坤入离,走向光明,故曰:“于出门庭。”

象曰:“入于左腹,获心意也。”六四为心腹之臣,非常清楚主人的思想动态。

**六五:箕子之明夷,利贞。**

**象曰:箕子之贞,明不可息也。**

【注释】

利:宜、适合。

贞：正、坚定有节操。

**【解说】**

箕子是纣王宗亲。纣王荒淫无道，箕子谏之不听。有人劝说他离开纣王，箕子说：谏不听而离开是彰显君之恶行，而自取悦于民，我不忍心这样做。不久箕子披头散发佯装疯癫，为奴为佣，终于逃过了纣王的迫害。

六五阴柔居尊位，位高而能持中，不偏激不退避，能隐忍，有箕子之象。六五阴变阳，上卦变为坎，坎为险、为隐伏，故曰："箕子之明夷。"

装疯卖傻必须有坚强的意志，否则容易弄巧成拙，故曰："利贞。"

象曰："明不可息也。"复明的希望始终不能熄灭，必然会迎来光明。

**上六：不明，晦。初登于天，后入于地。**

**象曰：初登于天，照四国也。后入于地，失则也。**

**【解说】**

上六为明夷之极也为坤之极，坤为暗，故曰："不明，晦。"

不明而又晦表示非常暗，上六为暗主，昏暗皆从上六来。上六居高位，故曰："初登于天。"

但昏暗之主是非不分，贤愚不辨，残害忠良，自毁长城，必然会走向万劫不复的深渊，故曰："后入于地。"

象曰："初登于天，照四国也。"世上不乏德才兼备的贤人，他们像日月一样光芒万丈。

"后入于地，失则也。"明夷之世，暗主当道，光明受伤，所以有文王被囚于羑里，箕子佯狂为奴之事，此皆纣王失道所致。

## 第三十七卦　家人

**离下巽上，卦画䷤读曰：风火家人。**

**序卦曰：伤于外者必反于家，故受之以家人。**

**【注释】**

家：家庭、人家。

家人：治家之道。

【解说】

巽为风、为木，离为火。木生火，火上炎而生风。风火相亲相助，有家人之象。

上卦为巽、为入，下卦为离、为火。离火上炎，上下交融。巽为风、为和，离为明、为文明。和睦而文明，家人之道。

从爻象上看，六二正位于内，九五正位于外，女主于内，男主于外，家人之象。

家人卦互卦中有水、有火，水和火为家庭必需，故卦名为“家人”。

**卦辞：利女贞。**

**彖曰：家人，女正位乎内，男正位乎外。男女正，天地之大义也。家人有严君焉，父母之谓也。父父子子，兄兄弟弟，夫夫妇妇，而家道正。正家而天下定矣。**

【注释】

利：适宜、适合。

贞：正、中正有节操。

严：严肃。

【解说】

家人卦，九五中正在外，六二中正在内。男有室，女有家。家道以女为主，女正则家道正。

家人上卦为巽、为长女，下卦为离、为中女，互中又有离，卦中以女为主。巽为风、为柔顺、为和顺，离为丽、为明。和顺而文明，则家道正，故曰：“利女贞。”

彖曰：“女正位乎内。”六二在内卦而当位。“男正位乎外。”九五当位在外卦。一家之中有父母，有父子，有兄弟姊妹，有夫妇。男男女女，熙熙攘攘。

“男女正，天地之大义也。”男女正，则家道正，家道正则天下正，由家而国，正家的意义非常重要。

**大象：风自火出，家人。君子以言有物而行有恒。**

【解说】

巽为风，离为火。火燃风生，风助火势，风与火相亲相助，有家人之象。巽为风、为教化，有言之意。言之无物，言词空洞，则不能成教化之功。

巽为进退，为行。君子之善行应坚持不懈，不懈源自内心永恒的信念。就像风无火助风易停，故曰："言有物而行有恒。"

**初九：闲有家，悔亡。**

**象曰：闲有家，志未变也。**

**【注释】**

闲：栅栏、预防。

志：意向、意志。

**【解说】**

初九为震爻，震为木，有栅栏之象。初爻阳变阴，下卦变为艮，艮为门、为止、为居，有家之象。

初为子，孩子很小，外面有狼有虎非常危险，必须把他们拦在家里，才能安全，故曰："闲有家。"安全则无悔，故曰："悔亡。"

初为家人之始，家庭刚刚建立，就像一张白纸，要画最新最美的图画，就要做好计划，建立规章制度，防止乱涂乱画。要防微杜渐，避免失误，避免人祸，故曰："闲有家，悔亡。"

象曰："志未变也。"家庭成立之初就制定了防范措施，使美好的心愿能够实现。

**六二：无攸遂，在中馈，贞吉。**

**象曰：六二之吉，顺以巽也。**

**【注释】**

攸：所。

遂：成功、实现。

馈：赠送。

**【解说】**

六二与九五相应。九五为夫，主于外；六二为妇，而主于内。六二柔顺中正为贤内助，全力帮助九五成功，故曰："无攸遂。"

六二居中得正，行事公平，而且乐于奉献，故曰："在中馈。"

六二做事公正，家庭和睦而兴旺，故曰："贞吉。"

象曰："顺以巽也。"六二为坤爻，柔顺中正，与九五相应，能认清形势，服从大局。

**九三:家人嗃嗃,悔厉吉。妇子嘻嘻,终吝。**

**象曰:家人嗃嗃,未失也。妇子嘻嘻,失家节也。**

**【注释】**

嗃嗃:严厉之貌。

悔:后悔、懊恼。

厉:磨砺、磨难。

嘻嘻:嬉笑的样子。

吝:有过错不能悔悟而向凶转化。

节:礼节、操守。

**【解说】**

九三阳刚居下卦之上,像威严的一家之主。九三为艮爻,艮为虎,有威猛之象,故曰:“家人嗃嗃。”

家有严君,稍有过错则被训斥,故曰:“悔厉。”但训斥之后能改正错误,不致酿成灾祸,故曰:“吉。”

九三阳变阴,下卦变为震,震为雷有威之象。震又为音乐有和乐之象,故爻辞曰:“妇子嘻嘻。”

家人之间嬉皮笑脸,虽然和乐,但失去了原则和伦理。缺点得不到纠正,难以成人成才,结果反而不好,故曰:“终吝。”

象曰:“未失也。”虽然严厉,但没有丢掉家的责任。

“失家节也。”没有规矩则不成方圆,嬉笑散漫,不是好家风。

**六四:富家,大吉。**

**象曰:富家大吉,顺在位也。**

**【解说】**

六四,由下卦进到上卦,提高了一个档次。六四与九五相比,地位显赫,故曰:“富家。”六四为巽爻,巽为近利市三倍,六四阴变阳,上卦变为乾,乾为富,故曰:“富家。”

六四与九五相比与初爻相应,富有而和谐,故曰:“大吉。”

象曰:“顺在位也。”六四为巽爻,巽为顺,六四有巽顺之德,居高位而不骄横、不放纵,与九五相比,与初九相应,上下和睦。

**九五:王假有家,勿恤,吉。**

**象曰:王假有家,交相爱也。**

**【注释】**

假:借用、利用。

勿:别、不要。

恤:忧虑。

**【解说】**

九五阳刚居尊位,为王。九五与六二相应与六四相比,君臣和睦相亲相爱,有家人之象。王者以天下为家,治理国家可利用家人之道,故曰:“王假有家。”

家人之道,男动而主于外,女顺而主于内,有严君,有贤妇,有规章,上下和谐。国家就是一个大家,国家和平君王就不用忧虑、不用悲伤,故曰:“勿恤,吉。”

象曰:“交相爱也。”九五与六二相应与六四相比,上下左右关系融洽。

**上九:有孚,威如,终吉。**

**象曰:威如之吉,反身之谓也。**

**【注释】**

孚:信用、使人信服。

威:使人敬畏的气魄。

谓:称、叫作。

**【解说】**

上九阳刚居卦之上,为一家之长。上九内阴外阳,内虚外刚。虚则能谦,谦则信服于人,故曰:“有孚。”

阳刚则有威。治家之道,身教重于言教,以身作则,不言而信,不怒而威,故曰:“威如。”

上九为家人之终,为家道已成,身修而家齐,故曰:“终吉。”

象曰:“反身之谓也。”家正须身正,欲齐家,先修身,故曰:“反身。”身正则有孚有威。

# 第三十八卦　睽

**兑下离上，卦画☲☱读曰：火泽睽。**

**序卦曰：家道穷必乖，故受之以睽。睽者，乖也。**

**【注释】**

睽：违背，不合。

**【解说】**

睽卦，上离下兑，离为中女，兑为少女。本是同性，但离为火，火炎上；兑为泽，泽性就下。上下相违，上下不合，故曰："睽。"

**卦辞：小事吉。**

**彖曰：睽，火动而上，泽动而下，二女同居，其志不同行。说而丽乎明，柔进而上行，得中而应乎刚，是以小事吉。天地睽而其事同也，男女睽而其志通也，万物睽而其事类也。睽之时用大矣哉！**

**【解说】**

睽，上卦为离、为火，下卦为兑、为泽。火炎上，泽下浸，上下相违，志不同道不合。凡欲成大事，必须同心协力，团结一致。众人划桨行大船。但若是小事，单人独骑就能完成的事，可以不必在乎他人的看法。为满足自己的心愿，不受他人的干扰和反对，亲力亲为也可以做成，故曰："小事吉。"

彖曰："火动而上，泽动而下。"火指上卦离，泽指下卦兑，火性炎上，泽性就下。"二女同居，其志不同行。"离为中女，兑为少女，虽同在一卦之中，却是上下背离。

兑为说、为悦，离为丽、为附、为明。睽卦下悦上明，取其悦取其明，故曰："说而丽乎明。"兑为柔，离上行，取其柔取其行，故曰："柔进而上行。"

"得中而应乎刚，是以小事吉。"六五为卦主，六五柔居尊位，为上卦之中，九二以阳居下卦之中。阴阳相应，上下相应，睽中有合。在上者屈己尊下，在下者以刚事上。虽然是睽乖之时，亦可有所作为。

"天地睽而其事同也。"天高在上，地卑在下，睽也，但天地生养万物。

"男女睽而其志通也。"男女不同，但男女可以组成家庭养育后代，使人类繁衍生息。

“万物睽而其事类也。”万物各有特性，但是万物相互为用，便形成了万紫千红、丰富多彩的世界。

耕不能衣，织不能食，车不能水，舟不能陆，是睽。但它们各自发挥着特有的作用，为人类服务，故曰：“睽之时用大矣哉！”

**大象：上火下泽，睽。君子以同而异。**

**【解说】**

天地睽而万物生。万物千差万别，相互依存互相为用，才构成了林林总总、生机勃勃的大千世界。作为万物之灵的人类，要面对现实，承认差别，求大同存小异。多元、立体、丰富的社会，才是平衡的和谐的社会。

**初九：悔亡。丧马勿逐，自复。见恶人，无咎。**

**象曰：见恶人，以辟咎也。**

**【注释】**

悔：后悔、懊恼。

丧：失去。

见：会见。

咎：过失、罪过。

**【解说】**

初九为睽之始，违背得不太严重。初九为阳，九四也为阳。两阳相应，为敌应。采取什么样的态度呢？急迫于事无补，那就转变思想，缓一缓（下卦为兑，兑为和悦）。

九四爻为巽爻，巽为马、为进退，为犹豫不决。初九为震爻，震为动、为行，有逐之象。两阳相应，越逐越远。若停下追逐的步伐，顺其自然，它经历过一些事情后，通过比较和反思，会回来，回到你身边，故曰：“丧马勿逐，自复。”

失而复得，故曰：“悔亡。”

上卦为离，离为见，为恶人。睽为相互背离，好人遇恶人为睽。对待恶人的态度，若不理睬而训斥之，会使矛盾更加激化，恶人会恼羞成怒，好人反而会受到伤害。正视现实，不回避矛盾，勇敢而和悦地面对，是最好的方法，故曰：“见恶人，无咎。”

象曰："以辟咎也。"不故作清高，不回避矛盾，反而能缓和矛盾，解决问题，避免纠纷。

**九二：遇主于巷，无咎。**

**象曰：遇主于巷，未失道也。**

**【解说】**

九二与六五阴阳相应。六五居高位、尊位。六五为主，九二为臣。离外实内虚，为甲壳、为巷道，故曰："遇主于巷。"

睽乖之时，若身正心正，必然会有志同道合者，身正心正则"无咎"。

象曰："未失道也。"九二与六五走的是同一条道路，志同道合。

**六三：见舆曳，其牛掣，其人天且劓。无初有终。**

**象曰：见舆曳，位不当也。无初有终，遇刚也。**

**【注释】**

舆：车。

曳：拖拉、牵引。

掣：拉。

天：自然的。

劓：割掉鼻子。

**【解说】**

上卦离与下卦兑相背离，但六三与上九相应，六三欲与上九相合，离与合两股势力在相互较量。

互中有坎，坎为车；下卦为兑，兑为泽、为困难；坎又为陷，有车陷之象。车被曳住，离为见，故曰："见舆曳。"

上卦为离，离为牛；上九欲与六三合，有牛拉车之象，故曰："其牛掣。"

六三为兑之主爻，兑为刑人，兑为口。六三爻为艮爻，艮为鼻，有鼻子是个大窟窿之象，故曰："其人天且劓。"

这个人有缺点，他想去弥补。经过努力，最后达到了目的，故曰："无初有终。"开始时的形象很不好，但最终结果不错。

象曰："位不当也。"六三以阴居阳，不当位，开始时处理问题不恰当，对两爻相合造成了阻碍。

**九四：睽孤，遇元夫，交孚，厉，无咎。**

**象曰：交孚无咎，志行也。**

**【注释】**

孤：单独、一个。

元：开始、初。

孚：诚信。

厉：磨砺、挫折。

**【解说】**

上卦（离）三爻，只有九四爻无应，故曰："孤。"

九四处互卦坎中，坎为心，坎中满为中实。九四诚心与初九相交，故曰："遇元夫。"初爻为震爻，震为元夫。

初九阳居阳位，与九四相遇，也以诚相待。初九、九四两阳推诚布公，故曰："交孚。"

九四在睽乖的大环境下诚心寻求合作，必然会遇到诸多困难，遭受多次挫折，故曰："厉。"

由睽乖背离而走向合作，故曰："无咎。"

象曰："志行也。"九四不怕艰难，立志与初九相合。

**六五：悔亡。厥宗噬肤，往何咎？**

**象曰：厥宗噬肤，往有庆也。**

**【注释】**

悔：懊悔、恼怒。

厥：其。

宗：同一家族的。

噬：咬。

肤：皮肤。

**【解说】**

六五居尊位，睽之时，睽乖背离，故有"悔"。但六五与九二阴阳相应，睽中有合，故曰："悔亡。"

六五居上卦离之中，为离之主爻。九二为坤爻、离爻。六五与九二同宗，故曰："厥宗。"下卦为兑、为口，九二为坤爻，坤为肤，故曰："噬肤。"

六五与九二相应，九二正在噬肤，六五前往必然被邀请。故曰："无咎。"

象曰："往有庆也。"六五之往能与九二共同噬肤，是可喜可贺的。

**上九：睽孤，见豕负涂，载鬼一车，先张之弧，后说之弧。匪寇婚媾，往遇雨，则吉。**

**象曰：遇雨之吉，群疑亡也。**

**【注释】**

孤：单独。

豕：小猪。

涂：污泥。

弧：木弓。

说：同"脱"。

匪：不是。

媾：结合、交合、交好。

**【解说】**

上九阳刚在上，孤芳自赏，刚愎自用，疑神疑鬼。听不进不同意见，看不见真实情况，故曰："睽孤。"

对真实的情况不了解，听到的看到的都是虚假的现象。离为见，互中有坎，坎为豕、为鬼、为疑，坎又为车，故曰："见豕负涂，载鬼一车。"世上本无鬼，鬼为虚象，是疑心所致。

因疑而见鬼，故而剑拔弩张。离为矢，有弧之象，故曰："先张之弧。"上九与六三阴阳相应，始睽而终合，因合而疑解，故曰："后说之弧。"

六三不是敌人而是朋友，故曰："匪寇婚媾。"

面对朋友，上九应放下架子，主动与六三交往。上九居离体，离为火；互中有坎，坎为雨。离火遇坎雨，水火相互为用，火不再燥，阴阳相合，故曰："往遇雨则吉。"

象曰："群疑亡也。"上九与六三阴阳相合相应，相遇之后，"见豕负涂，载鬼一车"之类的虚幻现象就自动消失了。

# 第三十九卦　蹇

**艮下坎上，卦画☵☶读曰：水山蹇。**

**序卦曰：乖必有难，故受之以蹇。蹇者，难也。**

**【注释】**

蹇：行走困难，有险阻。

**【解说】**

水往低处流，水越高，能量越大，破坏力越强，故水在山上为险。坎为水、为险、为陷；艮为山，为山中小路。路途险而难行，有困难不顺利之象，故卦名为“蹇”。

**卦辞：利西南，不利东北。利见大人。贞吉。**

**彖曰：蹇，难也，险在前也。见险而能止，知矣哉。蹇利西南，往得中也。不利东北，其道穷也。利见大人，往有功也。当位贞吉，以正邦也。蹇之时用大矣哉！**

**【注释】**

西南：指后天八卦的西南方。西南为坤卦，坤为平坦、平安，为顺。

东北：后天八卦的东北方。东北为艮方，艮为山、为山中小路、为险阻。

知：同“智”。

道：道路。

穷：尽。

功：成绩、成效。

正邦：治理国家。

**【解说】**

适者生存。在大自然面前，人类要生存要发展，就要学会趋吉避凶，认识自然，利用自然，故曰：“蹇，利西南，不利东北。”

遇到险阻和艰难的环境时，要发挥自己的聪明才智，顺应客观规律，利用客观规律，向着有利于自己的方向努力。人在艰难之时，最需要正确的指引，故曰：“利见大人。”互卦中有离，离为见，卦中九五阳刚中正，有大人之象。

趋吉避凶固然是人的本能，但趋炎附势、畏缩不前，却为人类所不齿，故曰："贞吉。"趋利避害，正则吉。

象曰："险在前也。"上卦坎，上为前。"见险而能止，知矣哉。"互卦中有离，离为见；坎为险，艮为山、为止。人们能够按照蹇卦的提示，是智慧的表现。

"蹇利西南，往得中也。"西南为坤方，坤为平坦开阔。坎水入坤，水不再险，水土中和，互为利用。

"不利东北，其道穷也。"东北为艮山，坎水上山，险而又险，极其危险。

蹇难之时，必然有解民于水火、追求真理的伟大人物——志在救难之人。追随他一定能够建功立业，故曰："利见大人，往有功也。"卦中九五阳刚中正，六二当位与九五相应。互中有离，离为见，有利见大人之象。

"当位贞吉，以正邦也。""蹇之时用大矣哉！"九五与六二当位而正。正，小可以正身，大可以正国家。蹇有非常大的作用。

**大象：山上有水，蹇。君子以反身修德。**

**【解说】**

山岳险峻，水在山上，受阻而不能下，越积越险，险之极也。山阻水险，障碍重重，显示世路艰难。

要想根治险难，非才德之人不可。卦中九五阳刚中正，下应六二，为治险难之主。君子欲救险难，就要有足够的才德。守时待机、积聚力量是战胜困难的有效途径，故曰："君子以反身修德。"

**初六：往蹇来誉。**

**象曰：往蹇来誉，宜待也。**

**【注释】**

往：前往。

誉：称赞。

**【解说】**

初六居蹇之始，距离坎险较远。初六外阴内阳，才弱志强，有救险之决心，往而救蹇，故曰："往蹇。"

初六精神可嘉，开救蹇之先河，受到人们的赞扬，故曰："来誉。"

象曰："宜待也。"这是对初六的忠告。初六往而救蹇，精神可贵，但毕竟才力不足，宜守时待机积聚力量。

**六二：王臣蹇蹇，匪躬之故。**

**象曰：王臣蹇蹇，终无尤也。**

**【注释】**

王：指九五。

臣：指六二。

匪：不是。

躬：自身。

尤：过错。

**【解说】**

六二当位而中，与九五阴阳相应。九五为君、为王，六二为臣。九五居坎险之中，六二奋力救险。君臣同心协力，故曰："王臣蹇蹇。"

六二把九五的险难当成自己的险难，鞠躬尽瘁，竭尽全力，故曰："匪躬之故。"

象曰："终无尤也。"君臣团结，上下一心，奋力救险，就不会有过失和怨恨。

**九三：往蹇，来反。**

**象曰：往蹇来反，内喜之也。**

**【注释】**

反：同"返"。

**【解说】**

九三居上下卦之间，欲进到上卦，救九五之险，故曰："往蹇。"

九三与九五非应非比。再者九三为下卦之主爻，九五令九三回到原处拯救下卦之难，故曰："来反。"

象曰："内喜之也。"下卦为艮，九三为艮爻，艮为止。本不想动，受初六和六二的影响而投奔九五，救九五之难。九五令其返回，正合九三的心愿，故曰："内喜之也。"

**六四：往蹇，来连。**

**象曰：往蹇来连，位当实也。**

【解说】

六四与九五阴阳相比，九五居君位，六四为辅相之位。六四往救九五之难，故曰："往蹇。"

六四阴柔当位，善于处理上下级关系，处上下卦之间，是九五与下三爻的联系纽带，故曰："来连。"

象曰："位当实也。"六四以阴居阴，当位。无论对九五还是对下卦三爻均实心实意。求同存异，使上下精诚团结，共济险难。

**九五：大蹇，朋来。**

**象曰：大蹇朋来，以中节也。**

【注释】

朋：朋友、同类。

节：操守、礼节。

【解说】

九五阳刚当位处坎险之中，独当一面，如中流砥柱。责任大危险也大，故曰："大蹇。"

九五与六二相应，与六四相比，能知人善任，有情有义。天下英才均追随之，故曰："朋来。"

象曰："以中节也。"九五阳刚而居上卦之中，做人做事有礼有节，必然会得到支持和帮助。

**上六：往蹇来硕，吉，利见大人。**

**象曰：往蹇来硕，志在内也。利见大人，以从贵也。**

【注释】

硕：大。

【解说】

上六居卦外之地，在蹇难之外。九五为君，上六为臣。九五有难上六义不容辞，而前往救难。九五委上六以重任，故曰："往蹇来硕。"

卦到上六，蹇难已接近尾声，是建功立业的好时机，故曰："吉，利见大人。"

象曰："志在内也。"上六与九三阴阳相应，与九五阴阳相比，虽居卦外，但决心救难。

象曰:“以从贵也。”上六与九五阴阳相比,但上六以柔乘刚,高居卦上。蹇难之时,上六识大体顾大局,以救难为己任,追随九五,敢挑重担。

## 第四十卦 解

**坎下震上,卦画☳☵读曰:雷水解。**

**序卦曰:物不可以终难,故受之以解。解者,缓也。**

**【注释】**

解:解开、除去。

**【解说】**

解下卦为坎,上卦为震。坎按时令为冬,震按时令为春。由冬到春冰雪开始融化,蛰虫解除冬眠,万物开始复苏,有解之象。

坎为水、为云、为雨,震为动、为行,震为雷。雷震天上,云降为雨,郁结之气消散,有解之象,故卦名为“解”。

**卦辞:利西南。无所往,其来复吉。有攸往,夙吉。**

**彖曰:解,险以动,动而免乎险,解。解利西南,往得众也。其来复吉,乃得中也。有攸往夙吉,往有功也。天地解而雷雨作,雷雨作而百谷草木皆甲坼。解之时大矣哉!**

**【注释】**

西南:西南为坤方,坤为平坦、平安、平缓、舒缓,为大众、为众人。

夙:早、旧有的、一向有的。

甲:硬壳。

坼:裂开。

**【解说】**

坎为陷、为险,震为雷、为动。坎险在后,震动在前。因动而脱险,故曰:“解。”

险难刚解,最宜休养生息,若动作大而频则易伤元气,故卦辞曰:“利西南。”向平安舒缓的方向发展最有利。

解有两种状态。一种状态是险已解难也除。就像一个病人,危险期过去了，病也好了，但身体尚未恢复。此时最好不要打扰他，应让他自然恢复，故曰："无所往，其来复吉。"停止无谓的行动，等待元气恢复，这是最好的结果。

另一种状态是危险已缓解，但难还未去。就像病人，危险期过去了，但病还未好。这时还要继续治病，继续用药，不可延误，故曰："有攸往，夙吉。"这时要有所行动，不能间断，趁早治疗。

象曰："险以动，动而免乎险。"解卦，震动于上而险在下，因动而脱险。

"往得众也。"西南为坤方，坤为平安、舒缓，坤为众。大难初平就不要再折腾了，与民休息才能得到大众的支持和拥护。

"乃得中也。"做事舒缓，不偏激，顺其自然。

"往有功也。"险已解难未除，应趁早解决，一战必获全胜。

解为二月卦。春天来了，春雷春雨使大地复苏，蛰虫解除冬眠，草木开始发芽，世界将变得生机勃勃，故彖曰："解之时大矣哉！"

**大象：雷雨作，解。君子以赦过宥罪。**

**【注释】**

赦：免除刑罚。

过：错误。

宥：宽容、饶恕、原谅。

**【解说】**

解为二月卦。上卦为震、为雷，下卦为坎、为水、为雨。震雷当春乃发，春雨给予滋润，万物开始发芽。冬天的禁锢被彻底打破，有解之象。

坎为罪、为过，震为生，有赦过宥罪之象。震为号令，坎为恩泽。号令如雷使人振奋，恩惠如雨，使人喜悦，幽闭郁闷之气无不解散。君子看到这个卦象而与民更新，为民解难，才能促进社会的进步和发展。

**初六：无咎。**

**象曰：刚柔之际，义无咎也。**

**【注释】**

际：交界的地方。

义：公正合宜的道理或举动。

【解说】

初六居解之初，仍在坎险之中，大难初平但危险未除。初六与九二相比与九四相应；初为震爻，震为动，初六在九二和九四的帮助下，主动脱离危险，故曰："无咎。"

象曰："刚柔之际，义无咎也。"刚指九二和九四，柔指初六，初六主动寻求帮助，行动合宜。

**九二：田获三狐，得黄矢，贞吉。**

**象曰：九二贞吉，得中道也。**

【注释】

田：打猎。

得：需要。

黄：黄色为中色，正色，代表中正。

矢：箭，代表刚直。

【解说】

九二阳刚居下卦之中，与六五阴阳相应。六五为君，九二为刚中之臣。互卦中有坎，险难虽缓解但仍然未除。九二往而救险，一战而胜，即象曰："往有功也。"坎为狐，故曰："田获三狐。"

互中有离，离为矢。九二为刚中之臣，做事公正勇敢，当此解难之时，正需要这样的人，故曰："得黄矢。"

除恶务尽，但不可滥杀无辜，做事要适当有度，故曰："贞吉。"

象曰："得中道也。"九二阳刚居下卦之中。中则做事不偏。

**六三：负且乘，致寇至，贞吝。**

**象曰：负且乘，亦可丑也。自我致戎，又谁咎也？**

【注释】

负：背。

乘：乘坐。

致：招引。

寇：盗匪。

贞：忠诚、守正。

吝:非分贪求。

丑:不光彩。

**【解说】**

六三位不中正,与九二、九四比邻。与九四的关系为以阴承阳,承为负。与九二的关系是以阴乘阳,故曰:“负且乘。”六三爻为艮爻,艮为背,有背负之象。

六三居坎之终,大难已解,险难未除。像大病初愈之人,宜修养身体,恢复元气。

六三处上下卦之间,以阴居阳,才弱志强,对难以承担的责任冒险去做,导致事情没办好,反而惹了一身的麻烦,像病人旧病复发,故卦辞曰:“致寇至。”

六三敢于奋力做事,无可厚非,但不顾自己的条件非分贪求,致使灾祸临身,故曰:“贞吝。”

象曰:“亦可丑也。”六三贪多、贪功冒进,也是不光彩的。

“又谁咎也?”不自量力贪多求大,使自己遭灾,能怨谁呢?

**九四:解而拇,朋至斯孚。**

**象曰:解而拇,未当位也。**

**【注释】**

拇:大脚拇指。

斯:乃、就。

孚:信用、使人信服。

**【解说】**

九四与初六相应。初六在坎险中,九四欲解初六之险。但九四阳居阴位,外强中干,实力不足,只能解决一些小问题,还不足以解难。初六为震爻,震为拇、为趾,故曰:“解而拇。”只解了脚指头,不能解决根本问题。

但九四为巽爻,有巽顺之德,能团结人,朋友多。朋友来到后,力量壮大了,他解难的心愿就实现了,故曰:“朋至斯孚。”

象曰:“未当位也。”九四阳居阴位,为不当位。外阳内阴,外实内虚,力量不足。

**六五:君子维有解,吉。有孚于小人。**

**象曰:君子有解,小人退也。**

【注释】

维:语气词。

【解说】

六五居尊位。大难平定之后,主要矛盾应转移到社会稳定和发展上来。为了不扩大矛盾,减少阻力,六五不再穷究彻查,而是采取保护政策,化敌为友,实现双赢,故曰:“君子维有解,吉。”

六五为乾爻,外阴内阳。阴为虚,虚怀若谷,能包容万物,故曰:“有孚于小人。”

象曰:“小人退也。”君子诚心维护小人的利益,使小人信服,受到感化,不再为恶为害。

**上六:公用射隼于高墉之上,获之,无不利。**

**象曰:公用射隼以解悖也。**

【注释】

公:对长辈或祖辈的称呼。

隼:凶猛的鸟。

墉:城墙、高墙。

悖:混乱、危难。

【解说】

上六居卦外之地,为六五的长辈,故曰:“公。”上六阴变阳,上卦变为离,离为箭、为矢,有射之象。互卦中有离,离为飞鸟、为恶,故曰:“隼。”上爻在高处,有高墉之象,故卦辞曰:“公用射隼于高墉之上。”

上六为解之终,大难已解,但仍有余孽未除。上六勇敢地站到城墙上,这里是前线,最危险,但也最容易接近敌人、打击敌人。发现恶隼后,弯弓射之,一箭成功。卦辞曰:“有攸往,夙吉。”象辞曰:“往有功也。”上六做到了,故曰:“获之,无不利。”

象曰:“以解悖也。”六五还有混乱、糊涂等缺点。上六有责任心,勇敢地给予批评指正,使其改正错误。

# 第四十一卦　损

**兑下艮上，卦画䷨读曰：山泽损。**

**序卦曰：缓必有所失，故受之以损。**

**【注释】**

损：减少。

**【解说】**

损卦从泰卦变来，泰第三爻上至上爻成损，是损下卦之刚而益上卦之柔。

损，下卦为兑、为泽，上卦为艮、为山。互卦中有坤，坤为地、为平。山高于地，泽低于地。损兑之泽，益艮之山。泽越深，山越高。

泽不损则干涸，山不益则崩。损下益上，曰：“损。”

**卦辞：有孚，元吉，无咎。可贞，利有攸往。曷之用？二簋可用享。**

**彖曰：损，损下益上，其道上行。损而有孚，元吉，无咎，可贞，利有攸往。曷之用？二簋可用享。二簋应有时，损刚益柔有时，损益盈虚，与时偕行。**

**【注释】**

孚：信用、使人信服。

攸：所。

曷：怎么。

用：使用。

簋：古代盛食物的器具。

享：享受、受用。

偕：共同，在一块。

**【解说】**

损，上卦为艮、为山，下卦为兑、为泽。山泽通气，山高水长，山泽相感，故曰：“有孚。”

损卦是损下卦之兑泽，益上卦之艮山。泽越损越深，山越益越高，故曰：“元吉。”

人皆以得为喜，损为忧。但损其当损，损益得当，损得心甘情愿，故曰：

"无咎。"

损卦中九二、六五阴阳相应,但九二、六五均不当位。当损则损,但多少要适当,故卦诫之曰:"可贞,利有攸往。"损要正,才可损,才可以行动。

什么时候可以损?以怎样的方式损?只要损得正,损得适当,即使很少也能使人愉快接受。就像我们以诚恳的态度去祭祀,虽然礼品只有两筐,神明也不会嫌弃,故曰:"曷之用?二簋可用享。"互卦中有坤、有震,坤为二簋,震为行、为祭。

彖曰:"损下益上。"损下卦之兑,益上卦之艮。

"其道上行。损而有孚。"损为损下益上,损下卦之刚,益上卦之柔,山泽通气,九二、六五相应,上下相孚。

彖曰:"二簋应有时,损刚益柔有时,损益盈虚,与时偕行。"俭约要符合形势,何时丰,何时俭,何时损,何时益,要与时俱进。

**大象:山下有泽,损。君子以惩忿窒欲。**

**【注释】**

惩:处罚、警戒。

忿:生气、恨。

窒:阻塞、不通。

欲:欲望。

**【解说】**

泽不损则枯,山不益则崩。泽愈损愈深,山愈益愈高。泽不损则山无益。

君子看到这个卦象得到启发,抛弃缺点和不足,才能使自己变得崇高。忿怒和欲望可以使人失去理智,是罪恶的根源,要坚决去掉,故曰:"惩忿窒欲。"

**初九:已事遄往,无咎。酌损之。**

**象曰:已事遄往,尚合志也。**

**【注释】**

已:结束,完成。

遄:快、迅速。

酌:考虑。

之:代词。

【解说】

损从解来，险已解，难已除，故曰："已事。"险难解除后，不可因循守旧。要做好下一阶段的打算，马上有所行动，否则有咎，故曰："已事遄往，无咎。"

初九为损卦之始，做事要谋始。初九与六四相应，初九为阳，六四为阴。六四急需帮助，初九速往益之，故无咎。

初九为卦之始与六四相应，但交情不深，且自己力量有限。使出多大的能耐，要根据自己的实际情况，故曰："酌损之。"

象曰："尚合志也。"初九与六四相应、相孚，能明白六四的心意。

**九二：利贞，征凶。弗损益之。**

**象曰：九二利贞，中以为志也。**

【注释】

征：远行。

益：与损相反，增加。

为：做、当。

志：志向、心意。

【解说】

九二居下卦之中，但阳居阴位，不当位，故爻辞诫之曰："利贞。"

不当损而损，不当益而益，是凶之道，故曰："征凶。"做则有凶，就不要做损益之事了，故曰："弗损益之。"

象曰："中以为志也。"当损则损、当益则益，持中不偏，才是九二的心愿。

**六三：三人行则损一人，一人行则得其友。**

**象曰：一人行，三则疑也。**

【注释】

疑：不相信、不能解决。

【解说】

六三居上下卦之间，处在损益之间，是损的最前沿，最先受损。六三阴变阳，下卦变成乾，乾为行，乾有三个阳爻。兑二阳一阴，乾损一阳而成兑，故曰："三人行则损一人。"

六三与上九相应相孚，损下益上无怨无悔，损益之间有良好的关系，故曰：

“一人行则得其友。”

象曰:“三则疑也。”六三与上九相应,可以独自行损益之事。六三若与下两爻一起行动,受损的是自己,故有疑惑。

**六四:损其疾,使遄有喜,无咎。**

**象曰:损其疾,亦可喜也。**

**【注释】**

其:代词,代表初九。

**【解说】**

六四与初九相应、相孚。初九当损,六四当益。能损初九者,必然是六四。初九当位但不中,不中则不正。损其不正,不正为疾,故曰:“损其疾。”

初九为损疾而往六四之处,六四使初九心愿满足,故曰:“使遄有喜。”六四能使初九损疾,是做了有益于初九的事,故曰:“无咎。”

**六五:或益之十朋之龟,弗克违,元吉。**

**象曰:六五元吉,自上祐也。**

**【注释】**

或:文言代词,有人、某人。

十朋:朋为货币单位,十朋表示很贵重。

**【解说】**

六五居尊位中位,能正确理解损之道,当损则损当益则益。六五与九二阴阳相应,九二持中守正,既不减损,也不增益。

六五与上九阴阳相比,上九阳刚,能给予很大的帮助,而且不可推辞,故曰:“或益之十朋之龟,弗克违。”不能违背上九的心意。吉事有祥,故曰:“元吉。”

象曰:“自上祐也。”损之时,上九益助六五。

**上九:弗损,益之,无咎,贞吉,利有攸往。得臣无家。**

**象曰:弗损益之,大得志也。**

**【注释】**

之:代词。

攸:所。

【解说】

上九与六三相应与六五相比。六三处当损之位，上九处受益之位。卦发展到上爻，上九处损之极，极则变。不再损人受益，转而损己益人，故曰："弗损，益之。"

应当受益而益人，何咎之有？故曰："无咎。"

上九阳居阴位，位不正，但益人之事做得正确，故曰："贞吉。"

损之道是当损则损，当益则益，与时偕行，与时俱进。此时当损己益人，该出手时就出手，故曰："利有攸往。"

益人的行动是适宜的、有意义的，这种行为是公而忘私、国而忘家的高尚行为。上卦为艮，艮为家。上九阳变阴，上卦变为坤，坤为国，有家而国之象。坤为臣、为得，故曰："得臣无家。"

象曰："大得志也。"上九处损之极，损道已成。取之于民用之于民的愿望得以实现。

## 第四十二卦　益

**震下巽上，卦画䷩读曰：风雷益。**

**序卦曰：损而不已必益，故受之以益。**

**【注释】**

益：增加。

**【解说】**

益，上卦为巽、为风，下卦为震、为雷。风行天上，风势强劲，雷震于下其势柔弱。损风之强而益雷之弱，使风和而雷壮，双方均好，故曰："益。"

《说卦传》曰："雷风相薄。"雷风互相激荡，风助雷势，雷助风威，故曰："益。"

从爻象上看，益卦从否来，九四来初否卦变成益。乾至刚而实，坤至阴而虚。损上卦之阳，益下卦之阴。损上益下，曰："益。"

**卦辞：利有攸往，利涉大川。**

**彖曰：益，损上益下，民说无疆。自上下下，其道大光。利有攸往，中正有**

**庆。利涉大川,木道乃行。益动而巽,日进无疆。天施地生,其益无方。凡益之道,与时偕行。**

**【注释】**

攸:所。

说:同“悦”。

疆:国界、境界。

庆:祝贺、可祝贺的事情。

偕:共同。

**【解说】**

与损卦相反,益卦是损上卦之阳增下卦之阴。损须上下相孚,相孚才能损。益卦不待相孚即可益,故曰:“利有攸往。”

益卦九五、六二均当位而正,以上益下必然会得到大众的支持。得道多助,众人划桨开大船。众志成城,可以排除万难,故曰:“利涉大川。”

彖曰:“民说无疆。”下卦为民众,下受益,民必悦。

“其道大光。”损上益下,才显出益道伟大。

“中正有庆。”益卦九五、六二当位,处上下卦之中位。以上益下没有私念,是非常正确的、可喜可贺的。

“木道乃行。”益上卦为巽、为风、为木,下卦为震、为行、为木。木可以为舟,舟可以涉川。民为水,可载舟亦可覆舟。益之道就是舟之道、木之道。

“益动而巽,日进无疆。”益下卦为震、为动,上卦为巽、为顺。动而能顺,就能日日进步,实现长期稳定的发展。

“天施地生,其益无方。”益卦是以上益下,以乾之阳益坤之阴,阳施阴受。乾为天,坤为地,太阳对大地的施予没有偏私。

“凡益之道,与时偕行。”以上益下之道符合自然规律。

**大象:风雷,益。君子以见善则迁,有过则改。**

**【注释】**

迁:换地方、改变。

**【解说】**

上卦为风,下卦为雷;风行天上极速而暴,雷行地上稍显萎靡;损风之暴,益雷之靡,使风和而雷振,故曰:“益。”

君子受到卦象的启发,修身就要遏恶扬善,看到好事就效仿去做,有错误就立即改正。

**初九:利用为大作,元吉,无咎。**

**象曰:元吉,无咎,下不厚事也。**

**【注释】**

为:做。

大作:大事业。

元吉:大吉。

厚事:厚重、沉重的事情。

**【解说】**

初九与六四相应,受到上卦的益助,如虎添翼,可以大有作为,故曰:“利用为大作。”

初爻为事之初,若不抓住机会,则将错失良机。初九为震爻,震为行、为动;上卦为巽、为顺。动则顺而有利,动则无咎,故曰:“元吉,无咎。”不动则有咎。

象曰:“下不厚事也。”上卦对初九给予了帮助,同时也给初九增加了压力和责任。但初九没有把压力当成负担,而是把压力转化成动力,功力倍增。巽为利,初九阳变阴,下卦变为坤,坤为重。

**六二:或益之十朋之龟,弗克违,永贞吉。王用享于帝,吉。**

**象曰:或益之,自外来也。**

**【注释】**

或:文言代词,有人、某人。

克:能。

贞:中正有节操、正。

**【解说】**

六二与九五相应,九五居尊位,六二居臣位,六二、九五皆得正。以上益下,九五益六二,必然是大的帮助,故曰:“或益之十朋之龟。”互中有坤,坤为十朋。益卦中间三爻为阴,上下爻为阳,内阴外阳,内柔外刚,有龟之象。

九五与六二相应相孚,九五诚信益助六二,六二不能违背九五的好意,故曰:“弗克违。”

九五和六二皆正,这种关系要长久地保持下去,故曰:“永贞吉。”

王(六二)对于帝(九五)来说是臣,王能受到帝的帮助,自然是好事,故曰:“王用享于帝,吉。”

象曰:“自外来也。”十朋之龟是九五送来的,九五在外卦。

**六三:益之用凶事,无咎。有孚中行,告公用圭。**

**象曰:益用凶事,固有之也。**

**【注释】**

凶:不吉利的,不幸的。

孚:信用、使人信服。

圭:古代大臣在典礼时拿在手中的玉,代表有信用。

**【解说】**

六三为艮爻,萎靡不振。六三与上九相应,受到上九的益助后,精神振奋,做事才得以成功,故曰:“益之用凶事,无咎。”

从卦象上看六三在三个阴爻的中间,处在相对的中位,中则行事中正,言而有信,故曰:“有孚中行。”

六三居震体,震为告。互卦中有坤,坤为圭、为文书。益六三者是上九。六三对上九(公)采用书面的方式表示诚挚的感谢,故曰:“告公用圭。”

象曰:“固有之也。”六三不会忘记上九的帮助,心存感激。这是六三的本质所决定的。

**六四:中行告公,从,利用为依迁国。**

**象曰:告公从,以益志也。**

**【注释】**

依:依附、按照。

迁:另换地点。

**【解说】**

六四与九五相比,与初九相应,既有上级的支持又能得到下级的拥护。六四以阴居阴,当位,做事恰当。九五言听计从。九五为公,震为告,故曰:“中行告公,从。”

古时生产力低下,常用迁徙的方法获得更好的生活环境,迁国是利民的大事。互中有坤有艮,坤为国,艮为家,震为行,巽为利,有迁国之象。九五利用六四治理国家,能按照六四的忠告,把国都搬迁到适宜的地方,故曰:“利用为依迁国。”

象曰:“以益志也。”六四之志是益下,九五从四之告,益下之志得以实现。

**九五:有孚惠主,勿问,元吉。有孚,惠我德。**

**象曰:有孚惠心,勿问之矣。惠我德,大得志也。**

**【注释】**

孚:诚信、使人信服。

惠:好处、恩惠。

**【解说】**

九五阳刚中正,中实为孚。九五居尊位,施惠于人,为益之主,故曰:“有孚惠主。”

九五能以美利天下,得道多助,自然大吉,故曰:“勿问,元吉。”

九五能以真诚之心施惠于下,这种行为是高尚的,施惠的过程也是道德增加的过程,故曰:“有孚,惠我德。”

象曰:“有孚惠心。”九五阳刚中正与六二相应,九五有一颗真诚施恩于下的心。思想决定行动,有善心,必有善行,这是自然而然的事情,没有疑问,故曰:“勿问之矣。”

九五的理想和追求就是以上益下。通过施惠于下,让利于民,民众得到了实惠,九五也受到民众的拥护,德高望重,故曰:“大得志也。”

**上九:莫益之,或击之,立心勿恒,凶。**

**象曰:莫益之,偏辞也。或击之,自外来也。**

**【注释】**

莫:没有。

**【解说】**

上九阳刚居益卦之极,极则变,由益下,而变为求益。上爻变阴,卦变为屯,屯有屯其膏而不下之象。上卦巽变坎,坎为险,坎险高悬,凶之象。上九非但不益下,反而对下严加责备,故曰:“莫益之,或击之。”上爻为兑爻,兑为口、为毁折、为责备，有击之象。

益卦由开始的施益于下，发展到求益于下，是益下之心不恒，故曰："立心勿恒，凶。"上卦为巽，巽为进退不果、不恒之象。

象曰："莫益之。"此是大声疾呼。在下者不要理会上九的求益之心。言辞激烈，故曰："偏辞也。"

"或击之，自外来也。"这是提醒在下者即使损己而益上，委曲求全，稍有不慎也会受到打击。上九在上，上为外，故曰："自外来也。"既然委屈也不能求全，那就反其道而行之，不益之反击之，以牙还牙，以击还击。对于上九来说求益必遭击，故卦辞曰："凶。"

## 第四十三卦　夬

**乾下兑上：卦画䷪读曰：泽天夬。**

**序卦曰：益而不已必决，故受之以夬。夬者，决也。**

**【注释】**

夬：坚决、果断。

**【解说】**

从卦象上看，上卦为兑、为泽，下卦为乾、为王、为高。泽在天上，越高，势越危，决之象。

从爻象上看，五阳在下，一阴在上，阳势壮大，阴势已孤，有阳决阴，刚决柔之象，故卦名为"夬"。

**卦辞：扬于王庭，孚号，有厉。告自邑，不利即戎，利有攸往。**

**彖曰：夬，决也，刚决柔也。健而说，决而和。扬于王庭，柔乘五刚也。孚号有厉，其危乃光也。告自邑，不利即戎，所尚乃穷也。利有攸往，刚长乃终也。**

**【注释】**

扬：宣扬。

孚号：以真诚的态度号令众人。

厉：危难、危险。

邑：封地、县。

戎:用武力。

说:通"悦"。

**【解说】**

夬卦一阴高居五阳之上,为权重位高之小人。阳势虽大,但要夬去一阴,难度相当大。必须团结起来,众阳一心,众志成城。乾为孚,兑为号,故曰:"孚号。"

小人善于伪装,必须在大庭广众中揭露他的险恶,剥去他的画皮,使人们认识他的真面目。兑为口,有扬之象;乾为王、为庭,故曰:"扬于王庭。"

即使做了很多准备工作,也难以轻而易举将小人铲除,他必将不择手段反扑、进攻,故曰:"有厉。"兑为秋、为毁折、为杀伐,有厉之象。

对待小人要先揭发他的罪行,再动手整治。若直接动手,小人的势力还很强大,反受其害,故曰:"不利即戎。"

但以阳决阴是大势所趋,不屈不挠,顽强斗争,最后必将成功,故曰:"利有攸往。"

彖曰:"刚决柔也。"刚指五阳,柔指阴爻,五阳决一阴。"健而说,决而和"。下卦为乾、为健、为刚强,上卦为兑、为悦、为和,以阳决阴要刚柔相济。

"扬于王庭,柔乘五刚也。"一阴高居五阳之上,阴虽孤,势犹在。五阳决阴,首先要公开揭露他的罪行,打击他的嚣张气焰。

"孚号有厉,其危乃光也。"五阳紧密相连,有相互团结相互帮助之象。大家团结起来,共同对付敌人,同甘共苦,一定会迎来胜利、迎来光明。

"告自邑,不利即戎,所尚乃穷也。"上六崇尚用威、用武,会把自己引向绝路,是穷途末路。因此要时刻告诫自己,不能动不动就用武力威胁,要改变工作方法和工作态度。

"利有攸往,刚长乃终也。"要根据形势的变化而随时调整自己的行为,才能化不利为有利。穷则变,极则变,上六必然为五阳所决,这是夬的最终结果。

**大象:泽上于天,夬。君子以施禄及下,居德则忌。**

**【注释】**

禄:俸禄,引申为恩泽。

居:积蓄、储存。

忌:怕、畏惧。

【解说】

水位越高,越容易决堤。夬上卦为泽,下卦为乾、为天;泽在天上,溃决之象。

泽为雨泽,为恩惠、为禄;雨泽常施予下,可以缓解高危之势。若积聚而不发,则越高越险,故曰:“施禄及下,居德则忌。”

**初九:壮于前趾,往不胜,为咎。**

**象曰:不胜而往,咎也。**

【注释】

壮:健壮。

趾:脚指头。

【解说】

初九位在卦下,初九爻为震爻,震为足、为往。初九居乾体,乾为健壮,故曰:“壮于前趾。”

初九为五阳之始,脚虽壮,但身不壮,其能量不能战胜上六。但初九却不顾自己身弱的情况,往而决阴,被罗织罪名,受到伤害,故曰:“往而不胜,为咎。”

象曰:“往而不胜,咎也。”初九在条件还不成熟时,就提前行动,被上六击败,是咎由自取。

**九二:惕号,莫夜有戎,勿恤。**

**象曰:有戎勿恤,得中道也。**

【注释】

惕:小心谨慎。

莫:同“暮”,傍晚。

戎:战事。

恤:忧虑。

【解说】

九二居下卦之中,他能够清醒地认识到,以阳决阴有相当的难度和危险。为防止阴爻的反扑,他向众阳发出要提高警惕的警告,特别是傍晚和夜间要组织部队站岗放哨,发现情况立即报告,故曰:“惕号。”

九二为离爻、坤爻，九二阳变阴，下卦变为离，离为兵戈，有戎之象。离为日，坤为夜，故曰："莫夜有戎。"

只有做好准备，才可保证安全。有备，才可无忧，故曰："勿恤。"

象曰："得中道也。"九二居下卦之中，外刚内柔，能"健而说"，能"决而和"，能正确运用决阴之道，从而无后顾之忧。

**九三：壮于頄，有凶。君子夬夬，独行遇雨，若濡有愠，无咎。**

**象曰：君子夬夬，终无咎也。**

**【注释】**

頄：颧骨。

濡：沾湿。

愠：怒、怨恨。

**【解说】**

九三处下卦之极，以阳居阳，刚而不中，决阴之情溢于言表，故曰："壮于頄。"五阳为壮，頄为颧骨。九三为艮爻，艮为鼻。九三爻变，下卦变为兑，兑为口，有颊之象。

但除恶必须小心谨慎，提前暴露了意图，做事不密，会引来麻烦，甚至灾祸，故曰："有凶。"

九三过刚，又处在上下卦之间，决阴之势不可阻挡，必然竭尽全力，故曰："君子夬夬。"

五阳之中只有九三与上六相应。上六为兑爻，兑为雨泽。故曰："独行遇雨。"

行进在雨泽之中，必然被沾湿、被阻滞。九三与上六相应，实际为敌应。九三怒而决阴，必然受到上六的怨恨，故曰："若濡有温。"

九三决阴的方法虽有不足，但精神可嘉，是正义的行动，故曰："无咎。"

象曰："终无咎也。"九三以不屈不挠的精神顽强决阴，最终会得到众阳的支持，获得成功。

**九四：臀无肤，其行次且。牵羊悔亡，闻言不信。**

**象曰：其行次且，位不当也。闻言不信，聪不明也。**

【注释】

次且:趔趄,犹豫不决。

牵:拉。

闻:听。

【解说】

巽为股有臀象。九四阳变阴,上卦变为坎,坎为带血的肉,有“臀无肤”之象。“臀无肤”比喻受伤或失去保护。

九四以阳居阴,外实而内虚,外强中干。以这种状态决阴必然摇摆不定。九四为巽爻,巽为进退不决的次且之象。“其行次且”比喻行动不稳、意志不坚定。

九四以阳决阴,最好的方法是跟在九五之后,与九五配合,才会有好的结果。九四为巽爻,巽为绳。九五阳刚居中位,为刚壮之羊,故曰:“牵羊悔亡。”

但九四位不中正,听不进忠告。九四爻阳变阴,上卦变为坎,坎为耳、为听,巽为进退、为犹豫不决,故曰:“闻言不信。”

象曰:“位不当。”九四位不当,位不当则行为不当。

“聪不明也。”九四进退不果,犹豫不决,对众阳必须团结起来的号召听而不闻。

**九五:苋陆夬夬,中行无咎。**

**象曰:中行无咎,中未光也。**

【注释】

苋陆:又名“马齿苋”,其草柔脆。

【解说】

九五爻阳变阴,上卦变为震,震为木、为草,苋之象。九五居尊位,五阳之中与上六最近,一不小心就会受到上六的影响,接受他的谗言。九四曰:“牵羊”,羊指九五。要像羊吃苋陆一样对待上六,故曰:“苋陆夬夬。”

九五以刚居上卦之中,中正则能正确理解夬阴的意义,不为上六所动,故曰:“无咎。”

象曰:“中未光也。”九五居中位,能联合群阳而决阴,但九五与上六最近,身边有小人,光明之体受到影响,而不能尽显。

**上六:无号,终有凶。**

**象曰:无号之凶,终不可长也。**

**【解说】**

上六为兑爻,兑为口、为悦。卦到上六决阴已成功。群阳胜利,处在喜悦之中。但因喜悦而失去警惕,小人罪名不彰,小人奸诈阴谋将复萌,故曰:“无号,终有凶。”

象曰:“终不可长也。”吉凶相因,福祸相依。胜利之时,不可长时间处在喜悦之中,忘乎所以。

## 第四十四卦　姤

**巽下乾上,卦画☰读曰:天风姤。**

**序卦曰:决必有所遇,故受之以姤。姤者,遇也。**

**【注释】**

姤:相遇。

**【解说】**

夬卦是五阳决一阴,阴尽则成乾。乾为纯阳,但纯阳不育,纯阴不生。天地之大德曰生,生生不息之谓易,天道循环无有止息。剥卦之后一阳来复,夬卦之后必然阴阳相遇。一阴现于五阳之下,阴阳相遇,故曰:“姤。”

乾为天,巽为风,风行天下。风无孔不入,风与万物相遇,故卦名为“姤”。

**卦辞:女壮,勿用取女。**

**彖曰:姤,遇也,柔遇刚也。勿用取女,不可与长也。天地相遇,品物咸章也。刚遇中正,天下大行也。姤之时义大矣哉!**

**【注释】**

取:通“娶”。

与长:与之长久相处。

咸:全都。

章:同“彰”,彰显。

【解说】

女，指初六，一阴生于五阳之下。初六为卦之始，其势虽微，但其势渐长，有消阳之势，故曰："女壮。"

初六位不中正，以一阴而承五阳，行为不端又能以阴消阳，故卦辞诫之曰："勿用取女。"凡是不期而遇之事，必须小心谨慎，避免发生引狼入室难以控制的悲剧。

彖曰："柔遇刚也。"姤含有美好的意思。纯阳不育纯阴不生，阴阳若无遇，则没有万紫千红的世界。

卦辞曰："勿用取女。"这不是禁止男女相遇，而是提倡相遇要正。男女正则家道正，家正则国正。初六位不正，因此要提防她。"不与长也"，就是初六失位不正，如一女壮而不正，不能与之长久相处。

"天地相遇，品物咸章也。"这进一步阐明阴阳相遇的意义。天地即阴阳，天地相遇，春生夏长、秋收冬藏，万物生根发芽，开花结果。

"刚遇中正，天下大行也。"姤卦初爻位不中正，姤为不正之遇。但阴若能持正，以正相遇，这个世界将变得更加美好。刚指阳，中正是对阴的期望。姤卦下巽上乾，巽为风、为教化，为无孔不入。文明之风将传遍世界的各个角落。

"姤之时义大矣哉！"阴阳相遇有很大的现实意义啊。

**大象：天下有风，姤。后以施命诰四方。**

【注释】

后：君王，这里指九五。

命：命令。

诰：古代帝王的文告。

【解说】

姤卦下卦为巽、为风、为命令，上卦为乾、为君王，有君王发布命令之象。风行天下，无孔不入。

君王看到这个卦象，凡立一政、兴一法，必公告天下，使万民知晓，政令、法令才能得以顺利执行。

**初六：系于金柅，贞吉，有攸往见凶。羸豕孚蹢躅。**

**象曰：系于金柅，柔道牵也。**

【注释】

系:连结、拴。

柅:挡住车轮使其不能转动的木块。

羸:瘦弱。

豕:猪。

孚:诚信。

蹢躅:同“踯躅”,徘徊不进。

【解说】

下卦为巽有车象,初六在车下象挡块,初六阴变阳下卦变为乾,乾为金,故曰:“金柅。”巽为绳,有系之象。把初六绑牢,阻止她行动,故曰:“系于金柅。”

初六与九二相比与九四相应,脚踏两只船。动则顾此失彼。故爻辞诫之曰:“贞吉,有攸往见凶。”

巽为股、为豕,初六柔弱,故曰:“羸豕。”初六与九二相比与九四相应,有诚信之象,故曰:“孚。”但二者只能选其一,所以犹豫不决。巽为进退不果、徘徊不前之象,故曰:“羸豕孚蹢躅。”

象曰:“柔道牵也。”初六阴柔与九二相比与九四相应,有牵连之象。初六为震爻,震为动,其势难止,应提高警惕。动则凶,必须阻止初六的行动。

**九二:包有鱼,无咎。不利宾。**

**象曰:包有鱼,义不及宾也。**

【注释】

宾:客人。

【解说】

九二外阳内阴,外实内虚,虚则能包。九二为坤爻,坤为包;九二与初六阴阳相比;初六为震爻,震为鱼,故曰:“包有鱼。”九二胸怀宽广,能包容初六,自然也能控制她,故曰:“无咎。”

初六来与九二相遇,九二为主,初六为宾。九二包容但不纵容,不使初六有做大的机会,使之不能消阳,故曰:“不利宾。”

象曰:“义不及宾也。”当然不能放纵初六,使之壮大而侵阳、消阳。

**九三:臀无肤,其行次且,厉,无大咎。**

**象曰:其行次且,行未牵也。**

**【注释】**

次且:趑趄,犹豫不决。

厉:通“砺”,危险、磨难。

**【解说】**

九三过刚而不中,与初六无应无比,没有亲密的关系。姤卦发展到三爻,阴势渐盛,阴与阳相遇,阳被阴所剥,故曰:“臀无肤。”下卦为巽,巽为股,三在股的上部有臀之象。

三爻阳变阴,下卦变为坎,坎为臀,为带血的肉,“无肤”之象。巽为肤,变坎为无肤。

巽为进退,坎为险、为陷,行走不便,故曰:“其行次且。”

此时阴剥阳还不深,只剥到皮肤,还可以行走,故曰:“厉,无大咎。”

象曰:“行未牵也。”九三与初六无应无比,还没有被完全牵制。

**九四:包无鱼,起凶。**

**象曰:无鱼之凶,远民也。**

**【注释】**

鱼:指初六。

**【解说】**

姤发展到四爻阴势已壮大。九四,内阴外阳,有包容之性。但位不中正,已无力驾驭控制。九四与初六相应,九四欲包容初六,但初六已经强壮,不为九四所包,故曰:“包无鱼。”

阳不能控制阴,凶之始也,故曰:“起凶。”

象曰:“远民也。”九四与初六相应,但初六与九二相比。初六已被九二所包,初六与九四失去了相互依存的关系。九四居高位,初六为全卦最下,有民众之象,故曰:“远民也。”失去民众的支持,不能领导和控制民众的行为,就离危险不远了。

**九五:以杞包瓜,含章,有陨自天。**

**象曰:九五含章,中正也。有陨自天,志不舍命也。**

【注释】

杞:杞柳。

章:通“彰”,彰彩,美质。

陨:陨落、坠落。

【解说】

九五阳刚中正居尊位,有才有德。姤发展到五爻,也变得成熟。杞柳能刚能柔,能屈能伸,好比九五。瓜好比成熟的阴,故曰:“以杞包瓜。”阴阳和合,故云:“含章”,含有包之意。

但瓜熟蒂落,成熟的瓜也容易溃烂。任何美好的事物都不是永恒的。瓜易溃烂,但同时它又留下了生命的种子,这是自然现象,故曰:“有陨自天。”九五阳变阴,上卦变为离,离为光辉、为章、为脱离、为陨。

象曰:“中正也。”九五阳刚居上卦之中。中则能刚能柔,能包容。

“志不舍命也。”九五努力去包阴,阴阳和合,新的生命才会诞生。

**上九:姤其角,吝,无咎。**

**象曰:姤其角,上穷吝也。**

【注释】

吝:有过错不能悔悟而向凶转化。

穷:达到极点、极端。

【解说】

乾为首,上九阳刚居全卦之上,有角之象。上爻为兑爻,上爻阳变阴,上卦变为兑,兑为羊有角之象,故曰:“姤其角。”阴阳在角上相遇。

姤至上爻,阴将阳逼到角上,阳的生存空间被压缩,甚至受到伤害,故曰:“吝。”

但上九阳刚,角善触,敢于反抗,阴不能消阳,故曰:“无咎。”

象曰:“上穷吝也。”上九阳刚居卦之极,以极端的态度抵制阴,阴阳不和,故为“吝”。

# 第四十五卦　萃

**坤下兑上，卦画䷬读曰：泽地萃。**

**序卦曰：物相遇而后聚，故受之以萃。萃者，聚也。**

**【注释】**

萃：草丛生、聚在一起的人或物。

**【解说】**

从卦象上看，泽上地下，泽能蓄水，地能畜泽。泽润大地，百物丛生，萃聚之象。再看爻象，九五与六二相应；六二为坤之主，坤为众、为聚；相应则相聚，萃之象，故卦名为“萃”。

**卦辞：亨。王假有庙。利见大人，亨，利贞。用大牲吉，利有攸往。**

**彖曰：萃，聚也。顺以说，刚中而应，故聚也。王假有庙，致孝享也。利见大人，亨，聚以正也。用大牲吉，利有攸往，顺天命也。观其所聚，而天地万物之情可见矣。**

**【注释】**

假：借用。

有庙：大庙。

亨：通达、顺利。

大牲：古代用来祭祀的牛。

致：导致、使。

孝：尊敬、奉养。

**【解说】**

萃为聚，萃卦上兑下坤，兑为悦，坤为顺，顺而悦则能聚。萃卦九五与六二相应，相应则相通，聚而能通，上下相通，故曰：“亨”。

九五借助祭祀祖庙，把众人召集在一起，故曰：“王假有庙。”

九五阳刚中正，有大人之象。六二与九五相应，六二为离爻，离为见；互中有巽，巽为利。众人相聚若没有光明正大的领导者，很快就会作鸟兽散，何利之有，故曰：“利见大人。”

领导与群众相知相孚,上下相通;通则久,久则事业可成。故曰:“亨,利贞。”

祭祀祖庙,除了诚心之外,还要表现大度、慷慨、有魄力。坤为牛、为大牲,故曰:“用大牲吉。”

萃为聚,聚的目的是干事创业。必须有所行动,有所作为。互中有巽,巽为利、为行动,故曰:“利有攸往。”

象曰:“顺以悦,刚中而应。”坤为顺,兑为悦,内顺外悦。不顺难以聚,不悦聚而复散。九五以刚居上卦之中,与六二相应,上下合志,故能聚。

“至孝亨也。”上六为宗庙,九五在下,有恭敬之象。使值得尊敬的人受到尊敬,使神圣的法律制度得到尊重,事业就会通达顺利。

“聚以正也。”众人相聚,必须有一个公正贤明的领导人,才能长久,才能顺利。九五阳刚中正,大人之象。

“顺天命也。”众人相聚是大场面,大的祭祀活动就要用大牲。杀牛而盟,场面才壮观,才有气势。众人结盟是为了有所行动,有所作为。这是自然而然的事情。

“观其所聚,而天地万物之情可见矣。”萃卦所表现的是聚的情状,就是天地万物相聚的情状。

**大象:泽上于地,萃。君子以除戎器,戒不虞。**

**【注释】**

除:修治。

戒:防备。

不虞:不测。

**【解说】**

萃卦兑为金,坤为柄,有武器之象。

众人相聚,良莠不齐。泽在地上,水满则溢,一旦溃决则难以控制。千里之堤毁于蚁穴,因此要防患于未然,提高警惕,有备无患,故曰:“除戎器,戒不虞。”

**初六:有孚不终,乃乱乃萃。若号,一握为笑。勿恤,往无咎。**

**象曰:乃乱乃萃,其志乱也。**

**【注释】**

若:假如。

号:号令、命令。

恤:忧虑。

**【解说】**

初六为萃之始,以阴居阳不当位。初六与九四相应,相应则相孚。初六要与九四相聚,但由于初爻不当位,意志不坚定,中间变卦,故曰:“有孚不终。”由相聚而不聚,故曰:“乃乱乃萃。”

互卦中有艮、有巽;艮为手、为握,巽为号令。初六若能听从九四之号令,则能握手言欢,故曰:“若号,一握为笑。”

不要忧虑,不要犹豫,放下包袱,坚决与九四相聚,就不会犯错误,故曰:“勿恤,往无咎。”

象曰:“其志乱也。”初六以阴居阳不当位,意志不坚定。

**六二:引吉,无咎。孚乃利用禴。**

**象曰:引吉无咎,中未变也。**

**【注释】**

禴:古时的一种简薄的祭祀活动。

**【解说】**

六二居坤卦之中,为坤卦之主爻。初爻、三爻位不当,六二能指引他们走正道,故曰:“引吉,无咎。”互中有巽、有艮,巽为绳,艮为手,有引之象。

六二与九五相应,九五与六二真诚相待。六二参加九五举行的祭祀活动,即使礼物很少,也同样会受到重视,故曰:“孚乃利用禴。”

象曰:“中未变也。”六二居中得正,与九五相应,萃聚之心不变。

**六三:萃如嗟如,无攸利。往无咎,小吝。**

**象曰:往无咎,上巽也。**

**【注释】**

如:在词尾,表示状态。

嗟:文言叹词。

攸:所。

【解说】

六三与九四阴阳相比，六三愿与九四相萃。但六三阴居阳位，不中不正。不能坚持，不能始终如一，在相聚相萃的过程中有许多不满情绪，故曰："萃如嗟如。"

顺而悦，萃才能长久。嗟叹之萃终会乱，故曰："无攸利。"

六三若能认识到萃的重要性，改正原来的摇摆不定（只是小错误），顺从九四，最终走上正确的求萃之路，咎自然就消除了，故曰："往无咎，小吝。"

象曰："上巽也。"六三与九四阴阳相比，六三在下能顺从九四。

**九四：大吉，无咎。**

**象曰：大吉，无咎，位不当也。**

【解说】

九四由下卦进入上卦靠近九五，二爻多誉四爻多惧，有伴君如伴虎的感觉。九四与初六相应与六三相比，有相当多的人萃聚在九四的周围，他位高权重、功多，故曰："大吉。"但九四为巽爻，巽为顺，九四能顺从九五，九五信任九四，故曰："无咎。"

象曰："位不当也。"九四在九五之下为多惧之地。

**九五：萃有位，无咎。匪孚，元永贞，悔亡。**

**象曰：萃有位，志未光也。**

【注释】

匪：通"非"。

孚：诚信。

元：大。

永：长久。

贞：中正有节操。

悔：悔恨。

【解说】

九五居尊位，为萃之主，统御众人。在其位谋其政，在其位行其权，故曰："萃有位，无咎。"

九五若仅以高位行领导之权，而没有真诚的为民之心（"匪孚"），必然会有悔。若以“元永贞”之德(胸怀博大,长久而正)为大众谋福利,悔自亡矣,故曰:“匪孚,元永贞,悔亡。”九五为乾爻,乾为元、为贞。

象曰:“志未光也。”九五只以尊位聚人,光芒不能尽显。

**上六:赍咨涕洟,无咎。**

**象曰:赍咨涕洟,未安上也。**

**【注释】**

赍:带着,怀着。

咨:叹息。

涕洟:痛哭流涕的样子。

**【解说】**

上六阴柔居萃之极,无应无比。高而无位,贵而无民,无人来萃。上六感到困惑,甚至悲哀流泪,故曰:“赍咨涕洟。”

上六看到了自己的危机,而产生危惧之心。居安思危,可化险为夷,故曰:“无咎。”

象曰:“未安上也。”上六为极,极则变。上六认识到自己孤家寡人的处境,决心改变,而不是安于现状。

## 第四十六卦　升

**巽下坤上,卦画䷭读曰:地风升。**

**序卦曰:聚而上者谓之升,故受之以升。**

**【注释】**

升:向上、提高。

**【解说】**

升,上卦为坤,下卦为巽。坤为土、为地,巽为风、为木。木生地中,由萌芽而树苗,而栋梁,渐长渐大,渐长渐高,升之象。

风为地之气,气必然向上运行。风生自地下而行于地上,升之象,故卦名为“升”。

**卦辞:元亨。用见大人,勿恤。南征吉。**

**彖曰:柔以时升,巽而顺,刚中而应,是以大亨。用见大人,勿恤,有庆也。南征吉,志行也。**

**【注释】**

元:大、始。

用:使用、任用。

恤:忧虑。

**【解说】**

升是提高、进步、生发。升,上卦为坤,坤为顺;下卦为巽,巽为顺。升而能顺,能大亨,故曰:"元亨。"

升卦表现的是由弱小而壮大。由小到大的过程中需要得到帮助,才能够顺利成长。幼苗需要阳光,希望进步的人需要德才兼备的老师,故曰:"用见大人。"

卦中九二为大人。九二与初六相比,能够帮助初六。六五与九二相应。六五支持九二的行动。有人帮助,做事容易成功,故曰:"勿恤。"

在后天八卦中,巽在东南,坤在西南。升卦由内而外,由下而上,就是由巽到坤,必然经过离卦。离为南、为光明、为文明。万物生长向太阳,人类的进步与提高也是奔向光明的过程,故曰:"南征吉。"向光明的方向行动、努力,可获得吉祥。

彖曰:"柔以时升,巽而顺,刚中而应。"巽为柔、为进退,当进则进,当退则退。以柔顺之身,待时而进。内有刚中之志,外有应援之助,能顺利升进。

"有庆也。"在升进的过程中,需要主动寻求大人的帮助。但能不能得到帮助呢?卦象显示巽而顺,刚中而应,事情能够成功,可喜可贺,所以不用忧虑。

"志行也。"奔向光明走向光明,才是升的目的。

**大象:地中生木,升。君子以顺德,积小以高大。**

**【解说】**

十年树木,百年树人。地中生木,始为幼苗,几经岁月,渐渐长成参天大树,是日积月累的结果。升卦巽为顺,坤亦为顺,但坤为顺之极,巽为顺之始。由巽顺升坤顺,需要长期的积累。君子看到卦象的提示,日日修德,坚持不懈,才能成为品德高尚的人。

**初六：允升，大吉。**

**象曰：允升大吉，上合志也。**

**【注释】**

允：答应、认可。

**【解说】**

初六居升之初，初为震爻，震为行动，初爻欲上行。初六与九二相比，得到九二的认可，升的愿望得以实现，故曰："大吉。"

象曰："上合志也。"上指九二，初六与九二相比，志同道合，初六与九二同升。

**九二：孚乃利用禴，无咎。**

**象曰：九二之孚有喜也。**

**【注释】**

禴：古代一种简薄的祭祀活动。

喜：值得庆贺的事。

**【解说】**

九二与初六相比与九五相应，诚心相待，上下相孚。九二欲与初六同见六五而同升，故曰："孚乃利用禴。"禴是举行祭祀活动，比喻要想成功就要团结起来。

团结起来就能取得胜利，才可"无咎"。

象曰："有喜也。"九二与初六相比与六五相应，上下相孚可与初六同升，故曰："有喜。"

**九三：升虚邑。**

**象曰：升虚邑，无所疑也。**

**【解说】**

九三居下卦之极，上下卦之间，与上六相应，有进升到上卦的条件。阳实阴虚，上卦坤三爻皆阴，故曰："虚。"虚则能容纳，坤为邑，故曰："升虚邑。"

象曰："无所疑也。"下卦为巽，巽为进退不果、为疑。九三与上六相应，受上六援助，必然上升，故曰："无所疑也。"

**六四：王用亨于岐山，吉，无咎。**

**象曰:王用亨于岐山,顺事也。**

**【注释】**

亨:通“享”。

用亨:祭祀。

岐山:周的发祥地,周太王时期迁于岐山。

**【解说】**

六四以阴居阴,当位。六四由巽入坤,由弱小而变壮大,安居一方,故曰:“吉。”

卦辞以“王用亨于岐山”做比喻。王指周王,从太王迁至岐山后,周逐渐壮大,人民安居乐业。周王在岐山举行祭祀活动,是岐山主人的象征。六四阴变阳,上卦变为震,震为祭,故曰:“用亨。”

六四与五爻接近,靠近长官。六四爻为巽爻,巽为顺。六四能够顺从六五,故曰:“无咎”。

象曰:“顺事也。”六四为巽爻,六四顺从六五,故曰:“顺事也。”周王在岐山亲政爱民而忠于殷商是顺事。

**六五:贞吉,升阶。**

**象曰:贞吉升阶,大得志也。**

**【注释】**

阶:台阶、高台。

**【解说】**

六五居尊位,已经由弱小发展到强大,位高权重。力量强大了若不正,则危害性极大。持正则吉,故爻辞诫之曰:“贞吉”。

只有公正才能稳居高位,故曰:“升阶。”

象曰:“大得志也。”六五以尊位居上卦之中,居中则能正,正则可以大有作为。

**上六:冥升,利于不息之贞。**

**象曰:冥升在上,消不富也。**

**【注释】**

冥:昏暗、愚昧。

不息：循环往复。

贞：中正有节操。

消：消损、消除。

富：富有、充裕。

【解说】

上六居卦之极，已无升的空间。极则变，不但不能升，反而要降。上爻为兑爻，兑为西、为暮，日出而升，日暮而落，故曰："冥升。"

升发展到上爻，一个过程结束了，下一个过程又要开始了。像太阳升起、落下，再升起；像种子，生根发芽、成长、开花结果，循环往复，代代不息，故曰："利于不息之贞。"

象曰："消不富也。"消与息相对，是消减、下降、收缩、收敛。"不富"同消相似，是不再增益、增大、升高。上六为卦之极，物极必反，升极必降。

## 第四十七卦　困

**坎下兑上，卦画䷮读曰：泽水困。**

**序卦曰：升而不已必困，故受之以困。**

【注释】

困：陷在艰难痛苦里、穷苦、疲乏。

【解说】

从卦象上看，兑泽在上，坎水在下，水漏了，泽中无水。泽能润泽万物，泽无水，万物得不到润泽，困在泽中。

从爻象上看，九二为二阴所掩，九五、九四为上六所掩，阳为阴所困。上卦为柔、为阴，下卦为阳、为刚。阳为阴掩，阳为阴所困，故卦名为"困"。

**卦辞：亨。贞，大人吉，无咎。有言不信。**

**彖曰：困，刚揜也。险以说，困而不失其所亨，其唯君子乎？贞，大人吉，以刚中也。有言不信，尚口乃穷也。**

【注释】

亨：通达、顺利。

贞:正、中正有节操。

揜:同“掩”。

尚:尊崇。

【解说】

困卦泽上水下,泽无水,万物不能润泽,困于泽中。困下卦为坎、为险,上卦为兑、为悦。处险而能悦,能以积极的心态面对困难,任何艰难险阻都会被战胜,故曰:“亨。”

困卦九二、九五刚而中,虽为阴柔所掩,但能不卑不亢,不屈不挠。既有泰山压顶不弯腰、敢于斗争、不怕牺牲的精神,又能认清形势,讲究战略,是由困而亨的根本,故曰:“贞。”

贞者正也,中也。能够持正、持中,困难终究会被踩在脚下,故曰:“大人吉,无咎。”

困之时,阳被阴掩,刚被柔掩;刚不得志,没有影响力。人微言轻,故曰:“有言不信。”坎为耳、为听,兑为口、为言,坎刚为兑柔所掩;互中有巽,巽为进退不果、为疑惑,“有言不信”之象。

彖曰:“尚口乃穷也。”困之时把希望寄托在嘴上,寄托在言论上是没有前途的。

**大象:泽无水,困。君子以致命遂志。**

【注释】

致命:牺牲生命。

遂:实现。

【解说】

困下卦为坎、为险,上卦为兑、为悦。困之时险而能悦,不畏艰难,藐视困难,是一种大无畏的勇敢精神。

君子看到卦象受到启发,在逆境中不趋炎附势,始终坚持自己的信仰;即使牺牲生命,也不放弃自己的志向。坎为心、为志,兑为毁折,有“致命遂志”之象。

**初六:臀困于株木,入于幽谷,三岁不觌。**

**象曰:入于幽谷,幽不明也。**

【注释】

株木:没有枝叶的秃树干。

幽:昏暗。

觌:相见。

【解说】

初六在困卦的最下面,受困非常深重。坎为臀,臀下漏,有漏泽之象。互卦中有离有巽,离为网、为困,巽为木,故曰:“臀困于株木。”

坎为陷、为谷、为暗,巽为入,故曰:“入于幽谷。”

离为三数、为见,初六与九四相应,中间有离,离为离开,故曰:“三岁不觌。”

象曰:“幽不明也。”初六阴柔,志强才弱;困在最下面,寻找光明却陷入昏暗。

**九二:困于酒食,朱绂方来,利用享祀,征凶,无咎。**

**象曰:困于酒食,中有庆也。**

【注释】

朱:红色。

绂:古代系服的饰带,这里用“朱绂”比喻“荣禄”。

【解说】

九二阳刚居下卦之中,为富贵之臣。九二处二阴之中为二阴所困,是困于富贵。坎为酒食,故曰:“困于酒食。”

当此时,荣禄就要降临了,九二与九五相应,是九五的赏赐,故曰:“朱绂方来。”

九二阳刚不甘受困,借此机会摆脱困境,故曰:“利用亨祀。”

九二想改变现状,移风易俗,必然会遭到反对和攻击,但正义是无罪的,故曰:“征凶,无咎。”

象曰:“中有庆也。”九二以刚居中,不为现状所困是可喜可贺的。

**六三:困于石,据于蒺藜。入于其宫不见其妻,凶。**

**象曰:据于蒺藜,乘刚也。入于其宫,不见其妻,不祥也。**

【注释】

据:抓,执。

**【解说】**

九二阳困于阴中，六三是阴困于阳中。阳为刚、为坚，六三为艮爻，艮为止、为石，故曰："困于石。"

六三居下卦之上，坎有"蒺藜"之象，故曰："据于蒺藜。"

六三被九二、九四所困，又无应援，故曰："入于其宫，不见其妻。"六三爻为艮爻，艮为宫室。妻为内助，困而无助，故曰："凶。"

象曰："乘刚也。"六三以阴居九二之上，九二为阳、为刚。

"不祥也。"困而无助是不祥之兆。

**九四：来徐徐，困于金车，吝，有终。**

**象曰：来徐徐，志在下也，虽不当位，有与也。**

**【注释】**

徐徐：缓缓的样子。

吝：忧虑。

与：交往、亲附。

**【解说】**

九四进入上卦接近九五，九五为尊位，九四为臣位。位高而乘金车。九四为巽爻，有车象。九四之金车实为九五所赐，九四并不是金车的真正主人，反受金车的束缚，故曰："困于金车。"

九四与初六相应，九四欲救初六之困，但为金车所困，不能立即行动，故曰："来徐徐。"

九四的志愿难以实现，故曰："吝。"

但九四阳刚于外，阴柔于内，刚柔相济，为达到目的坚持不懈，最终能使愿望变成现实，故曰："有终。"

象曰："志在下也。"九四与初六相应，一心救困，坚持而不放弃。

"有与也。"九四以阳居阴，位不当。但九四解救初六之困的原因是与初六相应。

**九五：劓刖，困于赤绂，乃徐有说。利用祭祀。**

**象曰：劓刖，志未得也。乃徐有说，以中直也。利用祭祀，受福也。**

【注释】

劓：古代割鼻子的一种刑罚。

刖：古代的一种酷刑，把脚砍掉。

【解说】

九五以阳居阳，过刚而居尊位，容易使用暴力。上卦为兑、为刑人、为毁折。互中有离、有巽，离有劓象，巽有刖象，故曰："劓刖。"

九五为上六所掩，赤绂代表上六，上六为兑爻，兑为刑人、为毁折。九五过分依赖刑罚进行管理，故曰："困于赤绂。"

但九五居上卦之中，中则不偏，能够审时度势。用刚之路走不通，则改变办法，用仁政；以德治国，用教育的方法，循序渐进提高国民素质。兑为口、为教习，巽为风、为教化，故曰："乃徐有说。"

经常组织众人进行学习是促进教化的好方法。九五阳变阴，上卦变为震，震为祭祀，故曰："利用祭祀。"祭祀是大型集会。

象曰："志未得也。"用暴力难以实现治国安邦的理想。

"以中直也。"九五刚直又居中，能适时改变策略推行教化。

"受福也。"教化民众是民众之福，也是君王之福。

**上六：困于葛藟，于臲卼，曰动悔，有悔，征吉。**

**象曰：困于葛藟，未当也。动悔有悔，吉行也。**

【注释】

葛藟：藤类植物。

臲卼：动摇不安的样子。

【解说】

上六阴柔居阳爻之上，即所谓掩刚也。但柔不能自立，就像藤只能缠绕在树上，故曰："困于葛藟。"

上六希望自立而不依附于人。但脱离树干而自立，必然会有一番痛苦的挣扎，甚至有跌倒的危险，因此彷徨不安，故卦曰："于臲卼，曰动悔。"

上六居全卦之极，极则变，上六已认识到自己的不足和困境，希望改变现状，故曰："有悔。"

上六动而变乾，乾为刚健、为自主。理想得以实现，故曰："征吉。"

象曰:“未当也。”上六以柔乘刚,行为不当。

“吉行也。”上六处卦之极,认识到自身的缺点,不怕摔跟头,勇于思过,这种行为可喜可贺。

## 第四十八卦　井

**巽下坎上,卦画☵☴读曰:水风井。**

**序卦曰:困乎上者必反下,故受之以井。**

**【注释】**

井:从地面向下挖成的能取出水的深洞。

**【解说】**

从卦象上看,下卦巽为木、为进退、为上下;坎为水,随木而上下,有井中取水之象。互卦中有兑、有离;兑为泽,有木桶盛水之象;离中虚有井口之象。故卦名为“井”。

**卦辞:改邑不改井,无丧无得,往来井井。汔至亦未繘井,羸其瓶,凶。**

**彖曰:巽乎水而上水,井。井养而不穷也。改邑不改井,乃以刚中也。汔至亦未繘井,未有功也。羸其瓶,是以凶也。**

**【注释】**

汔:接近。

至:到。

繘:应为“潏”,水涌出。

羸:瘦弱。

是以:所以。

**【解说】**

人活着就离不开水,有人居住的地方就必须有井。俗话说:铁打的营盘流水的兵。人换了一茬又一茬,但营盘还在。物是人非,井还在,故曰:“改邑不改井。”

井口朝向天空,默默地为人们提供生活的水源,多年来一直保持着水位和平静,没有因人们的汲取而降低,也没因暂时的闲置而涌出,因为井与大地相通。上卦为坎，坎为平，故曰："无丧无得。"

井像一位历史老人，见证了人们忙忙碌碌的生活，看到人们来回汲水的场景，经历了世间的沧桑。互中有离，为见；兑为口、为悦，巽为进退往来，坎为劳、为流动，故曰："往来井井。"

但井也有废弃的。井水几乎快见底了，也未见有新水涌出，汲水的罐子也坏了，一片死寂景象。互中有离有兑，离火兑泽，水干之象。兑为泽、为罐、为瓶，兑为毁折。故曰："汔至亦未繘井，羸其瓶，凶。"

象曰："巽乎水而上水。"木入于水，水随木而上，井中取水之象。人们从井中汲水，而水并不减少。

"刚中也。"指九五爻。井卦属泰（䷊）类，泰初爻换到五爻，成井（䷯）。坤为邑，坤变坎，坎为陷、为水，有井之象。

"未有功也。"挖井挖到一定的深度，还未挖到泉水，就停下来，是半途而废，无功而返。

"羸其瓶，是以凶也。"停滞不前，长时间挖不到水，取水的罐都坏了，无水人就难以生存，所以非常凶险。

**大象：木上有水，井。君子以劳民劝相。**

**【注释】**

劝：劝勉。

相：帮助。

**【解说】**

下巽上坎，巽为木，坎为水；巽为上下，井中取水之象。人离不开水，水能养人；但取水要掘井，汲水要用力。坎为陷、为穴，巽为入，有掘井之象。坎为劳，巽为风、为教化，有劝民掘井而自养之象。

井水取而不穷，是因为井与大地相通，能够得到及时补充。如果人们相互帮助，互通有无，就像井一样不会干涸，故曰："君子以劳民劝相。"

**初六：井泥不食，旧井无禽。**

**象曰：井泥不食，下也；旧井无禽，时舍也。**

**【注释】**

禽：鸟类的总称。

舍：放弃。

【解说】

初六不当位，以阴居井之底，为井底之泥，故曰："井泥不食。"

下卦为巽，巽为鸡、为鸟，禽之象。初六阴变阳，巽变乾，禽飞走之象。乾为老、为旧，故曰："旧井无禽。"

象曰："下也。"初六以阴居井下，泥之象。

"时舍也。"这个井已经破旧了，时光把它抛弃了。

**九二：井谷射鲋，瓮敝漏。**

**象曰：井谷射鲋，无与也。**

【注释】

谷：井中容水处。

鲋：小鱼。

瓮：一种盛水的陶器。

敝：破旧、坏。

【解说】

二爻还在井的下部。二爻阳变阴，下卦变为艮，艮为山、为丘陵，有井中干涸之象，故曰："井谷射鲋。"

井卦上水、下木。九二阳变阴，下卦变为艮。木桶坏了，水也漏了，故曰："瓮敝漏。"

象曰："无与也。"井本是养人之源，而今已经没落，无水可取。井失去了养人的功能，不能给人们提供生活用水。

**九三：井渫不食，为我心恻。可用汲，王明，并受其福。**

**象曰：井渫不食，行恻也。求王明，受福也。**

【注释】

渫：除净污秽。

恻：悲痛、忧伤。

汲：从井里打水。

【解说】

九三以阳居阳，阳而当位，为井中好水。九三阳变阴，下卦由巽变为坎，坎为水、为通,有井渫之象。九三与上六相应,但上六阴柔居卦外,无力汲水。九三无用武之地,心生忧伤。坎为心忧,故曰:“井渫不食,为我心恻。”

王指九五,上互为离、为明,故曰:“王明。”王有伯乐之慧眼,故曰:“可用汲。”人尽其才,物尽其用是千里马之福,也是伯乐之福,故曰:“并受其福。”

象曰:“行恻也。”这里指九三行为悲痛。

“求王明。”九三与九五不相应,要主动寻求帮助。

**六四:井甃,无咎。**

**象曰:井甃无咎,修井也。**

**【注释】**

甃:砌垒,修治。

**【解说】**

六四阴而当位,居井中部,六四为巽爻,巽有齐洁之意。阳为井水,阴为井壁。有砌井之象,故曰:“井甃。”破井被砌好,咎自然就没了,故曰:“无咎。”

象曰:“修井也。”井可以养人,但只用而不修,致使井壁坍塌,失去养人的功能,这是人的过错。知错能改则可补过,故“无咎”。

**九五:井洌,寒泉食。**

**象曰:寒泉之食,中正也。**

**【注释】**

洌:洁净清凉。

**【解说】**

九五阳刚当位居上卦之中,井中水位高而清澈。九五为乾爻,乾为寒,故曰:“井洌。”

此井通过三爻的疏通、四爻的修砌,又显得生机勃勃,焕发了青春,涌出了大量的可供人们食用的清澈的水,故曰:“寒泉食。”

象曰:“中正也。”九五阳刚中正是清洌的好水,能供人们食用,为人们做贡献。

**上六:井收勿幕,有孚元吉。**

**象曰:元吉在上,大成也。**

【注释】

收:收获、汲取。

幕:覆盖。

【解说】

上六居井之上而当位,上爻为兑爻,兑为口,有井口之象。九三井已疏通,水已清澈,等待用汲。六四井甃,井壁砌好了。九五清冽的井水涌满井口,井已恢复了养人的功能,正是汲水的好时机。站在井口上可取井中之水,故曰:“井收。”

井的作用就是汲水养人,否则就失去了井的意义。上六阴变阳,上卦变为巽,巽为木、为盖,故诫之曰:“勿幕。”

上六与九三相应,相应相孚则能用汲,是九三之福也是上六之福,故曰:“有孚元吉。”

象曰:“大成也。”上六为井之上,井已修成,人们可以汲水,井也发挥了养人的作用。

## 第四十九卦　革

**离下兑上,卦画䷰读曰:泽火革。**

**序卦曰:井道不可不革,故受之以革。**

【注释】

革:改变。

【解说】

革卦上泽下火,互中有乾金和巽木;金盛水,木生火,有燃木煮水之象。古时制作皮革,要用水煮,然后去毛,用火烤脱水,皮才变成革。

上泽水,下离火,水克火,互中上为乾金、下为巽木,金克木;火旺泽涸,泽旺火灭,水火不相容,则革,故卦名为“革”。

**卦辞:己日乃孚,元亨利贞,悔亡。**

**彖曰:革,水火相息,二女同居,其志不相得,曰革。己日乃孚,革而信之。文明以说,大亨以正,革而正,其悔乃亡。天地革,而四时成。汤武革命,顺乎天**

**而应乎人。革之时大矣哉!**

【注释】

己:天干第六位。

孚:诚信。

息:同“熄”,熄灭。

汤武:商汤和周武王。

【解说】

革卦离火炎上,兑泽浸下;泽旺火熄,火旺泽干。火上炎是火革泽,泽浸下是泽革火。水火相克相革,因不平衡而革,革后又建立了新的平衡,水火相互为用,故曰:“己日乃孚。”

新的秩序建立后又可以继续发展,故曰:“元亨利贞。”元亨是大亨,是非常通顺。利贞是利于正。火泽正则能保持平衡。在动中保持平衡,在变中求发展,可以无悔,故曰:“悔亡。”

彖曰:“二女同居,其志不相得。”革卦上卦为兑、为少女,下卦为离、为中女。兑泽润下,离火炎上,一上一下,故曰:“其志不相得。”志不同,道不合,必相革。

“革而信之。”变革之后,上下相孚。

“文明以说,大亨以正。”兑为口、为说,离为火、为文明。文明于内,宣传于外;光明磊落,堂堂正正。

“革而正,其悔乃亡。”人间正道是沧桑。革的目的是建立公平的新秩序,只有公正才能无悔。

“天地革而四时成。”春革冬,秋革夏,春夏秋冬四季往复,万物才能一代一代地生长。“汤武革命,顺乎天而应乎人”,民不聊生,汤武顺天应人,所以能够成功。革命的时机非常重要,故曰:“革之时大矣哉!”

**大象:泽中有火,革。君子以治历明时。**

【注释】

治:制定。

历:历法。

【解说】

泽中有火是火育于泽中,一旦时机成熟,火势壮大必将革泽之命。沧海桑田，春夏秋冬，世界永远处在运动变化之中。不变是相对的，变化是绝对的。

君子看到这个现象，受到启发，制定历法，使人们了解节气的变化从而指导农业生产，规范人的行为；制定法律，防止邪恶蔓延，防微杜渐，维护社会稳定。

**初九：巩用黄牛之革。**

**象曰：巩用黄牛，不可以有为也。**

**【注释】**

巩：束缚物体。

**【解说】**

初爻为革之始，离火初燃，火势不壮，不足以与泽相抗，故不能贸然行动。要慢慢积聚力量，循序渐进。变革之初不能轻举妄动，不能太急，急则不成。下卦为离，离为黄牛，故曰："巩用黄牛之革。"

象曰："不可以有为也。"初爻是事情的开始，力量还不够强大，不能进行大动作、大行动，要审时度势，量力而行。

**六二：己日乃革之，征吉，无咎。**

**象曰：己日革之，行有嘉也。**

**【注释】**

乃：就。

征：出征。

嘉：善、美。

**【解说】**

六二阴柔居下卦之中，与九五相应，上下相孚，变革的条件、时机已经成熟，故曰："己日乃革之。"

机会来了，机不可失，顺应时代潮流，勇于改变现状，就会获得成功。若畏首畏尾，错失良机，将抱憾终生，故曰："征吉，无咎。"

象曰："行有嘉也。"六二若顺时而动，会有好结果。

**九三：征凶，贞厉。革言三就，有孚。**

**象曰：革言三就，又何之矣。**

**【注释】**

贞：坚定有节操。

厉:危险、挫折。

就:完成、成功。

何:哪里。

之:到。

**【解说】**

九三过刚而不中,是急于变革者。九三雷厉风行,敢作敢为,但也有其冒失和不稳定的一面。变革是大势所趋。但急躁冒进,反会造成麻烦,欲速则不达。故曰:"征凶。"大方向是正确的,但方法有问题,故曰:"贞厉。"方向正确,但会有挫折。

九三受到挫折后,改变了策略,先进行广泛深入的宣传,故曰:"革言三就。"即卦辞"文明以说"。最终获得六二和上六的支持,故曰:"有孚。"

象曰:"革言三就,又何之矣。"如果先做好宣传工作,取得人们的信任,又怎么会有"征凶,贞厉"这样的事情发生呢?

**九四:悔亡,有孚,改命吉。**

**象曰:改命之吉,信志也。**

**【注释】**

命:命运。

信:相信。

志:决心。

**【解说】**

九四由下卦进入上卦,变革进入了新的阶段。九四以阳居阴,位不当则行为不当,故有悔。九四应比皆为阳,若要相孚,必须改变性格、改变观点,同心同德,革命才能成功,故曰:"悔亡,有孚,改命吉。"

象曰:"改命之吉,信志也。"九四变革之所以能够成功,是因为坚持"先相应相孚而后改革"的信念。

**九五:大人虎变,未占有孚。**

**象曰:大人虎变,其文炳也。**

**【注释】**

占:占问。

炳:光明显著。

【解说】

九五阳刚中正居尊位,大人之象。九五为乾爻,乾为虎;九五刚健而威武,审时度势,勇于变革,故曰:“大人虎变。”

九五与六二相应,上下相孚,变革必然成功,故曰:“未占有孚。”

象曰:“其文炳也。”这里是说变革之后九五的形象更加光明显著。

**上六:君子豹变,小人革面。征凶,居贞吉。**

**象曰:君子豹变,其文蔚也。小人革面,顺以从君也。**

【注释】

豹:像虎而比虎小。

征:远行、讨伐。

居:停留。

贞:正、坚定有节操。

文:事物的形象。

蔚:盛大,文采华美。

【解说】

上六为革卦之终,变革成功之时,建立了公平的新秩序。此时涌现了大批的先进人物,他们贡献大,成绩突出,受到表彰。上六阴变阳,上卦变为乾,乾为君子,有豹象,故曰:“君子豹变。”

普通人也因为变革获得实惠而欢欣鼓舞。上爻为兑爻,上卦为兑,兑为小人,兑为喜悦,故曰:“小人革面。”

变革成功,人心思定、思安。若再起争端必然不得人心。在这种形势下,休养生息才能保持安定团结的局面,促进社会发展和进步,故曰:“征凶,居贞吉。”

象曰:“其文蔚也。”变革成功,先进人物的光辉形象更显得高大。上六阴变阳,上卦变为乾,乾为高大、为光辉。

“顺以从君也。”革卦中,九五和上六都当位,九五为君,上六为臣,九五尊重上六,上六也甘心服从、顺从九五。

# 第五十卦 鼎

**巽下离上，卦画☲读曰：火风鼎。**

**序卦曰：革物者莫若鼎，故受之以鼎。**

**【注释】**

鼎：古代烹煮用的器物，一般是三足二耳。

**【解说】**

上离为火，下巽为风、为木，木燃生火。互卦中有乾有兑，乾为金，兑为泽，有用锅烹饪之象。

从爻象上看，初爻象足，二、三、四爻中实象腹，五爻为二耳，上爻为铉，有鼎之象，故卦名为“鼎”。

**卦辞：元吉，亨。**

**彖曰：鼎，象也。以木巽火，烹饪也。圣人亨以享上帝，而大亨以养圣贤。巽而耳目聪明，柔进而上行，得中而应乎刚，是以元亨。**

**【解说】**

鼎三足二耳，安定而稳固。古时大禹铸九鼎以象九州，历代相传，为国家的象征。夏亡，鼎为商所有。商亡，鼎为周所有。谁拥有鼎谁就拥有统治权。

鼎可以烹饪，每个家庭、每个人都离不开它。鼎可以熟物，可以调和五味。古时帝王用鼎祭祀上天，用鼎宴会大臣。

从卦象上看，下巽顺，上离明，能顺能明。上离为明、为目，六五爻为鼎之耳，有耳目聪明之象。鼎是权力的象征，可以养人养贤，可以使耳聪目明不致昏聩。鼎为宝物，有鼎之德则大吉而亨通，故曰：“元吉，亨。”

彖曰：“鼎，象也。”卦之所以名鼎，是因为卦象反映的是鼎的形象。

“以木巽火，烹饪也。”下卦为巽、为木，上卦为离、为火，木燃而生火。鼎有烹饪的功能。圣人可以用鼎烹饪出美味，祭祀上天，表示对天的尊敬；还可以用大鼎烹饪更多的美食，分赐给自己的臣民，使他们为国出力。

“巽而耳目聪明，柔进而上行，得中而应乎刚，是以元亨。”鼎还有更高级的作用。下卦为巽、为顺，上离为明、为目，六五为鼎之耳，有耳目聪明之象。巽木生离火，由下而上，故曰："柔进而上行。"六五以柔中而应九二之刚中，上下相孚，精诚团结，无往而不胜，所以能够大亨，也就是说非常顺利，万事如意。

**大象：木上有火，鼎。君子以正位凝命。**

**【注释】**

凝：严守、固持。

命：使命。

**【解说】**

鼎可以烹饪，调和五味，养人养贤。鼎还耳目聪明。所以，它是国家的象征，是能够执政的象征。

大禹铸鼎，夏桀无道，鼎迁于商；纣王荒淫，鼎迁于周。耳目聪明才能正，养人养贤才有凝聚力。能正，鼎才能不倾不迁。有凝聚力，能团结人，鼎才能代表国家，有号召力。

**初六：鼎颠趾，利出否。得妾以其子，无咎。**

**象曰：鼎颠趾，未悖也。利出否，以从贵也。**

**【注释】**

颠：颠倒。

否：坏，指鼎底的污物。

悖：违背。

**【解说】**

初六以阴居鼎下，阴爻中间虚像鼎足。足虚而容易倾，但有弊则有利，倾倒之后可以把鼎底的污物排掉。烹饪之前洗刷干净，清洁的鼎才可以调出优质的五味。

初六为震爻，震为足、为动，变而为乾，乾有清洁之象，故曰："鼎颠趾，利出否。"

初六为阴爻，又居最下，为卑、为妾，但作用不可小觑。初六阴变阳，下卦变为乾，乾为贵人，故曰："得妾以其子。"妾的地位低下，但因生贵子，母以子贵，以此比喻初六的重要。

鼎虽倾但目的是清洁，故曰："无咎。"

象曰："未悖也。"鼎倾倒是正确的、合理的。"以从贵也。"去除了污垢，清洁了，可以盛放珍贵的食物。

**九二：鼎有实。我仇有疾，不我能即，吉。**

**象曰：鼎有实，慎所之也。我仇有疾，终无尤也。**

**【注释】**

实：真才实学。

仇：仇敌。

即：靠近。

疾：恨。

**【解说】**

九二为鼎腹，阴为虚，阳为实，故曰："鼎有实。"

九二阳刚居下卦之中，与六五相应，受六五器重。但同时也会受人怨恨和嫉妒，故曰："我仇有疾。"九三、九四介于九二、六五两爻之间，为仇人，阻碍九二与六五相交。

但九二能保持自己正直的品格，不与三四接触，故曰："不我能即，吉。"九二阳变阴，下卦变为艮，艮为背、为止，有不即之象。

象曰："鼎有实，慎所之也。"有才能可能招致别人的怨恨和嫉妒，行动应当谨慎。

"我仇有疾，终无尤也。"虽然受到怨恨，但使我和他们保持了距离，未同流合污，灾难就不会降临到自己身上。

**九三：鼎耳革，其行塞。雉膏不食，方雨亏悔，终吉。**

**象曰：鼎耳革，失其义也。**

**【注释】**

塞：阻塞。

雉膏：野鸡羹，比喻美味。

方：刚刚。

亏：缺损、折耗。

**【解说】**

九三阳刚居鼎腹，为鼎中美味。鼎有足，但鼎行走靠的是耳。铉为抬鼎的杠杆，插入鼎耳之中，可以抬到其他的地方。将铉从鼎耳中抽出，就是鼎耳革。

鼎不能移动,就是其行塞。

不把鼎抬到众人面前,鼎中的美味就无法分给众人食用,就失去了养人养贤的作用。九三无应无比,就像有才德之人得不到上级和大众的认可,发挥不了自己的才能,故曰:“雉膏不食。”鼎卦,上离为雉,下巽为鸡,皆野味。九三变下卦成坎,坎为膏,故曰:“雉膏。”

九三因为不能发挥才干而感到遗憾(悔)。但他主动寻找机会为大众服务,就像雨泽滋润大地,为大众实实在在做事情,就会有成就感,遗憾就会减少,故曰:“方雨亏悔。”

九三变,下卦成坎,坎为雨。下过雨之后,天晴了,遗憾减少了,故曰:“终吉。”

**九四:鼎折足,覆公𫗧,其行渥,凶。**

**象曰:覆公𫗧,信如何也。**

**【注释】**

覆:翻、倒。

𫗧:鼎中的食物,指美味。

渥:沾湿。

信:苗头、兆头。

**【解说】**

九四阳刚居五爻之下,为大臣之位,故曰:“公。”九四与初爻相应,初为足、为阴。九四或用人不当,或做事不力,事情办砸了,故曰:“鼎折足。”这里比喻把事情办坏了。

鼎歪了,鼎中的美味洒了一地,并且沾湿了其他的人。情况非常糟糕,九四摆脱不了责任,必然会受到惩罚,故曰:“凶。”

象曰:“信如何也。”这个兆头怎么样呢?鼎翻了不是好兆头啊。

**六五:鼎黄耳,金铉。利贞。**

**象曰:鼎黄耳,中以为实也。**

**【注释】**

铉:横贯鼎耳的抬鼎的杠子。

**【解说】**

六五居尊位，外阴内阳，外虚内实。虚则能学习新知识，能接受别人的意见。内实则意志坚定，诚实守信。

鼎有养人养贤之功能，更重要的是耳聪目明。五爻有鼎耳之象，五为尊位，黄色为尊贵的颜色，故曰："黄耳。"

六五与九二相应与上九相比，上九为铉能贯穿六五之耳。上九为阳，为有德才的退位大臣。六五变，上卦变为乾，乾为金，故曰："金铉。"这里比喻六五之耳能接受好的建议，虚心纳谏。

卦曰："利贞。"这是告诫六五要正，因为六五有阴柔的一面，要防止偏听偏信，优柔寡断。

象曰："中以为实也。"六五居上卦之中，虚而能受，就像鼎耳可以贯铉，使鼎能走到民众之间，鼎中之实可以养人养贤。

**上九：鼎玉铉，大吉，无不利。**

**象曰：玉铉在上，刚柔节也。**

**【注释】**

节：节制。

**【解说】**

上九为鼎的铉，铉能扛鼎，可以帮助鼎行走。上九与六五相比，是有德才、有忠心的大臣。上九外阳内阴，外刚内柔，刚坚而温润，象玉，故曰："玉铉。"

上九有玉的品德，能够与六五（领导）和谐相处，有才能而不骄，有功而不傲，故卦曰："大吉，无不利。"

象曰："刚柔节也。"上九品德高尚，其刚而能柔，做人做事有分寸，能控制自己的刚，受到六五的尊重。

## 第五十一卦　震

**震下震上，卦画䷲读曰：震为雷。**

**序卦曰：主器者莫若长子，故受之以震。震者，动也。**

【注释】

震:震动、震惊。

【解说】

震卦一阳陷于二阴之下,阳受压抑不能出,阳的力量积聚而爆发,故震。乾坤生六子,乾一索得长男为震,故震为长子。《说卦传》曰"帝出乎震",震为帝、为力量,为创始。以节气论,震为阳春三月,阳气勃发,有万物复苏之象。

**卦辞:亨。震来虩虩,笑言哑哑,震惊百里,不丧匕鬯。**

**彖曰:震,亨。震来虩虩,恐致福也。笑言哑哑,后有则也。震惊百里,惊远而惧迩也。不丧匕鬯,出可以守宗庙社稷,以为祭主也。**

【注释】

虩虩:惊恐之貌。

哑哑:笑声。

匕:古代一种类似汤勺的餐具。

鬯:古代祭祀用的一种酒。

则:制度、规则。

【解说】

一阳伏于二阴之下,奋激而出,阳气奋发,通行无阻。震于时为春,万物开始生长,故曰:"亨。"

震为动、为雷,雷霆万钧,雷象天之怒。震卦上下皆震,雷霆滚滚,人们听到巨大的雷声,会感到大自然的威慑力,表现出惊恐之态,故曰:"震来虩虩。"

震雷过后,雨过天晴,空气清新,人们会感到神清气爽。震为动、为音乐、为笑、为言,有和乐之象,故曰:"笑言哑哑。"

震为长子、为诸侯。诸侯辖地百里,百里之内是他的势力范围,故曰:"震惊百里。"

震为祭,长子主祭。虽有惊雷,但他意志坚定,不受外界影响,有条不紊地举行完祭祀仪式,故曰:"不丧匕鬯。"

彖曰:"震来虩虩,恐致福也。"在巨大的雷声面前,人们会感到恐惧,是一种生理反应。由惊惧而警惕,由警惕而谨慎,由谨慎而敬业,由敬业而事业有成,福祉自然会来临。人们在大自然面前要有敬畏之心,不能违背自然规律,时刻保持人与自然和谐相处。

“笑言哑哑,后有则也。”震雷过后,人们由惊恐紧张而变放松,神清体舒,欢乐之情溢于言表。喜悦能使人失去戒备之心,会使自己的行为失控,乐极生悲。逆境可促人上进,顺境反而消磨人的意志。因此在顺境之中要不忘初心,遵守法则。

“震惊百里,惊远而惧迩也。”震卦上下皆震,内外皆震,远近皆震。在震影响范围内,没有不受震的角落,没有偏私,威严而公正。

“出可以守宗庙社稷,以为祭主也。”震为长子,威严公正,意志坚强,不受外界左右(“不丧匕鬯”)。古时,帝外出,长子可以主持朝政,祭祀祖先。有这样的德行,就具备了当家做主、主持全局的能力。

**大象:洊雷,震。君子以恐惧修省。**

**【注释】**

洊:再。

省:省察。

**【解说】**

震卦上下皆震,雷声滚滚,故曰:“洊。”

震为天地之怒气,有威慑力,人们闻雷声而感到惊恐,邪心杂念为之一消。这个现象提醒人们在平时就要修身修德,不能遇到问题临时抱佛脚。

**初九:震来虩虩,后笑言哑哑,吉。**

**象曰:震来虩虩,恐致福也。笑言哑哑,后有则也。**

**【解说】**

爻辞、象辞、卦辞、彖辞相同。初爻为震爻,震为长子、为创始、为行动。初爻以刚居刚,德才兼备,有主持全局的能力,在做事之初小心谨慎,恐惧修省。良好的开端等于成功的一半,今后的事业将更加顺利更加兴旺,故曰:“后笑言哑哑,吉。”

**六二:震来厉,亿丧贝。跻于九陵,勿逐,七日得。**

**象曰:震来厉,乘刚也。**

**【注释】**

厉:危险。

贝:贝壳,古代用贝壳做货币。

跻:登、上升。

陵:大土山。

**【解说】**

六二与初九最近,初九为震,六二对震的感受最深,故曰:“震来厉。”六二以阴居阴,震来之时,不能自持,惊慌失措,失魂落魄,丢三落四,故曰:“亿丧贝。”贝,可以理解为宝贵的东西。

六二为离爻,离为高处,离为九数。六二为初九所迫,六五又是敌应,没有安身的地方。只能待在高处,故曰:“跻于九陵。”

六二居下卦之中位,虽受冲击但不随波逐流,震动过后就会恢复原貌。六二为离爻,离又为七数,故曰:“勿逐,七日得。”

象曰:“乘刚也。”六二与初九的关系是阴在上、阳在下,为柔乘刚。

**六三:震苏苏,震行无眚。**

**象曰:震苏苏,位不当也。**

**【注释】**

苏苏:畏惧不安。

眚:过失。

**【解说】**

六三为下卦之终,介于两震之间,初震已远,下震将来,六三惊惧不安,故曰:“震苏苏。”

六三外阴内阳,外柔内刚,有坚定的信念;虽有不安之貌,但能恐惧修省,知错能改;下震到来之时,避开灾祸,故曰:“震行无眚。”

象曰:“位不当也。”六三阴居阳位,居上下卦之间。

**九四:震遂泥。**

**象曰:震遂泥,未光也。**

**【注释】**

遂泥:陷入泥中,陷入困难之中不能自拔。

**【解说】**

九四为上卦之主爻,欲发震雷之威。但九四阳居阴位,外阳内阴,阳刚不足;与初爻相比,威势大大减弱。

九四阳变阴,上卦变为坤,坤为土,有泥象。上互为坎,九四在坎中,坎为险为陷。九四为巽爻,巽为入,为陷入泥中之象,故曰:“遂泥。”

象曰:“未光也。”后震未能发扬光大前震的威力,反而被困难阻挡。

**六五:震往来厉,亿无丧,有事。**

**象曰:震往来厉,危行也。其事在中,大无丧也。**

**【注释】**

厉:危险。

丧:丧失、丢弃。

有事:祭祀之事。

**【解说】**

震卦阳爻为震,阴爻为受震。震卦发展到了五爻,已经经历初九之震和九四之震。前震已往,后震又来,震声威厉。六五就处在这样的环境中,故曰:“震往来厉。”

六五居尊位、高位,是领导核心;在复杂多变的环境中,始终保持高度的警惕性。沉着冷静,没有惊慌失措,没有被困难吓倒,故曰:“亿无丧。”

“有事。”能坚持不懈地将祭祀活动继续下去,不会半途而废。

象曰:“危行也。”六五所处的环境,前震刚往后震又来,震而不绝,始终处在惊恐之中。

“其事在中,大无丧也。”六五处在上卦之中位,谦虚认真,稳重而不偏激,能正确做事,没有失误。

**上六:震索索,视矍矍,征凶。震不于其躬,于其邻,无咎。婚媾有言。**

**象曰:震索索,中未得也。虽凶无咎,畏邻戒也。**

**【注释】**

索索:因恐惧而双脚畏缩难行的样子。

矍矍:双目旁顾不安的样子。

躬:自身。

媾:结合、交好。

有言:言语相争而议论纷纷。

【解说】

上六居全卦之上，无应无比，有位高而孤独之象，故曰："震索索。"上六离震虽远，但震之威力，仍有威慑作用，使他不安而恐惧。他想寻找、看清恐惧的来源，故曰："震索索，视矍矍。"上爻阴变阳，上卦变为离，离为目、为见、为视。

上六若不恐惧修省，不检讨自己的行为，认为离震尚远，抱着侥幸心理，一意孤行，必然会受到打击，故曰："征凶。"

"躬"指上六，"邻"指六五。六五居尊位，是事件的责任人，受震的影响最大。上六如果能看到当前的形势而警惕戒备，则能平安度过这个非常时期，故曰："震不于其躬，于其邻，无咎。"

艰难过后是坦途，震雷过后是晴朗的天空。生存和发展是人类永恒的主题。和平的环境又给人们带来了繁衍生息的机会。惧尽欢来，故曰："婚媾有言。"上爻为兑爻，兑为朋友讲习，为喜悦。

象曰："中未得也。""中"指六五，六五处震之中，未得安宁。上六看到的就是这种现象。

"畏邻戒也。""邻"是六五，六五都不得安宁，若不小心谨慎则灾祸加身。上六以此为戒而恐惧修省。

## 第五十二卦　艮

**艮下艮上，卦画䷳读曰：艮为山。**

**序卦曰：物不可以终动，止之，故受之以艮。艮者，止也。**

**【注释】**

艮：代表山。

**【解说】**

艮卦一阳高居二阴之上，阳性上升，阳已经达到最高不能再上，故止。艮卦一阳高居坤土之上故象山。

**卦辞：艮其背，不获其身，行其庭，不见其人，无咎。**

**彖曰：艮止也，时止则止，时行则行，动静不失其时，其道光明，艮其止，止其所也。上下敌应不相与也。是以不获其身，行其庭不见其人，无咎也。**

【解说】

易，远取诸物、近取其身，故艮为山、为背。人身手足眉目皆动，唯背不动，故艮为背，故曰："艮其背。"

艮卦象两山并峙，又象两背相对，背相对则不相见，故曰："不获其身。"

互卦中有震，震为行。艮为门庭，故曰："行其庭。"但两背相对，你行他也行，故曰："不见其人。"

相互之间，各得其所，各安其位，何咎之有，故曰："无咎。"

彖辞又做了进一步解释。人身有眉目手足，有背，才能构成一个协调的整体。那么推演到人事就要动静相宜，知行知止，当动则动，当止则止，既会工作又会休息。

但艮卦之止，不是绝对的止，不是死寂的止。山不动，但随地球一起动；背不走，但随身而走。止是相对的，而动是绝对的。

由动入静是止，由静而动也是止。止就是改变目前的状态，停止目前的状态。止是为了动。止是暂时的，是为了积聚力量。

彖曰："其道光明。"艮之止，是当止则止，当行则行，动静相宜，艮卦从九三至上九为大离，有光明之象。

"上下敌应不相与也"。上三爻之艮与下三爻之艮，不是阴阳相应，而是阴与阴对、阳与阳对。同性相对为敌应，相敌则不相应，就像两背相对，两山并峙而不相见。

**大象：兼山，艮。君子以思不出其位。**

【注释】

兼：并。

思：指心。

位：指身。

【解说】

君子修行先修心。欲止其心，先止其身，身止则心收，身正则心正，故曰："思不出其位。"

艮为两山并立，各止其所，相互独立，在大地上都有其适当的位置。君子看到这个现象，受到启发，要保持思想的独立性、独特性，才能有所成就。

**初六:艮其趾,无咎。利永贞。**

**象曰:艮其趾,未失正也。**

**【注释】**

趾:脚指头。

贞:中正有节操。

**【解说】**

初爻居全卦之下,象足。足动则身动,若要身不动,就先要管住自己的脚。欲止其身,先止其足,故曰:“艮其趾。”

初爻为事之初,为萌芽状态,能使事故消弭于未萌,事半功倍,故曰:“无咎。”

要保持长治久安,就要时刻警惕不能懈怠,故曰:“利永贞。”

象曰:“未失正也。”初爻为阴爻而居阳位,以阴居阳为不正。但初爻能适可而止,止得其所,故曰:“未失正也。”

**六二:艮其腓,不拯其随,其心不快。**

**象曰:不拯其随,未退听也。**

**【注释】**

其:代词,代表六二。

腓:小腿肚。

拯:救援。

随:跟着、顺从。

快:高兴、快乐。

**【解说】**

六二以阴居下卦之中,初爻象足,二爻则象腿肚,故曰:“艮其腓。”腓被止。

六二与九三阴阳相比,能够相互支持和帮助,故曰:“拯。”六二以阴承阳,以阴随阳,故曰:“随。”但腓不能动,不动则不能追随九三,故曰:“不拯其随。”

不能实现自己的愿景,志不能伸,心中则不平,故曰:“其心不快。”

象曰:“未退听也。”六二既不能实现自己的愿望,又不能退后而听命于初六。六二就处在这种尴尬的位置。

**九三:艮其限,列其夤,厉薰心。**

**象曰:艮其限,危薰心也。**

**【注释】**

限:界限。

列:通“裂”,使……分开。

夤:背脊肉。

厉:危险。

薰心:忧心如焚。

**【解说】**

九三以阳居阳是下艮之主爻,为极力所止者。艮为门,九三居上下卦之间,内外之间,象门槛,故曰:“艮其限。”九三将内外隔绝,使上下不通,追随者不能靠近,故曰:“列其夤。”不通则痛,不通则病,不通则危,故曰:“厉。”

艮卦互中有坎,坎为心,为心忧。心忧严重则忧心如焚,故曰:“薰心。”

象曰:“危薰心也。”这是进一步强调九三将上下隔绝,是非常危险的事情。

**六四:艮其身,无咎。**

**象曰:艮其身,止诸躬也。**

**【注释】**

躬:亲自。

**【解说】**

六四由下卦进到上卦,又位于卦的中部,故曰:“艮其身。”六四上比六五,属大臣之位。六四以阴居阴当位,但过于柔弱能力不强,难以拨乱反正,只能安分守己,以身作则,虽为模范但仅可自身无咎。

象曰:“止诸躬也。”六四以阴居阴,只能管住自己。

**六五:艮其辅,言有序,悔亡。**

**象曰:艮其辅,以中正也。**

**【注释】**

辅:上牙床,这里借指口。

言:说话。

序:条理。

【解说】

六五居高位、尊位，居上卦之中，有谦虚谨慎之风格，能管好自己的嘴巴。应当站出来说话时，就勇敢站出来说话；需要保持沉默的时候，就不乱说，故曰：“艮其辅。”

艮卦，九三至上九象口，口下动上止。九三至六五为震，震为动；六四至上九为艮，艮为止。

若言论不合时宜，必然会给自己带来麻烦，反之则不会有麻烦，故曰：“言有序，悔亡。”言有序，说话之前要深思熟虑。

象曰：“以中正也。”六五以阴居上卦之中，能谦则能正，能管好自己的口。

**上九：敦艮，吉。**

**象曰：敦艮之吉，以厚终也。**

【注释】

敦：诚恳厚道。

厚：厚实、厚道。

终：最后。

【解说】

上九像一位敦厚的长者，高居卦上，他诚恳厚道，厚德载物。上九阳变阴，卦变为谦，谦谦君子有敦厚之风，故曰：“敦艮。”有敦厚之德，故曰：“吉。”

象曰：“以厚终也。”能以厚道之德待人接物，则会有好的结果。

## 第五十三卦　渐

**艮下巽上，卦画☴☶读曰：风山渐。**

**序卦曰：物不可终止，故受之以渐。渐者，进也。**

【注释】

渐：慢慢地、一点一点地、进而不速。

【解说】

从卦象上看，上卦为巽、为风，风善入。下卦为艮、为止。入而受止，入不速，有渐之象。巽为木，艮为山；木生长在山上，日积月累，由弱小而高大，也是一个缓慢的过程,有渐之象,故卦名为“渐”。

**卦辞:女归吉,利贞。**

**彖曰:渐之进也,女归吉也。进得位,往有功也。进以正,可以正邦也。其位刚得中也,止而巽,动不穷也。**

**【注释】**

归:女子出嫁。

邦:国家。

不穷:长久。

**【解说】**

渐,上卦为巽、为木,下卦为艮、为山、为家。木以山为家,在阳光雨露的滋润下茁壮成长。

巽为长女,女大当嫁。艮为少男、为门、为终、为归、为家。女以夫家为家,夫家才是女人的归宿。女子出嫁为归,故渐有女归之象。

古时婚嫁要经过很多程序,有许多礼节。要相亲、定亲、下聘礼等,男女双方才能结成夫妻,才能完婚,成就百年好合。这个过程比较长,有渐之意。故曰:“女归吉。”

女归男,女嫁男家,成为主妇,这时就要摆正自己的位置,相夫教子,尊老爱幼,这个家庭就会繁荣昌盛,故曰:“利贞。”

彖曰:“渐之进也,女归吉也。”徐而不速,就像古时的母嫁女一样,一步一步地向前发展,最后瓜熟蒂落,成就美好姻缘。

“进得位,往有功也。”从卦象上看巽为女在上卦,故曰:“进得位。”母嫁女,由母家到夫家,故曰:“往。”巽为利,有成绩,有好结果,故曰:“有功。”

“进以正,可以正邦也。”夫妇正则家正,由家而国,阴阳和合,则可以正国家。

“其位刚得中也,止而巽,动不穷也。”九五阳刚居上卦之中,不急功近利,知行知止,遵循事物发展的规律,就能长久而持续发展进步。

**大象:山上有木,渐。君子以居贤德善俗。**

**【注释】**

居:怀着。

善:良好的。

俗:社会风尚。

【解说】

渐上卦为巽、为木,下卦为艮、为山。山育林木,由弱小而成参天大树,并不是一时所成,而是一个漫长的过程。

巽为风、为教化。君子受到启发,通过教育,培育良好的社会风尚,社会将变得更加文明。但是移风易俗,也不是一日之功,应当循序渐进。

**初六:鸿渐于干,小子厉,有言无咎。**

**象曰:小子之厉,义无咎也。**

【注释】

鸿:鸿雁。

干:水边。

厉:危险。

言:斥责。

【解说】

渐卦以女归为卦辞。鸿雁来往有序,失偶不再,故六爻以鸿来比喻。上卦为巽、为鸿雁。互中有坎,坎为水、为河。初爻靠近坎,靠近水边。鸿雁来到河边,河边水草丰美,食物丰富,鸿雁想在这里栖息,故曰:"鸿渐于干。"

初爻为下卦艮之初,艮为少男,故初爻为小子。初为震爻,震为动、为急迫,不符合渐卦要慢慢来的本义,必然要经历困难和挫折,故曰:"小子厉。"

但是鸿到岸边,不是贸然而来,而是有言在先,打过招呼;行动虽然有点急,但也不是过错。初爻为震爻,震为笑言,故曰:"有言无咎。"

象曰:"义无咎也。"初爻是按照合约协议来的,虽急于行动,但没有做错。

**六二:鸿渐于磐,饮食衎衎,吉。**

**象曰:饮食衎衎,不素饱也。**

【注释】

磐:大石头。

衎衎:快乐的样子。

素:白,不付代价。

【解说】

六二爻为坤爻，坤为安、为大。六二居艮体，艮为石，有磐象，故曰："鸿渐于磐。"

互卦中有坎，坎为酒食。六二爻为坤爻，坤为顺、为安。六二当位，居而能安，生活快乐。故曰："饮食衎衎，吉。"

象曰："不素饱也。"六二与九三相比，与九五相应，他们相互之间联系密切，相互支持和帮助。有付出也有回报。

**九三：鸿渐于陆。夫征不复，妇孕不育，凶，利御寇。**

**象曰：夫征不复，离群丑也。妇孕不育，失其道也。利用御寇，顺相保也。**

【注释】

陆：高出水面的土地。

丑：可耻、不光彩。

失其道：违背常理。

【解说】

渐，互卦有坎，坎为水。九三为下卦的最上爻，高出水面之象。九三阳变阴，下卦变为坤，坤为土、为陆，故曰："鸿渐于陆。"

鸿来到这块陆地上，这里有许多的鸿雁，有充足的食物，便停下来，不再迁徙，不再进取。

九三为艮之主爻，艮为止。九三变下卦成坤，坤为安。事情不再向前发展，出现了停滞。

互中有离，离为大腹、为空腹。事情不能改变，出走的人不能回来，怀孕的胎儿停止了发育，故曰："夫征不复，妇孕不育。"

九三在坎中，坎为灾、为寇。九三与上九敌应，九三内部缺乏活力，更要防止外来的祸患，故曰："利御寇。"

象曰："离群丑也。"出外而不回来，是有不光彩的事情。

"失其道也。"孕而不能生育，违背发展规律。

"顺相保也。"这是御寇的方法。团结起来，相互支持，相互帮助，可以抵御敌人。

**六四：鸿渐于木，或得其桷，无咎。**

**象曰:或得其桷,顺以巽也。**

**【注释】**

或:也许、可能。

桷:方椽子,这里指平直而可做“椽”的树枝。

**【解说】**

六四由下卦艮进到上卦巽,六四为巽爻,巽为木,故曰:“鸿渐于木。”

鸿栖息在水边陆地,一般不在树上为家,但面对现实,有一块平直的树枝勉强做家,便可生活下去,故曰:“或得其桷。”

能够适应环境,随遇而安,也是一种正确的生活态度,故曰:“无咎。”

象曰:“顺以巽也。”六四为巽之主爻,巽为顺,能够顺从大形势才能找到安身之处。

**九五:鸿渐于陵,妇三岁不孕,终莫之胜,吉。**

**象曰:终莫之胜,吉,得所愿也。**

**【注释】**

陵:大土山。

终:从开始到末了、总归。

莫:没有。

胜:超过。

**【解说】**

九五为乾爻,乾为高、为陵。九五阳变阴,上卦变为艮,艮为山、为陵,故曰:“鸿渐于陵。”

北陵是鸿雁的家,鸿雁在这里繁衍生息。渐下卦为艮、为少男,上卦为巽、为长女。女大当婚,但男子尚小,还要耐心等待,故曰:“三岁不孕。”

但九五与六二中正当位而相应,天作之合,相当好。没有人能超过他们,故曰:“终莫之胜,吉。”

象曰:“得所愿也。”九五能审时度势,循序渐进,最终如愿以偿,取得成功。

**上九:鸿渐于陆,其羽可用为仪,吉。**

**象曰:其羽可用为仪,吉,不可乱也。**

【注释】

仪:人的容貌举止,引申为表率。

【解说】

上九阳刚居卦的最高处,就像鸿雁由小而大,成就越来越大,地位也渐渐升到最高,站在最高处,故曰:"鸿渐于陆。"

上九坚持不懈,渐积渐高,最后获得成功,精神可嘉,值得人们学习;就像羽毛丰满而华丽的鸿雁,成为众鸿的榜样,故曰:"其羽可用为仪,吉。"

象曰:"不可乱也。"精神可嘉,不可诋毁。

## 第五十四卦　归妹

**兑下震上,卦画䷵读曰:雷泽归妹。**

**序卦曰:进必有所归,故受之以归妹。**

【注释】

归妹:古时姐嫁则妹媵,从姐而嫁,谓之归妹。

**卦辞:征凶,无攸利。**

**彖曰:归妹,天地之大义也。天地不交而万物不兴,归妹,人之终始也。说以动,所归妹也。征凶,位不当也。无攸利,柔乘刚也。**

【注释】

征:急急忙忙地向前。

攸:所。

说:同"悦"。

【解说】

卦体下兑上震,兑为少女,震为长男。长男配长女为正配。少女和长男年龄悬殊,小女代替了长女,有归妹之意,故曰:"归妹。"

归妹由渐卦来,渐反为归妹。循序渐进,由弱小而高大,由隐而显,才能获吉。归妹之少女,跨越长女,急于代长而立。震之长男以妾为妻,以贱妨贵,违背伦理,故曰:"征凶,无攸利。"此事不吉且没有什么好处。

象曰:"归妹,天地之大义也。"归妹上卦为震、为长男,下卦为兑、为少女,有男女结合之象。阴阳和合，天地万物才能生生不息。

“天地不交而万物不兴。”天为阳地为阴，阴阳不合，则万物不生。

“归妹，人之终始也。”男女结合，人类才能繁衍生息。

“说以动，所归妹也。”下卦为兑、为说、为悦，上卦为震、为动，悦而动。归妹是以情欲而相从。

“征凶，位不当也。”兑二阳在下，一阴在上。震二阴在上，一阳在下。阳下阴上，为位不当。九二阳居阴位，六五阴居阳位，且阴上阳下，位不当。

“无攸利，柔乘刚也。”阴下阳上为柔乘刚。

**大象：泽上有雷，归妹。君子以永终知敝。**

**【注释】**

永终：长久保持下去。

**【解说】**

归妹，下卦为兑、为泽，上卦为震、为雷。雷动于泽上，泽水为之摇荡。以阴感阳，犹如女子挑逗而动，导致身败名裂。君子要使德行长久保持下去，就要明白事情的弊端，提高警惕，不被迷惑。

**初九：归妹以娣。跛能履，征吉。**

**象曰：归妹以娣，以恒也。跛能履，吉相承也。**

**【注释】**

娣：姐妹同嫁一夫，称妹为娣。

跛：腿或脚有毛病。

履：行走。

恒：恒心、安心。

**【解说】**

初九阳刚当位，居全卦之下；有贤德但位卑，心甘情愿为娣，故曰：“归妹以娣。”

初九为震爻，震为足、为行。初爻居兑体，兑为毁折，有跛之象，故曰：“跛能履。”此处比喻初九地位低下，但仍任劳任怨，努力做事，不招惹是非，故曰：“征吉。”

象曰：“以恒也。”初九安于本位，没有过越之心。

"吉相承也"。初九居下位,九二在上位。初九当位,能够正确做事。九二居下卦之中位,做事恰当。初九、九二和睦相处。

**九二:眇能视,利幽人之贞。**

**象曰:利幽人之贞,未变常也。**

**【注释】**

眇:瞎了一只眼。

幽人:沉静、安闲的人。

**【解说】**

九二阳刚居下卦之中,为有贤德之人。但九二以阳居阴位,位不当,有娣之象。九二虽不正,但刚而居中,能谦虚谨慎,努力做事,故曰:"眇能视。"其不敢睁大眼睛,但仍专心观察。九二至九四为离,离为目;九二居兑体,兑为小、为毁折,有眇之象。

九二为坤爻,坤为静、为安,有幽人之象,故曰:"利幽人之贞。"贞者,正也。安静而有正气,则利人利己。

象曰:"未变常也。"其可进一步解释"利幽人之贞"。九二以阳居阴,有阳刚之性,但能安于阴位,安心做事。

**六三:归妹以须,反归以娣。**

**象曰:归妹以须,未当也。**

**【注释】**

须:等待,期盼。

**【解说】**

六三为兑之主爻,兑为少女、为悦。六三居上下卦之间,又与九四相比,妄想攀附九四。但六三位不中正,名不正言不顺,位卑言轻,还需要卧薪尝胆,等待时机,回到自己原来的位置,继续努力,故曰:"反归。"

象曰:"未当也。"六三不当位,时机和力量都不成熟。

**九四:归妹愆期,迟归有时。**

**象曰:愆期之志,有待而行也。**

**【注释】**

愆:错过、耽误。

【解说】

九四由下卦进到上卦,但位不当,来得不是时候,错过了机会,故曰:“愆期。”

九四错过了机会,但不甘心。上卦为震,为行动。他一刻也没有放弃,一旦时机成熟,则完成自己的心愿。九四阳变阴,上卦变为坤,坤为迟、为安,故曰:“迟归有时。”

象曰:“有待而行也。”九四位不当,没有名分。九四为上卦震之主爻,震为行动,他始终在争取,一旦有机会马上行动。

**六五:帝乙归妹,其君之袂不如其娣之袂良,月几望,吉。**

**象曰:帝乙归妹,不如其娣之袂良也。其位在中,以贵行也。**

【注释】

君:指六五。

袂:衣袖。

【解说】

六五为阴爻,居高位尊位,有帝妹之象。此时六五已经是正夫人。六五与九二相应,和谐相处。九二、九四居六五之下,有娣象。阳为外、为华丽,阴为暗、为朴素,故曰:“娣之袂良。”

六五位尊有贤德,朴实无华,就像十五明媚的月亮,故曰:“月几望。”六五阴变阳,上卦变成兑,兑为月。有如此美好的德行,必然大吉大利。

象曰:“其位在中,以贵行也。”六五居上卦之中,中则正,正则贤明,有贤明之德必然有高尚的行为。

**上六:女承筐无实,士刲羊无血,无攸利。**

**象曰:上六无实,承虚筐也。**

【注释】

承:托着。

筐:用竹子或柳条编的器具。

实:指筐中之物。

刲:宰杀。

【解说】

上六为归妹已成之时，事成之后要举行一个仪式。归妹上卦为震下卦为兑，震为长男，兑为少女。震为祭，有长男少女祭祀之象。震为筐，兑为羊，上六为阴为虚，故曰："女承筐无实，士刲羊无血。"这里比喻他们心不诚，逢场作戏，弄虚作假。

象曰："承虚筐也。"上六阴变阳，上卦变为离，离为虚。上六做了虚假之事。

## 第五十五卦 丰

**离下震上，卦画䷶读曰：雷火丰。**

**序卦曰：得其所归者必大，故受之以丰。丰者，大也。**

【注释】

丰：盛、多、大。

**卦辞：亨。王假之，勿忧，宜日中。**

**彖曰：丰，大也。明以动，故丰。王假之，尚大也。勿忧宜日中，宜照天下也。日中则昃，月盈则食，天地盈虚，与时消息，而况于人乎，况于鬼神乎？**

【注释】

假：借用、利用。

宜：适当、应该。

尚：尊崇、崇尚。

【解说】

丰卦，六二以阴居下卦之中，六五外柔内刚居尊位。六五与六二均为阴爻，为敌应；但丰之时，下明上动，化敌应为相应，相应则相通，相通则亨。

六五和六二君臣同德，相互支持；得道多助，上下亨通，何忧之有，故曰："王假之，勿忧。"

离为日，震为动，丰卦就像冉冉升起的太阳，但不可动而不止，日中则昃，故曰："宜日中。"

彖曰："明以动，故丰。"丰卦下卦为离明，上卦为震动。内有修明之志，又敢于实践，善于行动，必然大有可为，事业有成。

“王假之，尚大也。”若要做大做强，六五就要借助六二的力量。

“勿忧宜日中，宜照天下也。”六二柔中，但离居下卦。太阳的作用是照耀、温暖大地，太阳高悬，才能发挥照耀、温暖的作用。

但是，日中则昃、月盈则食，天地处于不停的变化运动之中，这是自然规律，谁也改变不了。

**大象：雷电皆至，丰。君子以折狱致刑。**

**【注释】**

折狱：审理案件。

致刑：动用刑罚。

**【解说】**

上卦为震、为雷、为天威，下卦为离、为明。威明并行，有威有明。君子断狱效法丰卦，威明并用，可以使刑狱缜密，不出冤案。

**初九：遇其配主，虽旬无咎，往有尚。**

**象曰：虽旬无咎，过旬灾也。**

**【注释】**

配主：合适的主人。

旬：应为“徇”，服从、屈从。

尚：尊崇。

过：超出。

**【解说】**

初九以阳居下，与六二比邻；六二为主，初九为从，阴阳和合，故曰：“遇其配主。”

初九居下位，对六二言听计从，甚至有些盲从，故曰：“旬。”但六二中正是个正确的领路人，初九即使盲从也不会受到损害，故曰：“虽旬无咎。”

初九追随六二，以阳随阴会受到格外的重视，故曰：“往有尚。”

“过旬灾也”是告诫初九，服从但不能屈从；要有自己的思想，要有独立性，否则会失去自我。

**六二：丰其蔀，日中见斗，往得疑疾，有孚发若，吉。**

**象曰：有孚发若，信以发志也。**

【注释】

蔀:搭棚用的席。

斗:星宿名。

孚:信、诚。

志:意向。

【解说】

六二居下卦之中,太阳已经升起,事物的发展处于壮大阶段。太阳照在屋顶的席子上了,故曰:“丰其蔀。”

但高大的树木把太阳遮住了一部分,故曰:“日中见斗。”下卦为离,离为日;六二阴变阳,下卦变为乾,乾为日。上卦为震,震为木,有斗象。此事美中不足。

六二与九三相比,九三为艮爻,艮为山为阻隔。六二往见六五,受到九三阻隔,六二之光芒被遮蔽了一部分,故曰:“日中见斗。”

六二阴变阳,下卦变为乾,乾为往。因看不到六二的全貌,六五对六二之往有疑虑,故曰:“往得疑疾。”

但六二中正,六五居上卦之中。六二前往,是发自内心的诚信(“有孚发若”),最终会尽释前嫌,故曰:“吉。”

象曰:“信以发志也。”六二和六五虽不相应,但以诚信为基础,所以能够志同道合。

**九三:丰其沛,日中见昧。折其右肱,无咎。**

**象曰:丰其沛,不可大事也。折其右肱,终不可用也。**

【注释】

沛:通“旆”,遮蔽之物。

昧:暗、不明。

肱:指胳膊。

【解说】

太阳继续升高,照在了旌旗上。丰卦上卦为震,下卦为离,有旌旗之象,故曰:“丰其沛。”

九三与上六相应,但上六阴柔,能量不足、才能不强,有昏暗之象,故曰:“日中见昧。”

上六为兑爻，兑为西、为右。既然上六昏暗不明，那就毅然断绝关系，故曰："折其右肱。"弃暗投明，故曰："无咎。"

象曰："不可大事也。"九三没有正确的、强有力的支持，难成大事。

"终不可用也。"上六才弱志强，故不可用。

**九四：丰其蔀，日中见斗，遇其夷主，吉。**

**象曰：丰其蔀，位不当也。日中见斗，幽不明也。遇其夷主，吉行也。**

**【注释】**

夷：外部。

幽：僻静、安静。

**【解说】**

九四由下卦进入上卦，向前进了一步；但太阳西坠了，又照在了屋顶的席子上，故曰："丰其蔀。"

九四位不当，外阳内阴，自身能量不足，不能大放光明，故曰："日中见斗。"

九四与六五相邻，六五为外、为君，故曰："遇其夷主。"

六五外柔内刚居尊位，是明主。九四追随六五是正确的选择，选择了六五就选择了平安，故曰："吉。"

象曰："丰其蔀，位不当也。"九四阳居阴位，不当位。应当高挂天空，照耀天下，无奈日落西山，只能照在屋顶的席子上。

"日中见斗，幽不明也。"九四外阳内阴能量不强。九四阳变阴，上卦变为坤，坤为幽暗。

"遇其夷主，吉行也。"九四为臣，六五为主，九四向外寻求帮助，得到六五的支持。

**六五：来章，有庆誉，吉。**

**象曰：六五之吉，有庆也。**

**【注释】**

章：指俊美之才。

庆：祝贺、可祝贺的事。

誉：称赞。

【解说】

六五阴居尊位，体柔而质刚，谦虚而有德，能吸引大批人才，故曰："来章。"

六五德行受世人称赞，故曰："有庆誉，吉。"

象曰："有庆也。"六五能团结有识之士，能够做大做强，值得称赞，当然是好事、吉事。

**上六：丰其屋，蔀其家，窥其户，阒其无人，三岁不觌，凶。**

**象曰：丰其屋，天际翔也。窥其户，阒其无人，自藏也。**

【注释】

蔀：遮蔽。

阒：寂静。

觌：相见。

翔：不扇动翅膀飞。

自：自己。

【解说】

丰卦，下互为巽，上互为兑，合互为大过。大过为栋梁，卦有屋象，故曰："丰其屋。"上爻为事物发展的最后阶段，盛大的势力带来了盛大的财富，屋就是财富的代表，故曰："丰其屋。"

但日中则昃，月盈则食。最好的时光非常短暂，不会保持很久，故曰："蔀其家。"这个大房子只住了很短时间就走了。

上六阴变阳，上卦变为离，离为目，有窥象，故曰："窥其户。"

离，离也，离中虚。大房子的家人已经走了，寂静而荒凉，故曰："阒其无人。"

兵败如山倒，但若要恢复昔日的繁华又需要很长的时间。离为目、为见，离为三数，故曰："三岁不觌。"

象曰："天际翔也。"上爻在最高处，故曰："天际。"上六阴变阳，上卦变离，离为鸟，故曰："翔。"大鸟在高处滑翔，已经达到最高度，不再振翅高飞。

"自藏也。"上六阴变阳，全卦变为离。离卦下离为日，上离为月。日中则昃，这是自然规律。

# 第五十六卦　旅

**艮下离上，卦画☲☶读曰：火山旅。**

**序卦曰：穷大者必失其居，故受之以旅。**

**【注释】**

旅：出行。

**【解说】**

艮为山，止而不动，艮为馆舍；离为火，过而不留，有行人之象，故卦名为“旅”。

**卦辞：小亨，旅贞吉。**

**彖曰：旅小亨，柔得中乎外，而顺乎刚，止而丽乎明，是以小亨，旅贞吉也。旅之时义大矣哉！**

**【注释】**

亨：通达、顺利。

贞：坚定、正直、正。

丽：附着。

**【解说】**

旅卦象山上的火，绵延不绝，不停地运动。动则通，通则亨。但若火势过旺，将烧毁一切。旅而能止，故曰：“小亨。”

当行则行，当停则停，则吉，故曰：“贞吉。”

彖曰：“柔得中乎外，而顺乎刚，止而丽乎明。”六五爻在外卦离中。外卦为离、为柔，内卦为艮、为刚。上卦之离明，服从下卦之艮刚。明而能止，不过分，不过度。

旅既是不停的行动，又是短暂的停留。天地万物有生有灭，有旅之义。人生也是大地的旅客，来也匆匆，去也匆匆。怎样不枉过一生，使生活有意义，使生命有价值，故曰：“旅之时义大矣哉！”

**大象：山上有火，旅。君子以明慎用刑，而不留狱。**

【注释】

留狱:滞留人于狱中。

【解说】

离为火,艮为山,火由山下烧到山上。火过而不留,有旅象。火是无情的,它可以烧毁一切,摧毁一切。互卦中有兑,兑为刑人,有刑狱之象。上卦为离、为明,下卦为艮、为止、为慎,故曰:“明慎用刑,而不留狱。”

**初六:旅琐琐,斯其所取灾。**

**象曰:旅琐琐,志穷灾也。**

【注释】

琐琐:猥琐卑贱的样子。

斯:这个、这里。

志:意向,决心。

穷:达到极点。

【解说】

初六为旅之始,以阴居阳,不当位。万事开头难,本应立德、立志,勇于行动,就像小鸟破壳而出,像幼芽拱出地面,却自甘卑微,被困难吓倒,作茧自缚。故曰:“旅琐琐。”

“斯其所”是在一个地方不动的意思。旅下卦为艮,艮为止,初爻为震爻,震为动。初爻应知止知行。止是为了行,一味地止就失去了旅的意义,将被前进的车轮碾过,被时代抛弃,最后胎死腹中,自取灭亡,故曰:“取灾。”

象曰:“志穷灾也。”这是指初爻卑微而无志。

**六二:旅即次,怀其资,得童仆,贞。**

**象曰:得童仆贞,终无尤也。**

【注释】

即:靠近,

次:途中停留的处所。

资:财物。

尤:过错。

【解说】

六二当位而中正,是旅之贞者。六二与九三阴阳相比,九三为艮之主爻,艮为馆舍。六二为坤爻,坤为怀;六二阴变阳,下卦变为巽,巽为利、为财。故曰:“旅即次,怀其资。”六二即将到达馆舍,身上带着数量可观的钱财,是一个富裕的旅客,他在享受愉快的旅途。

九三为艮爻,艮为童子。九三阳居阳位,当位为正、为贞。旅途之中六二遇到了一位能帮助自己的旅伴,他是个正直而天真无邪的童子,故曰:“得童仆,贞。”这是一次惬意的旅行。

象曰:“终无尤也。”六二在旅途中,馆舍在望,身上有钱,又有忠诚的旅伴,心情愉快,所以无尤。

**九三:旅焚其次,丧其童仆,贞厉。**

**象曰:旅焚其次,亦以伤矣。以旅与下,其义丧也。**

【注释】

与:同、和。

下:低等级的,指童仆。

义:公正合宜的道理。

【解说】

九三居下卦之终,过刚而不中,急欲上进,只知进而不知止;为表达过而不留的决心,焚毁馆舍。九三靠近上卦离,离为火。九三阳变阴,下卦艮变坤,艮为馆舍,坤为平地,有馆舍被焚之象,故曰:“焚其次。”艮变坤,艮为童仆,坤为丧,故曰:“丧其童仆。”

九三过刚,只知进而不知止,矫枉过正,众叛亲离。好心反而做了坏事,故曰:“贞厉。”

象曰:“亦以伤也。”九三因为焚毁馆舍,自己也受到伤害。

“以旅与下,其义丧也。”因为旅行而和童仆交往,馆舍焚毁了,童仆也跑了,这也是情理中的事。

**九四:旅于处,得其资斧,我心不快。**

**象曰:旅于处,未得位也。得其资斧,心未快也。**

【注释】

处:地方、居所。

资斧:利斧,引申为资财。

快:愉快。

【解说】

九四由下卦进到上卦,获得了较高的地位,积累了一定的财富。九四想停下来,不再过漂泊不定的生活,不再追求更高的目标,产生了随遇而安的情绪。九四阳变阴,上卦变为艮,艮为止、为居所,故曰:“旅于处。”九四为巽爻,巽为利、为财,故曰:“得其资斧。”

巽为进退不果。九四在进和停的问题上犹豫不决,拿不定主意,既想享受安逸的生活,又不甘心放弃对理想的追求。上卦为离,离为心,故曰:“我心不快。”

象曰:“未得位也。”九四阳居阴位,位不当则行不当。

“得其资斧”是“心不快”的原因。人心受到物质的干扰,心受物累而放不下,舍不得,在这里纠结着怎能快乐?

**六五:射雉,一矢亡,终以誉命。**

**象曰:终以誉命,上逮也。**

【注释】

雉:野鸡。

矢:箭。

亡:失去,逃走。

誉:称赞、好的名声。

命:爵命。

逮:到、及。

【解说】

六五已跻身高位,六五外阴内阳,外柔内刚,文治武功兼备。射雉而能“一矢亡”,是其才能的表现。离在上卦有飞鸟之象,为雉。离为矢,艮为弓。六五阴变阳,离卦变乾卦;乾为动,故有射雉之象。六五阴变阳,全卦变为遁,遁有逃之意,故曰:“一矢亡。”

雉危害了当地人的利益，六五来到后，利用自己的才能解除了危害；或射杀或赶跑，使当地恢复了平安；人们给予他非常高的评价，最终获得了好名声。乾为誉、为命，故曰："终以誉命。"

象曰："上逮也。"六五与上九阴阳相比，上九为宗庙，为德高望重的长辈，六五的行为受到上九的肯定和赞扬。

**上九：鸟焚其巢，旅人先笑后号咷。丧牛于易，凶。**

**象曰：以旅在上，其义焚也。丧牛于易，终莫之闻也。**

**【注释】**

号咷：大声哭。

易：容易、轻易。

莫：没有。

闻：听见。

**【解说】**

上九阳刚在上，为旅之终。应该明白自己的归宿，找到自己的位置；应当安顿下来，休养生息，图谋将来。但上九刚而不中，一意孤行。上卦为离，离为鸟，离又为火、为巢。离下有艮，离在高处有鸟巢之象，故曰："鸟焚其巢。"由于行动过火，上九反而失去了家园，失去了根据地。

上爻为兑爻，兑为悦，有喜悦之象，上爻阳变阴，上卦变为震，震为声，故曰："旅人先笑后号咷。"

离为牛，牛性温顺。离变震，震为雷、为暴躁。上九刚愎自用，温顺的性格也变得暴躁如雷，故曰："丧牛于易。"高高在上的人，随时会变脸，很容易变脸。这一切现象都不是好兆头，故曰："凶。"

象曰："以旅在上，其义焚也。"上九居全卦之上，也是离火之上，火上最炎热，有焚之意。上九阳刚居卦之极，极则变。

"终莫之闻也。"上九刚愎自用，听不进不同的意见，渐渐丧失了柔顺、忍耐的性格，最终不能成功。到后来，其如泥牛入海，人们再也听不到他的消息了。

# 第五十七卦　巽

**巽下巽上，卦画☴读曰：巽为风。**

**序卦曰：旅而无所容，故受之以巽。巽者，入也。**

**【注释】**

巽：顺从。

**【解说】**

巽，上两爻为阳、为实，下一爻为阴、为虚。下虚则能行能入，有风之象。初爻、四爻皆以柔承刚，阴顺于阳，故有顺之意。

**卦辞：小亨。利有攸往，利见大人。**

**彖曰：重巽以申命。刚巽乎中正而志行，柔皆顺乎刚，是以小亨。利有攸往，利见大人。**

**【注释】**

攸：所。

**【解说】**

乾卦刚健笃实，健行不息，为"大亨"。巽柔顺而无孔不入，所向无阻，但不如乾之亨，故曰："小亨。"

前风随后风，前后相随相继，才能风行天下，传遍四方。若停滞不前，前后不相继，则无风矣，故曰："利有攸往。"

巽卦上互为离，离为火、为见；风见火，风助火势，火助风威，相得益彰。巽为随、为顺，随吉则吉，故曰："利见大人。"大人即德高望重之人。风把大人之德传遍四方，才是风之利、风之用、风之德，故曰："利见大人。"

彖曰："重巽以申命。"巽卦两巽相重，巽为命令；申有重和反复之意，前风随后风，反复教化，才能移风易俗。

"刚巽乎中正而志行。"九二阳刚居下卦之中，九五阳刚居上卦之中。九二与九五相应，是两刚相应，九二顺从九五，故曰："刚巽乎中正而志行。"

初六与九二阴阳相比，六四与九五阴阳相比，是柔承刚、柔顺刚，故曰："柔皆顺乎刚。"

刚而志行，柔而顺刚，前后相随相通，故曰："小亨。"

由下向上、由内而外为往。往而能亨，亨则有利，故曰："利有攸往。"

九五刚而中正，大人之象。往见之则亨，亨则有利，故曰："利见大人。"

**大象：随风，巽。君子以申命行事。**

**【注释】**

申：陈述，说明。

命：上级对下级的指示。

**【解说】**

巽卦上下相重，前后一致，有相随之意，后风随前风，故曰："随风。"上卦之巽为君，下卦之巽为臣、为民。上行下随，上命下从。风无孔不入，命令、教化可以传播到每一个角落。风为天之号令，所向披靡。

君子观此象，做事之初，反复教化，号令所施，天下顺从，故曰："君子以申命行事。"

**初六：进退，利武人之贞。**

**象曰：进退，志疑也。利武人之贞，志治也。**

**【注释】**

贞：正、坚定有节操。

治：治疗、管理。

**【解说】**

初爻为巽卦之初，外阴内阳，外柔内刚，内有行动之决心，但外在条件不足，故而犹豫不决，进退不定。初六为下卦巽之主爻，巽为进退不果。初六阴变阳，下卦变成乾，乾为刚健、果断，有武人之象。初六能坚定信念，抛却杂念，勇往直前，则符合利有攸往的原则，故曰："利武人之贞。"

象曰："志疑也。"初六心存疑虑。"志治也。"初六犹豫不决之心被矫正，变得勇敢果断。

**九二：巽在床下，用史巫，纷若，吉，无咎。**

**象曰：纷若之吉，得中也。**

**【注释】**

史：史官，可以断疑。

巫:巫医,可以治病。

纷若:众多、杂乱。

**【解说】**

巽为木有床象。九二与初六阴阳相比、相随,不愿向上见九五,甘愿居下,不思进取,故曰:“在床下。”

互中有兑有离,兑为口、为说,离为明,有史巫之象。九五用史巫说服九二,晓之以情,示之以利,来回劝诫,九二终于弃暗投明,故曰:“吉,无咎。”

象曰:“得中也。”九二为下卦之中,中则不偏。他审时度势,最终会做出正确的选择。

**九三:频巽,吝。**

**象曰:频巽之吝,志穷也。**

**【注释】**

频:屡次。

吝:比悔严重一些。

穷:达到极点。

**【解说】**

九三居下卦之终,在上下卦之间。九三阳居阳位,过刚而不中,急于相随,毛毛糙糙,时随时不随,故曰:“频巽。”频为多次,为来来回回,心志不稳定,故曰:“吝”。

象曰:“志穷也。”九三刚而不中,意志不坚定,来回折腾。

**六四:悔亡,田获三品。**

**象曰:田获三品,有功也。**

**【注释】**

田:打猎。

品:物品、物件。

**【解说】**

六四当位与九五相比,忠心追随九五。九五刚中,大人之象。六四虽柔弱,但因选择正确,而“悔亡”。

六四为巽爻,居上下卦之间,能上能下,既能明白上意又能联系下层,勤勉努力,工作有成绩,故曰:“田获三品。”

象曰:“有功也。”六四努力工作,成绩显著。

**九五:贞吉,悔亡,无不利。无初有终,先庚三日,后庚三日,吉。**

**象曰:九五之吉,位正中也。**

**【注释】**

庚:天干第七位。

**【解说】**

九五阳刚中正,是正义和力量的源泉,是被追随的目标。九五只有保持中正才可获吉,才可无悔,才可有利。

九五阳变阴,上卦变为艮,艮为终。任何事情的开始都是微小的,甚至都觉察不到,但最终会发展壮大,故曰:“无初有终。”

要想保持中正把事情做好,事前要做好计划,反复叮嘱,事后还要善于总结(揆度)。十天干中,先庚三位是丁,丁有叮嘱之意。后庚三位是癸,癸为揆度,为十天干之终,故曰:“先庚三日,后庚三日。”能够做好充分的准备,就会使事件向着好的方向发展,故曰:“吉”。

象曰:“位正中也。”九五当位又居上卦之中。

**上九:巽在床下,丧其资斧,贞,凶。**

**象曰:巽在床下,上穷也。丧其资斧,正乎凶也。**

**【注释】**

资斧:利斧,这里指钱财。

穷:达到极点。

**【解说】**

上九居全卦之终,无所往矣,事物已经发展到尽头,开始走向衰败。上九外阳内阴,内力不足,外强中干,而一味地用刚用强,必然由盛而衰,由高位而跌倒。上九阳变阴,上卦变为坎,坎为陷、为低下,有从床上滚到床下之象,故曰:“巽在床下。”

上九居高位,财多,因跌倒而失财。巽为利、为资斧,上九阳变阴,上卦变成坎,坎为盗,有丧其资斧之象,故曰:“丧其资斧。”

上九表面上表现得越刚强,越容易遭受挫折,故曰:“贞,凶。”

象曰:“上穷也。”上九盛极而衰。

“正乎凶也”是进一步解释“贞,凶”。上九貌似正(阳),其实不正(阳居阴位),越是表现得正,损失越大。

## 第五十八卦　兑

**兑下兑上,卦画☱读曰:兑为泽。**

**序卦曰:入而后说之,故受之以兑。兑者,说也。**

**【注释】**

兑:沼泽、说、喜悦。

**【解说】**

二阳在下,上承一阴,有泽蓄水之象。一阴进于二阳之上,气舒于外,喜悦之情表达于外,有悦之象。

**卦辞:亨,利贞。**

**彖曰:兑,说也。刚中而柔外,说以利贞,是以顺乎天而应乎人。说以先民,民忘其劳。说以犯难,民忘其死。说之大,民劝矣哉。**

**【解说】**

兑卦两泽相丽,互相滋益,上下相通,通则亨。兑卦一阴进于二阳之上,阴舒于外,舒则通,通则亨。兑卦两口相对有朋友讲习之象。同声相应,同气相求,志同道合,同则通,通则亨。

兑为口、为说、为悦,悦之以口,不如悦之于心。悦之以言,不如悦之以德。阿谀奉承,献媚苟合,有志之士所不为。悦而正,才是正道,故诫之曰:“利贞。”

彖曰:“刚中而柔外。”这是以卦体而言,二爻、五爻为中,三爻、六爻为外。兑卦二爻、五爻为阳刚,三爻、六爻为阴柔。

“说以利贞。”言而有信,言行一致。立言、立德,合乎天道和人道,符合广大人民的利益,人民才会拥护,才会支持,才会不辞劳苦、不怕困难、不怕牺牲。

“说之大,民劝矣哉。”言论的作用是非常重要的。正确的道理、真理,民众会口口相传,具有强大的生命力。

**大象:丽泽,兑。君子以朋友讲习。**

【注释】

丽:附着。

【解说】

兑为泽,重兑则为丽泽。相互滋润,两泽相丽。兑为口,两口相对,有朋友讲习之象。

同声相应,同气相求,同志、朋友相互表达自己的意见和思想,抒发感情,是人生一大快事,故兑为悦。

**初九:和兑,吉。**

**象曰:和兑之吉,行未疑也。**

【注释】

和:相安、协调、平息争端。

【解说】

初九为兑之初,悦之始。初九阳变阴,下卦变成坎。坎为水,泽也为水,同气相求者也,故曰:“和兑。”

初九阳居阳位,当位为正。能正确处理朋友之间的关系,和谐相处,故曰:“吉。”

象曰:“行未疑也。”初九阳刚当位,行事端正,言而有信。光明正大,童心未泯。信任别人,也被别人信任。

**九二:孚兑,吉,悔亡。**

**象曰:孚兑之吉,信志也。**

【注释】

孚:信用、使人信服。

志:意志、精神。

【解说】

九二外阳内阴,居下卦之中。外刚健内谦虚,有诚信品质,故曰:“孚兑。”诚信待人,诚信做事,好人有好报,故曰:“吉。”

九二与九五对应,两者均为阳,两阳之间必有冲突和矛盾,但九二的诚信能打动九五,两阳相孚相悦。前嫌尽释,悔自亡矣。

象曰:“信志也。”九二具有诚信的精神和品质。

**六三:来兑,凶。**

**象曰:来兑之凶,位不当也。**

**【解说】**

六三为下卦兑之主爻,兑为悦。六三阴居阳位,位不当则悦不当。六三上下两爻均为阳,阴处阳中,有引诱阳来悦之象。以不正之悦诱人,引狼入室,玩火自焚,故曰:"凶。"

象曰:"位不当也。"这是指六三阴居阳位。

**九四:商兑,未宁,介疾,有喜。**

**象曰:九四之喜,有庆也。**

**【注释】**

疾:病痛。

**【解说】**

九四为巽爻,巽为进退不果。巽为商,有商量之意。九四居上下卦之间,下爻为阴,上爻为阳,九四在阴阳之间来回联络,左右劝说,故曰:"商兑。""未宁"即不得安闲。

九四为臣,九五为君。九四是联系上层与下层之间的桥梁,常怀忧国忧民之心;居安思危,先天下之忧而忧,后天下之乐而乐。死于安乐,生于忧患,故曰:"介疾有喜。"

象曰:"有庆也。"九四能认清悦的利害关系,以阴柔取悦为"疾",是值得庆贺的事情。

**九五:孚于剥,有厉。**

**象曰:孚于剥,位正当也。**

**【注释】**

孚:使人信服、信用。

剥:剥落、消剥。

厉:危险。

**【解说】**

九五阳刚中正居尊位,诚实而守信。九二外刚内柔,居下卦之中,九五与九二相对应。为实现奋斗目标,必须相互信任。九二可以赴汤蹈火,奋不顾身,无怨无悔，故曰："孚于剥。"这就是彖辞中所说："说以先民，民忘其劳。说以犯难，民忘其死。"

但九五过刚，有剥而不止之象，应当适可而止，不能过分剥削，否则有危险，故诫之曰："有厉。"

象曰："位正当也。"九五以阳居阳，居上卦之中位。

**上六：引兑。**

**象曰：上六引兑，未光也。**

**【注释】**

引：引导。

光：光大、光明。

**【解说】**

上六阴柔居全卦之上，上行下效，有引导的作用，故曰："引兑。"上六阴变阳，上卦变乾，乾为首，为首领，为思想，也有引导之意。引吉则吉，引凶则凶，故卦未言吉凶。

象曰："未光也。"上卦为兑，上爻阴变阳，上卦变为乾，乾为光。上六阴柔，在悦的方面不能给予正确的引导，不能使集体走向光明，故曰："未光也。"

## 第五十九卦　涣

**坎下巽上，卦画䷺读曰：风水涣。**

**序卦曰：说而后散之，故受之以涣。涣者，离也。**

**【注释】**

涣：散开。

**【解说】**

风无孔不入，水亦无孔不入，风无形，水亦无形。风不可见而水可见，风吹水动，风才可见。水可以随风洒落到任何角落，"随风潜入夜，润物细无声"，故卦名曰："涣。"

**卦辞：亨。王假有庙。利涉大川，利贞。**

**彖曰：涣亨，刚来而不穷，柔得位乎外而上同。王假有庙，王乃在中也。利**

**涉大川，乘木有功也。**

**【注释】**

假：借助。

**【解说】**

涣上卦为巽、为风，下卦为坎、为水、为险难。风吹水散，难散险释，事情又恢复正常，故曰："亨。"

散难释险要发挥集体的力量，领导人要用一种精神和信仰，团结一切可以团结的力量，在古代就用祭祀的办法。互中有艮，艮为庙；下互为震，震为祭，故曰："王假有庙。"

众人聚集，万众一心，任何艰难险阻也无法阻挡。上卦为巽木、为舟，下卦为坎、为大川，巽为利，故曰："利涉大川。"

水可载舟亦可覆舟，故诫之曰："利贞。"

彖曰："刚来而不穷。"坎为阳卦，为刚；巽为阴卦，为柔。坎水在巽风的吹动下不停运动，流水不腐，通顺之象。风行水上，流传四方。

"柔得位乎外而上同。"六四为巽之主爻，当位而与九五相比，阴阳相比，君臣合德，上下志同，同则相通，通则亨。

"王乃在中也。"九五居尊位为王，阳刚居上卦之中。九二阳刚居下卦之中。五爻为君，二爻为臣，两刚本不相应，只有共同的理想和目标，才能把他们团结在一起，联系在一起。

"乘木有功也。"下卦为坎水，为大川，为艰难险阻。上卦为巽、为风、为木。木在水上可做舟，乘风可以渡川。

**大象：风行水上，涣。先王以亨于帝立庙。**

**【注释】**

亨：通"享"，祭祀。

帝：天帝。

**【解说】**

上卦为风、为春，下卦为水、为寒、为冰。春风送暖，冻解冰释，水获得活力而滋润万物。

但只涣不聚水就会干涸。涣散的人心只有统一起来，才会凝成一股强大的力量，势不可挡。

互卦为颐，上互艮，为庙。下互震，为祭。先王受到启发，为了统一人们的思想，建立宗庙，举行祭祀活动。

**初六：用拯，马壮吉。**

**象曰：初六之吉，顺也。**

**【注释】**

用：需。

拯：援救。

**【解说】**

下卦为坎，坎为险陷。初六阴柔居坎下，陷入险中，需要救援。初六与九二阴阳相比，看到初六有难主动伸手帮助。九二阳刚居下卦之中，有充足的力量，就像一匹非常健壮的马。初六得救，故曰："吉。"

象曰："顺也。"初六以阴承阳，阴在下，阳在上，以阴顺阳，顺而得救。

**九二：涣奔其机，悔亡。**

**象曰：涣奔其机，得愿也。**

**【注释】**

奔：直往、投向。

其：那、那个。

机：枢纽、对事情成功有重要关系的中心，引申为机关、首脑。

悔：小凶。

**【解说】**

九二阳刚居下卦之中，上卦为巽、为风，下卦为坎、为水，风吹水散。九二为拯救涣散而上下求索。九五阳刚中正，象大海中的灯塔，为九二指明方向，故曰："涣奔其机。"机指九五。九二确定了奋斗目标，最终成就了济涣之功，悔自亡矣。

象曰："得愿也。"九二找到九五这个正确的方向后，事业获得成功，如愿以偿。

**六三：涣其躬，无悔。**

**象曰：涣其躬，志在外也。**

**【注释】**

躬:身体、自身。

**【解说】**

六三处上下卦之间,坎险之上,又与上九相应,有奋力出险之象。六三为艮爻,艮为背、为躬。六三身体力行,鞠躬尽瘁,故曰:“涣其躬。”处险中能奋力而出,故曰:“无悔。”

象曰:“志在外也。”六三与上九相应,处上下卦之间,竭尽全力脱离险难。

**六四:涣其群,元吉。涣有丘,匪夷所思。**

**象曰:涣其群,元吉,光大也。**

**【注释】**

群:聚集在一起的人或物。

元:大。

丘:土山、高地。

匪:非。

夷:平常。

**【解说】**

六四当位,与九五阴阳相比,由下卦来到上卦。下卦为坎险,风吹水涣,波涛汹涌,险象环生,故曰:“涣其群。”

六四由坎入巽,脱离了险难,由凶转吉,这是良好的开端,故曰:“元吉。”

六四与九五阴阳相比,君臣合德。六四受到九五的赏识和重用,有了用武之地,宏图大展,创造了引人瞩目的成绩,这是平常人所想象不到的。上互为艮,艮为山丘,故曰:“涣有丘,匪夷所思。”

象曰:“元吉,光大也。”六四摆脱困境,情况开始好转并快速发展壮大。

**九五:涣汗其大号,涣王居,无咎。**

**象曰:王居无咎,正位也。**

**【注释】**

汗:身体毛孔中排泄出的液体。

号:命令、号令。

【解说】

九五阳刚中正居领导地位,决心彻底解除险难,于是发出命令,并且从我做起,以身作则,对身边的人也一视同仁,命令如山,言出必行。

汗出而不返,表示号令言出必行,行必果。一身邪热,汗出而身体通泰,疾病随汗出而解。涣下卦为坎,坎为水,有汗象,故曰:“涣汗。”命令出于最高领导,公布全国,故曰:“大号。”

九五居尊位为王。九五阳变阴,上卦变艮,艮为居,故曰:“王居。”

九五能以身作则,正人先正己,正国先正家,故曰:“无咎”。

象曰:“正位也。”九五阳刚当位而中正,做事公正,故无咎。

**上九:涣其血,去逖出,无咎。**

**象曰:涣其血,远害也。**

【注释】

血:通“恤”,忧虑。

去:离开。

逖:远。

【解说】

九五“涣汗”,阻碍血脉流通的疾患,随汗而解。血脉上下贯通,散布全身;营养物质随血液输送到各个部位,体气舒畅。忧患成为过去,故上九曰:“涣其血,去逖出。”

上九与六三相应,六三在坎,坎为血、为忧。上九为全卦之极,距坎最远,虽有关联,但远离是非中心,故曰:“去逖出,无咎。”

象曰:“远害也。”上九处卦之极,远离坎险,忧虑随风而去。

## 第六十卦　节

**兑下坎上,卦画䷻读曰:水泽节。**

**序卦曰:物不可以终离,故受之以节。**

【注释】

节:省俭、节制。

【解说】

泽上有水，水满则溢。泽可以蓄水，但泽的容量是有限度的，一味求蓄，蓄而不止，将导致溃决，故卦名曰："节。"

**卦辞：亨，苦节不可贞。**

**彖曰：节亨。刚柔分而刚得中。苦节不可贞，其道穷也。说以行险，当位以节，中正以通。天地节而四时成。节以制度，不伤财，不害民。**

【解说】

节卦下互为震，震为行；上互为艮，艮为止。知行知止，行止适中就是节。可行可止，则能通达顺利，故曰："亨。"

若止而不行，矫枉过正，固执苦守，是苦节。节而苦，则难以自处，也难以处人，故曰："不可贞。"

彖曰："刚柔分而刚得中。"节卦三阳三阴，阴阳均衡，上卦为坎、为刚，下卦为兑、为柔。上刚下柔，有刚有柔。九二、九五分别居上下卦之中。刚柔适中，不偏不过，何事不通，通则亨。

"其道穷也。"苦节是过度的节，节而不中。如过俭、过劳，必然会穷途末路。节卦下卦兑，兑为说、为悦；上卦坎，坎为险。在欢悦时看到危险，在险难时创造欢悦的气氛，这是节。九五居尊位是节之主，阳刚居上卦之中，当位而中，是能节而适当的领导者，任何艰难都阻挡不了事业的成功，故曰："中正以通。"

天地不能只春不秋，只夏不冬，春夏秋冬循环往复是天地之节。春生夏长，秋收冬藏，万物才能相传相承，生生不息。法律制度是人事之节，正确的法规可以保证大众的生命和财产不受侵犯。

**大象：泽上有水，节。君子以制数度，议德行。**

【注释】

数：礼数。

度：法度。

【解说】

节卦上水下泽，泽中有水，满则溢。君子看到这个现象，得到启发。制定礼数、法度，约束人的不良行为；宣扬道德规范，鼓励人们遵守。

上卦为坎，坎为平、为法，有数度之象。下卦为兑、为口、为议。下互为震，上互为艮。震行艮止，知行知止，德行之象。

**初九：不出户庭，无咎。**

**象曰：不出户庭知通塞也。**

**【注释】**

户：门。

庭：厅堂。

**【解说】**

初九与六四相应，六四在坎险之中。初九若不知节制而往见六四，则会遇险。初九阳变阴，下卦变为坎，坎为险。初九动则涉险，动则有咎，不动则“无咎”。

互卦中有艮，艮为止，为户、为庭，故曰：“不出户庭。”

象曰：“知通塞也。”初九阳刚当位，能够审时度势，知行知止，行为适当。

**九二：不出门庭，凶。**

**象曰：不出门庭，凶，失时极也。**

**【注释】**

极：最。

**【解说】**

九二阳变阴，下卦变为震，震为行、为动，九二决意行动。但九二与九五两阳为敌应，九二的行动受到九五的制约、节制。互卦中有艮，艮为止、为门庭。九二当动而不得动，当行而不能行，故曰：“不出门庭，凶。”

象曰：“失时极也。”九二受到九五的节制，失去最佳行动时机。

**六三：不节若，则嗟若，无咎。**

**象曰：不节之嗟，又谁咎也。**

**【注释】**

若：语气助词。

嗟：嗟叹，哀伤。

**【解说】**

六三处下卦之极，事情取得了一定的成绩，但离成功的目标还有很长的距离。六三应该再接再厉，更上一层楼。但六三却沾沾自喜，不思进取，沉溺于当前的小成绩不能自拔，最终半途而废，遗憾不已，徒自嗟叹，故曰："不节若，则嗟若。"

六三为兑之主爻，兑为悦，为舒气于外，喜不自禁，不节之象。六三自娱自乐，乐极生悲，对别人无害，故曰："无咎。"

象曰："不节之嗟，又谁咎也。"当节不节，其嗟在己，这不是别人造成的，是自己的过错。

**六四：安节，亨。**

**象曰：安节之亨，承上道也。**

**【解说】**

六四当位故能安，与初九相应，与九五相比，上下相通，故曰："亨。"六四阴变阳，上卦坎变为兑。坎为险、兑为悦，由险而悦，安之象。

象曰："承上道也。"上指九五，道指节之道。九五中正居尊位，节而正。六四与九五相比，与初九相应，上下合德，将九五之节道传布四方。

**九五：甘节，吉，往有尚。**

**象曰：甘节之吉，居位中也。**

**【注释】**

尚：尊崇。

**【解说】**

九五中正，节而适当。适当则能身体力行，甘愿为之节，不以为苦，反以为乐。九五阳变阴，上卦由坎变为坤，坤为甘，故曰："甘节。"

九五阳刚，德才兼备，并不满足目前甜美的生活，他还有更高的理想和追求。更大的成功和荣誉在等待着他。九五为乾爻，乾为誉、为尚，乾为往，故曰："往有尚。"

象曰："居位中也。"这里是指九五居中正之位。

**上六：苦节，贞凶，悔亡。**

**象曰：苦节贞凶，其道穷也。**

**【注释】**

贞：正、坚定有节操。

穷：贫乏、达到极点。

【解说】

上六处节卦之极，极则过，过度的节就是自虐，故曰："苦节。"过度的节苦了自己，但节是正道。过度的节则是不知变通，固执死守，失去生机，故曰："贞凶。"

宁死不屈，杀身成仁，又有何悔，故曰："悔亡。"

象曰："其道穷也。"上六把节道做到了极致，疲乏了，也不能发展了。

## 第六十一卦　中孚

**兑下巽上，卦画䷼读曰：风泽中孚。**

**序卦曰：节而信之，故受之以中孚。**

【注释】

孚：信用、为人所信服。

【解说】

中孚卦六三、六四为阴爻，为虚，居卦中。中虚则能接纳、能谦，谦则孚。

兑为泽，巽为风。大海中信风总是如期而至，年年如此。海水潮涨潮落，天天如此。有诚信之象，故曰："中孚。"

**卦辞：豚鱼吉。利涉大川，利贞。**

**象曰：中孚，柔在内而刚得中，悦而巽，孚乃化邦也。豚鱼吉，信及豚鱼也。利涉大川，乘木舟虚也。中孚以利贞，乃应乎天也。**

【注释】

豚鱼：即江豚，是鱼而象豚，能感觉到风向，每当风起便活跃在江面，古人通过观察它，就能知道风向。

大川：大河、大泽。

贞：正。

化：教化、感化。

邦：国家。

【解说】

中孚卦下兑上巽，兑为泽，巽为鱼。豚鱼为泽中诚信之鱼，人们看到它就能知道风向,从而趋吉避凶,或顺风行舟,或躲避风雨。豚鱼带给人们诚信的消息,人们便信赖它。诚信是一种美德,故曰:“豚鱼吉。”

中孚卦上卦为巽、为风、为木,卦体中虚,象舟。舟在泽上乘风而行。巽为利,故曰:“利涉大川。”大川为险难。只有以诚信为本,才能精诚团结,共渡难关。

利用诚信可以积聚力量,战胜困难,也可以变为狂热迷信和愚忠而摧毁一切,故曰:“利贞。”诚信要用在正确的事情上。

彖曰:“中孚,柔在内而刚得中。”卦中两阴爻为柔在中间位置,九二、九五两阳爻为刚,分别居上下卦之中位。中虚能接纳能谦虚,是孚;中实为诚也,是孚。

“悦而巽,孚乃化邦。”上卦为巽,下卦为兑。巽为顺,兑为悦。以诚信之心去做事,既能悦己也能悦人,事情也能顺利进行,容易成功。诚信是立国之本、强国之基。

“信及豚鱼也。”豚鱼守信会得到善待,何况万物之灵的人呢?

“乘木舟虚也。”中孚卦,中虚外实,上卦为巽木,下卦为兑泽。中空的木在泽上,有舟象。

乘舟可以渡川。在古代大川就是险阻,渡过大川就可以开辟新的家园,就可以找到更多的食物,故曰:“利涉大川。”

渡川的目的是有利于生存,而不是为渡川而渡川。利则渡,不利则止,不做无谓的牺牲和消耗。渡川要顺风而动,顺势而为,故曰:“应乎天也。”要顺应自然规律,做到适时、适地、适当。

**大象:泽上有风,中孚。君子以议狱缓死。**

**【注释】**

议:商议、审议。

狱:官司、讼狱。

缓:慢、延迟。

**【解说】**

风吹水动,波涛汹涌,在泽为风波,在人为官司、为讼狱。要平息风波,要讼狱公平,就要以诚信为本。有强烈的责任心,有谨慎细致的工作态度,才能避免冤狱。

兑为口、为说，互卦为颐，颐为口，有议象。巽为反复，为进退，为徐徐，有缓慢之象，故曰："议狱缓死。"

**初九：虞吉，有它不燕。**

**象曰：初九虞吉，志未忘也。**

**【注释】**

虞：忧虑。

燕：同"宴"，安乐、平安。

**【解说】**

初九为孚之初，与六四相应，虽孚但不深、不牢，还不足以获得六四的信任。初九阳变阴，下卦变为坎，坎为心忧。初九心怀忧虑，但如果有人指导则大有裨益，故曰："虞吉。"

初爻为震爻，震为行。但初九位卑人轻，要有自知之明，要脚踏实地去做事，若凭着刚刚获得的一点小信任，就产生非分之想，异想天开，这是自寻烦恼，故曰："有它不燕。"要沉下心来做事，放长线钓大鱼。

象曰："志未忘也。"初九阳变阴，下卦变坎，坎为心忧、为志。初九孚虽小，但"位卑未敢忘忧国"。

**九二：鸣鹤在阴，其子和之，我有好爵，吾与尔靡之。**

**象曰：其子和之，中心愿也。**

**【注释】**

和：声音相应。

爵：古代的酒器，也指酒。

靡：浪费、奢侈消费。

**【解说】**

鹤夜半则鸣，也是信鸟，有孚之象。九二阳刚居下卦之中，九五阳刚居上卦之中，两刚相应。九二阳变阴，下卦变为震，震为鸣。九二为坤爻，坤为阴、为夜，故曰："鸣鹤在阴。"

九二、九五均为阳爻，故其孚不是夫妇之孚，而是父子或母子之孚，故曰："其子和之。"

下卦为兑，兑为酒器。九二为坤爻，坤为浆，为酒，故曰："我有好爵。"

互卦为颐，为口，故曰："吾与尔靡之。"因相孚而饮酒。

象曰："中心愿也。"九二、九五两阳均居上下卦之中，同声相应、同气相求。相孚是发自内心的。

**六三：得敌，或鼓或罢，或泣或歌。**

**象曰：或鼓或罢，位不当也。**

**【注释】**

鼓：发动、振作。

罢：停歇。

泣：哭泣。

歌：唱歌。

**【解说】**

六三居下卦之终，与上九相应，欲进入上卦。六三内阳外阴，志强才弱，有心无力。阻碍事业成功的敌人是自己，故曰："得敌。"

六三阴变阳，下卦变为乾，乾为动、为行；六三为艮爻，艮为止。互卦中有震，震为鼓、为歌，下卦为兑、为悦、为泣，故曰："或鼓或罢，或泣或歌。"这是六三因能力不足所表现出的行动和情绪。

象曰："位不当也。"六三以阴居阳，位不中正，心有余而力不足。

**六四：月几望，马匹亡，无咎。**

**象曰：马匹亡，绝类上也。**

**【注释】**

几：将，接近。

望：阴历每个月的十五日，人们看到的月亮最圆，这种月相叫"望"。

匹：匹配。

绝：断绝。

类：同类。

**【解说】**

六四与初九相应，与九五相比，六四已升到上卦，接近九五。九五为乾、为天，六四纯阴为月，有月挂天上之象，故曰："月几望。"

六四与初九相应，与初九相匹配。但六四与九五相比，六四志在九五。它选择了九五，离开了初九。初爻为震爻，震为马，故曰：“马匹亡。”

六四的选择有扬弃，看似无情，但他没有做错，故曰：“无咎。”

象曰：“绝类上也。”六四割断了与初九的联系而奔向九五。上指九五，类指初九。

**九五：有孚挛如，无咎。**

**象曰：有孚挛如，位正当也。**

**【注释】**

挛：手脚卷曲不能伸开。

**【解说】**

九五阳刚中正，与九二相应。上互为艮，艮为手。下互为震，震为足，震倒过来也是艮。其有手足合抱之象，故曰：“挛如。”

诚如一体，至诚相孚，心心相印，能有何咎，故曰：“无咎。”

象曰：“位正当也。”这里指九五当位而正。

**上九：翰音登于天，贞凶。**

**象曰：翰音登于天，何可长也。**

**【注释】**

翰音：指鸡鸣。

何：怎么。

可：能够。

**【解说】**

上九为全卦之极，位置非常高。上卦为巽，巽为鸡。鸡鸣守时，孚之象。鸡鸣为翰音，故曰：“翰音登于天。”

鸡是很普通的小动物，而鸣叫声远闻，就像某些人并没有多少实际的德行，而浪得虚名。区区小忠小信就响彻九天，声名远扬，虽不是非法的也不是好事，故曰：“贞凶。”

象曰：“何可长也。”这种声音怎么能够保持长久呢。

# 第六十二卦　小过

**艮下震上，卦画☳☶读曰：雷山小过。**

**序卦曰：有其信者必行之，故受之以小过。**

【注释】

小过：小有过越。

【解说】

该卦四阴二阳，阴过于阳。上卦为震二阴一阳，下卦为艮二阴一阳，是阴过于阳。阴为小阳为大，故曰："小过。"

上卦震为外、为动，下卦艮为内、为止。外动内止，动而能止，是过而小，故曰："小过。"

**卦辞：亨，利贞。可小事，不可大事。飞鸟遗之音，不宜上，宜下，大吉。**

**彖曰：小过，小者过而亨也。过以利贞，与时行也。柔得中是以小事吉也。刚失位而不中，是以不可大事也。有飞鸟之象焉。飞鸟遗之音，不宜上，宜下，大吉，上逆而下顺也。**

【注释】

遗：不自觉发出。

【解说】

小过卦阴多于阳，静过于动，是由动而趋于静。过而能改善莫大焉，改而善则通，通则亨。

矫枉以正，但若矫枉过正，则走向另一个极端，故曰："利贞。"

小过卦六二、六五处于上下卦之中，但它们是阴爻；两阳爻处在众阴之中，但不是上下卦之中，故曰："可小事，不可大事。"

小过卦中间两爻为阳、为实，象鸟身；两侧为阴、为虚，象翅膀，有飞鸟之象。上卦震为声音、为动、为伤。飞鸟受伤而发出哀鸣，故曰："飞鸟遗之音。"

鸟儿受伤了，要马上改变目前的飞行状态，停下来，找个安全的地方进行治疗。上卦震为上方、为动，下卦艮为下方、为静止。只有停下来，才能化险为夷，故曰："不宜上，宜下，大吉。"

象曰:“与时行也。”适可而止,顺应自然。

“上逆而下顺也。”应该停止,应该改变。但上卦为震、为动,动而不止故为逆。下卦为艮、为止,应止而止故为顺。

**大象:山上有雷,小过。君子以行过乎恭,丧过乎哀,用过乎俭。**

【解说】

震为雷,动而不止;艮为山,止而不动。雷在山上动,动为山所止,雷必是小雷。大雷止不住,故曰:“小过。”

行为过于谦恭,丧事过于悲哀,用度过于俭省,也不失君子之风。矫枉必须过正,但小过足以矫正世俗。

**初六:飞鸟以凶。**

**象曰:飞鸟以凶,不可如何也。**

【注释】

不可如何:无可奈何的意思。

【解说】

初六与九四相应,九四为震之主爻;初爻为震爻,震为动。初六欲向上动,故曰:“飞鸟。”小过的宗旨是宜下不宜上,初六违背了这个原则,故曰:“凶。”

象曰:“不可如何也。”初六自取其凶,不要像他那样啊。

**六二:过其祖,遇其妣。不及其君,遇其臣。无咎。**

**象曰:不及其君,君不可过也。**

【注释】

祖:祖父。

妣:祖母。

及:达到。

【解说】

六二与六五两爻位置相应。五爻为阴爻时,是君父不在而臣母在堂,故曰:“过其祖,遇其妣。不及其君,遇其臣。”

见妣、见臣只做了一些较小的事情;但未见祖、未见君,较大的事情不能办理,目的没有完全达到。大事未成,但毕竟有些小成绩,故曰:“无咎。”

象曰:“君不可过也。”这里是说可小事不可大事。“过祖遇妣”,为小事。

君臣之事为国事、大事，不可过也。

**九三：弗过，防之，从或戕之，凶。**

**象曰：从或戕之，凶如何也。**

**【注释】**

戕：害。

**【解说】**

九三与上六阴阳相应，九三欲上行。但九三、九四两阳爻相邻，同性相敌。九三上行必须过九四。下卦为艮，艮为止、为弗，为防，故卦诫之曰："弗过，防之。"不能过，还要有所防备。

九三若决意向上、从上，可能会与九四发生冲突，受到伤害，故曰："从或戕之，凶。"

象曰："凶如何也。"九三若从上，凶事很快就会到来。

**九四：无咎，弗过，遇之。往厉必戒，勿用永贞。**

**象曰：弗过遇之，位不当也。往厉必戒，终不可长也。**

**【注释】**

遇：相逢。

厉：凶险。

戒：防备。

**【解说】**

九四与初六阴阳相应，九四欲向下行。小过卦宜下不宜上，故曰："无咎。"

但九四与九三两阳相邻相近，同性相敌；若向下，必然要与九三发生冲突，故曰："弗过。"

但向下是正道，怎样才能减少麻烦呢？要动脑筋想办法，通过款待和礼遇的方法，与九三交好，不失为上策，故曰："遇之。"

若冒昧而往必然会引起九三的敌对。要小心谨慎，避免妄动。向下是正道，但也应当因地制宜，因时而动，当下则下，当止则止，不可得理不饶人，故曰："勿用永贞。"

象曰："位不当也。"九四阳居阴位，位不当则行不当。

"终不可长也。"大方向正确，要达到目的，但不能撞上南墙不回头，要按照曲折道路迂回走的策略，胜利一定会实现。

**六五：密云不雨，自我西郊。公弋取彼在穴。**

**象曰：密云不雨，已上也。**

**【注释】**

弋：用系着细绳的箭射。

穴：深洞。

已：已经。

**【解说】**

六五为坎爻、乾爻。坎为水，六五阴变阳，上卦变为兑，兑为泽。泽蓄水，在天上，乾为密。兑为西，乾为郊，下互为巽、为风；云由西向东，只风不雨，故曰："密云不雨，自我西郊。"

雨水滋润大地，是大事；今密云不雨，是不能成就大事。

六五居尊位，故曰："公。"六五与六二敌应，六二为离爻，离为箭；下互为巽，巽为绳；小过为飞鸟，有"弋"象。六五与六二之间隔着两阳爻，为彼岸。六五为坎爻，坎为"穴"，故曰："公弋取彼在穴。"

六五在家中射中了对岸的鸟，是小有所得，是小事，即为卦辞所谓"可小事，不可大事"。

象曰："已上也。"六五停止向上积聚，但也不能施惠其下。

**上六：弗遇，过之，飞鸟离之，凶，是谓灾眚。**

**象曰：弗遇过之，已亢也。**

**【注释】**

遇：接触、相遇。

过：同"遇"相反，脱离。

**【解说】**

上六居全卦之上是小过之极；上六与九三相应，本应向下，却不下反上，故曰："弗遇，过之。"

不与九三接触，反而背道而驰，就像鸟儿脱离大地向高处飞。上六阴变阳，上卦变为离，离为鸟、为离开，违背了卦辞"不宜上，宜下"的原则。上六脱离群众，放弃根据地，故曰："凶，是谓灾眚。"

象曰："已亢也。"这里是指上六处卦之极，极为亢，为高而不能下。

## 第六十三卦　既济

**离下坎上，卦画䷾读曰：水火既济。**

**序卦曰：有过物者必济，故受之以既济。**

**【注释】**

既济：已经渡过难关，处在平安祥和的状态。

**【解说】**

本卦六爻三阳三阴分布均匀，阴阳当位，阴阳平衡。下离上坎，离为火，坎为水。火炎上，水润下，上下交融相互为用，故曰："既济。"

**卦辞：亨小，利贞，初吉终乱。**

**彖曰：既济亨，小者亨也。利贞，刚柔正而位当也。初吉，柔得中也。终止则乱，其道穷也。**

**【解说】**

离火炎上，坎水润下，相交为用。阴阳和合，济济一堂。百事和合，无有不亨。然而既济之亨是小心之亨，是水火平衡之亨。不平衡是绝对的，平衡是相对的，故曰："亨小。"

水火相互为用，双方保持克制，坚守自己的位置，才能成既济之功，故曰："利贞。"

既济卦火炎上，水润下，水火交融，相互为用。这是既济卦开始的状态，故曰："初吉。"

互卦中，上互为离火，下互为坎水；火上水下，背道而驰，乱之象。互卦为未来，故曰："终乱。"

彖曰："小者亨也。"要保持既济之亨，就要防微杜渐，小心谨慎，从细微处下功夫。

"刚柔正而位当也。"全卦六爻阴居阴位，阳居阳位。

"初吉，柔得中也。"下卦为内、为初。下卦为离，离为阴柔，六二为离之中爻，柔而居下卦之中，中而正。

"终止则乱,其道穷也。"上卦为坎,坎刚离柔。九五为坎之主爻,九五刚中,但过刚则恃强逞能。九五为君,六二为臣,君强臣弱,君不受制约,平衡走到了尽头。

**大象:水在火上,既济。君子以思患而豫防之。**

**【解说】**

既济卦从表面上看,水润下,火炎上,阴阳平衡,上下交融,平安祥和。但平衡是相对的,一旦平衡状态被打破,水火相克,水火大战,必然会带来灾难。

上卦为坎,互卦中下互为坎,坎险存在于既济卦的内外。下卦为离明、为心。君子看到卦象,居安思危,防患于未然。

**初九:曳其轮,濡其尾,无咎。**

**象曰:曳其轮,义无咎也。**

**【注释】**

曳:拖拉、牵引。

轮:车轮。

濡:沾湿。

义:公正合宜的行动。

**【解说】**

初九为既济之初,济渡的能力较弱。但初九积极行动奋力济渡(初爻为震爻,震为行动)。初九与六四相应,六四是帮助初九济渡的力量,初九奋力抓住六四。六四在上卦坎,坎为轮,故曰:"曳其轮。"

下互为坎,坎为水、为险。初九借助六四的力量,渡过了险难。但由于力量较小,速度不够快,没有全身而渡,弄湿了一只鞋。这就像一匹渡河的马,尾巴被沾湿了。初爻阳变阴,下卦变为艮,艮为手,有曳象。初爻为震爻,震为足、为尾,故曰:"濡其尾。"

初九奋力济渡,虽有损失也不是过错,故曰:"无咎。"

象曰:"义无咎也。"初九奋力济渡,六四全力帮助。这些都是正义的行动、正确的行为,他们尽力了,何咎之有。

**六二:妇丧其茀,勿逐,七日得。**

**象曰:七日得,以中道也。**

【注释】

茀:车幔。

【解说】

六二为离之主爻,离为中女,故曰:"妇。"六二为坤爻,坤为车。六二居两阳爻之间,两阳爻象车上遮蔽风雨的车幔,六二坐在车中,故曰:"茀。"

六二与九五相应,与九三相比。六二的主要目的是济渡,是到达彼岸,是奔向九五。六二专心奔向九五,便冷落了与其阴阳相比的九三,于是失去了九三,故曰:"妇丧其茀。"

这时六二要坚定信念,不能分心,要一心一意向前冲,不达目的誓不罢休,故曰:"勿逐。"

六二与九三阴阳相比,有相合的缘分,分离只是暂时的,达到目的后再来寻找也不迟。六二为坤爻,坤为丧,六二阴变阳,下卦变为乾,乾为得。下卦离为七数,故曰:"七日得。"

象曰:"以中道也。"六二居下卦之中,所作所为是正确的。

**九三:高宗伐鬼方,三年克之,小人勿用。**

**象曰:三年克之,惫也。**

【注释】

高宗:商王武丁的号。

鬼方:商周时期西北地区部族名。

惫:极度疲乏。

【解说】

九三处上下卦之间,上卦为坎水,下卦为离火,是水深火热之地,是水火交战之地,有战场之象。下卦为离明、为贤主,上卦为坎水、为盗,故曰:"高宗伐鬼方。"

离火征服坎水,需要消耗大量的热能,还需要相当长的时间,就像高宗伐鬼方之战,三年才取得胜利。在这旷日持久的战争中,必须全力以赴,同心同德;若稍有不慎,重用了小人,就会削弱自己的力量;战争的格局就会向着不利于己的方向发展,可能会导致失败。九三为艮爻,艮为止、为小人。在这个事件中,小人具有一定的势力,应当谨慎,故曰:"小人勿用。"

象曰:"惫也。"长时间的争斗,要消耗大量的人力、物力和精力,身心俱疲。

**六四:繻有衣袽,终日戒。**

**象曰:终日戒,有所疑也。**

**【注释】**

繻:彩色的丝织品。

有:同"又",表示转折。

袽:敝衣。

疑:疑虑。

**【解说】**

六四为巽爻,巽为木、为衣。六四与九五相比,是身居高位的人物,当然衣着华丽,有繻象。越是彩色艳丽的衣服越容易变色。地位越高,危险越大。

本卦下离上坎,互卦也为坎离,离为彩色,坎为黑色、为破。彩色鲜艳的衣服很快变成了敝衣,故曰:"繻有衣袽。"

六四以阴居阴,当位,与九五相比,与初九相应。其既能理解上意也能体察下情,居安思危,努力工作,终日乾乾,不敢稍有懈怠,故曰:"终日戒。"

象曰:"有所疑也。"六四在既济的状态中看到了危险。六四在上卦坎中,坎为心忧。六四升到了上卦,由离入坎。虽处高位,但不忘下情,忧国忧民。

**九五:东邻杀牛,不如西邻之禴祭,实受其福。**

**象曰:东邻杀牛,不如西邻之时也。实受其福,吉大来也。**

**【注释】**

禴祭:祭品不丰厚的薄祭。

**【解说】**

九五与六二相应。九五君位,六二臣位。九五为大王,六二为诸侯。九五阳刚中正居尊位,富有天下,举行祭祀活动时奢侈豪华,用牛等大牲为祭品,故曰:"东邻杀牛。"

九五有才德,但过刚;他骄傲自满,自高自大,听不进不同意见,不再追求进步,逐渐走上盛极而衰的道路。六二以阴居下卦之中,谦虚而俭朴,用野果做祭品,故曰:"不如西邻之禴祭。"

六二作为一个新兴的利益集团,它海纳百川,不搞花架子,而是以真情去团结人，事业蒸蒸日上，故曰："实受其福。"

象曰："不如西邻之时也。"九五为既济，由盛而衰，走下坡路。六二为西邻，正在奔向既济，向上发展。

"吉大来也。"六二因谦虚而诚信待人，事业越做越强、越做越大。

**上六：濡其首，厉。**

**象曰：濡其首厉，何可久也。**

**【注释】**

濡：沾湿。

厉：危险。

**【解说】**

既济卦九五爻盛极而衰，开始走下坡路，上爻则是乱的开始。事物就是这样由乱而治，由治而乱，循环往复。

从卦象上看初爻为尾，上爻为首。上卦为坎险，上爻阴变阳，上卦变为巽，巽为入，有出坎而又入坎之象，故曰："濡其首。"

首遇危险，故曰："厉。"

象曰："何可久也。"这里有两方面意思。

一方面，任何事情都是治少乱多，既济的状态很短暂，故曰："何可久也。"

另一方面，在既济的状态下出现了不和谐的因素，但若能提高警惕，拨乱反正，动乱也会及时平息，故曰："何可久也。"

## 第六十四卦　未济

**坎下离上，卦画䷿读曰：火水未济。**

**序卦曰：物不可穷也，故受之以未济。**

**【注释】**

未济：事情尚未成功。

**【解说】**

本卦火在上，水在下。火炎上，水润下，上下背离。火不能成其功，水不能尽其用，上下不相得。

从爻象上看，阴爻阳爻均不得位。但阴阳相应，上下相应。互卦中，上互为坎，下互为离，组成水火既济，故本卦曰："未济。"这里不是不济，而是正在向既济发展，只是还未达到既济的程度。

**卦辞：亨。小狐汔济，濡其尾，无攸利。**

**彖曰：未济，亨，柔得中也。小狐汔济，未出中也。濡其尾无攸利，不续终也。虽不当位，刚柔应也。**

**【注释】**

汔：几乎、接近。

濡：沾湿。

续：持续。

**【解说】**

未济是还没有济，是处在不济和济之间，正在向济发展，正在奋力向前。能够向前发展进步的事物，其内部必然是协调的、有生命力的。就像本卦，六爻上下相应，互卦水火既济，故曰："亨。"

但未济是水火相背离，力量不能统一，济渡的力量显得薄弱，故曰："小狐汔济。"

上卦为离，离为狐，狐聪明而尾巴长。九四为狐尾，九四与六三阴阳相比，结合在一起，六三在坎中，故曰："濡其尾。"

小狐几乎脱离了坎，济渡快要成功了，但尾巴还在水中，不能完全脱险，使济渡不能成功，故曰："无攸利。"

彖曰："柔得中也。"六五为卦之主爻，居上卦之中，与九二相应。刚中之臣有才德，柔中之君谦而明，何事不能亨。

"未出中也。"九四与六三相比，阴阳和合而不能自拔。

"不续终也。"努力济渡但没有一气呵成，不能坚持到最后，留了个尾巴。

"虽不当位，刚柔应也。"全卦六爻，阴居阳位，阳居阴位，但阴阳相应。

**大象：火在水上，未济。君子以慎辨物居方。**

**【注释】**

辨：分辨。

居：居住、停留。

方:处所、位置。

【解说】

未济是水火背离,两不相得。火热水寒,物性相异。离南坎北,方向不同。

因此要了解事物的性质,使性质不同的不能相混。要分清事物的范围和方向,不可跨越的边界不能逾越。

**初六:濡其尾,吝。**

**象曰:濡其尾,亦不知极也。**

【注释】

濡:沾湿。

吝:小凶。

极:终、顶点。

【解说】

初爻在下有尾巴之象。初六与九四相应,决心济渡,但柔弱而力不足,行动迟缓,尾巴被沾湿了,差点功亏一篑,故曰:"濡其尾,吝。"

象曰:"亦不知极也。"初六阴柔,力量薄弱,思想不坚定,不能竭尽全力济渡,做事不彻底,留有后患。

**九二:曳其轮,贞吉。**

**象曰:九二贞吉,中以行正也。**

【注释】

曳:牵引、拖拉。

轮:车轮。

【解说】

九二为下卦坎之主爻,坎为轮,坎又为陷,有车轮深陷之象。九二与六五相应,九二不甘被陷而奋力拖曳,故曰:"曳其轮。"

九二阳刚居下卦之中,有才德,奋力济渡,行为正确,必然能战胜困难。未济以奋力济渡为正、为贞,故曰:"贞吉。"

象曰:"中以行正也。"九二居下卦之中,行为正确。

**六三:未济,征凶,利涉大川。**

**象曰:未济征凶,位不当也。**

**【注释】**

涉:渡水、趟着水走。

川:河。

征:寻求、希望得到。

**【解说】**

六三处上下卦之间,但仍在坎险之中,故曰:“未济。”

六三将要到达彼岸,目标就要实现,距离胜利还有一步之遥。六三与九四相比,与上六相应。此时支持者看似很多,六三若有依赖思想,妄想得到帮助后再济渡,则贻误战机,故曰:“征凶。”

此时要丢掉幻想,自力更生,竭尽全力才能脱险,故曰:“利涉大川。”

象曰:“位不当也。”六三阴居阳位,位不当则行不当,故以“凶”警告之,以“利”引导之,督促其独立自主,艰苦奋斗。

**九四:贞吉,悔亡。震用伐鬼方,三年有赏于大国。**

**象曰:贞吉,悔亡,志行也。**

**【注释】**

震:威怒。

**【解说】**

九四阳刚居六五之下,六五为君,九四为臣。未济以奋力济渡为正,正则吉。九四与初六相应,奋力济渡,故曰:“贞吉。”

君弱臣强,所以有悔。但臣之强用在济渡上,能救国家危难,悔便消除了,故曰:“悔亡。”

九四阳刚,为威而易怒之臣。六五正好利用九四的威猛带兵打仗,讨伐敌人,故曰:“震用伐鬼方。”

上离下坎水火不容,有敌之象。由未济而既济不是一蹴而就的事,必须经过长时间的艰苦战斗。荣誉的获得需要通过努力奋斗才能实现。离为兵戈、为三数,故曰:“三年有赏于大国。”

象曰:“志行也。”九四阳刚,奋力济渡的心愿得以实现。

**六五:贞吉,无悔,君子之光有孚,吉。**

**象曰:君子之光,其晖吉也。**

【注释】

孚:信用、使人信服。

晖:同“辉”,光辉。

【解说】

六五居尊位、中位,外柔内刚。其外表柔和使人亲近,内心刚强则意志坚定,居中则做事不偏。君贵贤明、贵有德、贵中正,六五当之无愧,故曰:“贞吉,无悔。”

上卦为离,离为光。六五爻为乾爻,六五阴变阳上卦变为乾,乾为君子,故曰:“君子之光。”六五以阴居上卦之中,六五的心是谦虚真诚的,故曰:“有孚。”

以此济渡,以此做事,何事不成,故曰:“吉。”

象曰:“其晖吉也。”六五光明磊落,像太阳的光辉一样。

**上九:有孚于饮酒,无咎。濡其首,有孚失是。**

**象曰:饮酒濡首,亦不知节也。**

【注释】

是:正道。

节:节制。

【解说】

上九为未济之终,是济渡到达彼岸,目标得以实现。未济卦六爻,上下相应,上下交孚,此时摆酒庆贺是人之常情。卦中离为饮食宴乐,坎为酒,故曰:“有孚于饮酒,无咎。”

但一味沉溺于酒食之中乐此不疲,醉而不出,必然会乐极生悲。从小处说,吃坏了自己的身体;从大处讲,耽误了国家大事。上九与六三相应,六三在坎中,坎为险陷,为水。上爻为首,故曰:“濡其首。”

因有孚而饮酒,因有孚而濡首。好事变成了坏事,乐极生悲,失去了正道,故曰:“有孚失是。”

象曰:“亦不知节也。”上九乐而无度,不知乐不可极、欲不可纵。

# 后 记

笔者与《周易》结缘，始于读《说卦传》。在读孔子的文字时，感觉文辞优美、华丽，意境深远，就有一种学习《周易》的冲动。但在读《周易》中的卦爻辞的时候，感觉就像在大山中追鹿，忽左忽右，忽高忽低，忽隐忽现，就是抓不到它。此后，又读了一些解易的文字，但大都是对字面的解释，总觉得模糊而不得要领，硬着头皮也读不下去。

既然易是不易、变易、简易，就有它简单的一面。易是先有卦画再有卦辞、爻辞。因此卦画、卦象是卦爻辞的源泉。读卦辞、爻辞要先读懂卦象，卦爻辞要与卦象相结合。

一千个人眼里有一千个哈姆雷特，同一个卦象在不同人的眼中会有不同的解读。卦象表现得意义比卦辞、爻辞更丰富，它是活的，随着时代和人事的变化而变化。

本书依照卦象爻象对卦辞爻辞做了解说，对于易学研究来说，本书的内容较为浅显，部分观点亦参考他人，在此表示感谢。

愿该书在读者攀登易学高峰的道路上能成为一颗垫脚的小石子。

朱桂奇

2022 年 2 月